国家社会科学基金项目"粮食供应链脆弱性研究"（14BGL195）的研究成果

# 粮食供应链脆弱性研究

陈倬 单初 著

## 图书在版编目(CIP)数据

粮食供应链脆弱性研究/陈倬,单初著.—武汉:武汉大学出版社,2021.3

ISBN 978-7-307-21989-2

Ⅰ.粮… Ⅱ.①陈… ②单… Ⅲ.粮食—供应链管理—研究—中国 Ⅳ.F326.11

中国版本图书馆 CIP 数据核字(2020)第 239563 号

责任编辑:徐胡乡　　责任校对:李孟潇　　版式设计:韩闻锦

出版发行:**武汉大学出版社**　(430072　武昌　珞珈山)
（电子邮箱:cbs22@whu.edu.cn　网址:www.wdp.com.cn）
印刷:武汉邮科印务有限公司
开本:720×1000　1/16　印张:16.75　字数:237 千字　插页:1
版次:2021 年 3 月第 1 版　　　2021 年 3 月第 1 次印刷
ISBN 978-7-307-21989-2　　　定价:48.00 元

版权所有,不得翻印;凡购买我社的图书,如有质量问题,请与当地图书销售部门联系调换。

# 前　言

当前我国粮食安全形势和内涵已发生深刻变化,粮食行业发展既要坚守粮食安全这一战略底线,又要深化改革、转型升级、推动行业高质量发展。粮食供应链作为一条贯穿于粮食生产、流通和消费的完整链条,既是一条基于市场需求而形成的粮食供需链,又是一条集物流、资金流和信息流于一体,注重合作伙伴全面协同和快速响应客户需求的粮食企业链和粮食时空链,更是一条强调粮食在流通中增值的粮食价值链。确保国家粮食安全,既需要有足够的粮食供给能力作前提,又需要有强大的供应链运营与掌控能力。通过建链、补链、强链和延链,构建"安全+高效"的粮食供应链体系,是新时代保障国家粮食安全的必由之路。粮食供应链整合与变革的过程,是粮食供应链脆弱性消减与粮食供应链能力提升的均衡发展过程,也是"守底线、拓空间"思维的体现。

本书基于新时代我国粮食供需形势出现的新变化,立足在更高层次上实现粮食供需动态平衡的新要求,以连接粮食供需两侧的粮食供应链为研究对象,提出粮食供应链脆弱性研究这一选题,并按照"提出问题→文献梳理→定性研究→定量研究→研究启示"总体思路开展研究工作。在分析了供需脱节已是当前粮食问题最大短板这一客观事实的基础上,本书选择从"供应链"这一管理学视角展开对当前粮食问题的思考,尝试运用供应链管理的思维方法去解决当前阶段我国粮食行业中存在的供需不对称性矛盾问题,尝试从粮食供应链脆弱性的视角来描绘涉及粮食安全不同方面的"完整图景"。目前,有关粮食供应链脆弱性的研究文献极其少见，研究深度不够且不成体系。基于此，本书从"脆弱性""供应链脆弱性"相关研究中提炼出一般方法论，展开对粮食供应链脆弱性专题的系统研究，研究内容涉及定性和定量分析两大部分。

在定性分析部分，本书总结了粮食供应链的网链结构特征，界定了粮食供应链脆弱性的定义、属性和表征，揭示了粮食供应链脆弱性的形成机理和演化机理，分析了粮食供应链脆弱性的适度区间及突变后的致灾影响，提出了粮食供应链去脆弱性的思路。在定量分析部分，本书构建了粮食供应链脆弱性的复杂网络模型及其网络特征评价指标，仿真分析了粮食供应链结构型脆弱性特征和胁迫型脆弱性特征，仿真模拟了粮食供应链去脆弱性后的效果。最后，基于对我国粮食供应链运作现状的认识、粮食供应链脆弱性的定性与定量分析、粮食供应链去脆弱性机制的探讨，本书总结并提炼出有关粮食供应链脆弱性内涵、机理、特征的观点和结论，得出研究启示并提出对策建议。

本书是国家社会科学基金项目"粮食供应链脆弱性研究"（14BGL195）的研究成果。全书共分为七章，第一、二、三、四、六、七章由陈倬教授撰写，第五章由单初副教授撰写。全书由陈倬教授统稿和最终定稿。

粮食供应链脆弱性研究尚属于一个前沿性理论研究课题和难题，既需要理论和方法的深化、学科之间的交叉和融合，又需要研究范式的整合、提炼出规范的理论体系，更需要结合中国的实际、注重研究问题的前瞻性和实效性。我们虽尽力而为，但难免存在不足乃至值得商榷之处，欢迎相关学者同仁给予批评指正，以促进我们的研究工作。

陈倬

2020年7月于金银湖畔

# 目 录

**第1章 绪论** ………………………………………………………………… 1

  1.1 研究背景 …………………………………………………………… 1

    1.1.1 我国粮食安全保障能力显著增强 ……………………………… 1

    1.1.2 新形势下国家粮食安全新战略 ………………………………… 2

    1.1.3 新时代我国粮食供需关系新变化 ……………………………… 3

  1.2 研究意义 …………………………………………………………… 4

    1.2.1 尝试开启粮食供应链脆弱性的基础理论研究 ………………… 4

    1.2.2 符合当前粮食供应侧结构性改革的现实要求 ………………… 5

    1.2.3 为粮食政策的完善和改革提供定量分析依据 ………………… 7

  1.3 研究内容 …………………………………………………………… 8

    1.3.1 研究思路 ………………………………………………………… 8

    1.3.2 结构安排 ………………………………………………………… 10

  1.4 研究范畴 …………………………………………………………… 11

    1.4.1 粮食概念的范畴 ………………………………………………… 11

    1.4.2 粮食供应链的范畴 ……………………………………………… 12

## 第2章 研究缘起:基于粮食供需关系的思考 ················ 15

### 2.1 供需脱节:当前粮食问题最大的"短板" ················ 15
#### 2.1.1 从数量上看供需脱节 ················ 16
#### 2.1.2 从质量上看供需脱节 ················ 19
#### 2.1.3 从效益上看供需脱节 ················ 22

### 2.2 粮食供给侧结构性改革强调"供需匹配" ················ 33
#### 2.2.1 从供给单方面看,我国粮食生产面临多重约束 ················ 34
#### 2.2.2 从需求单方面看,我国粮食消费面临刚性增长 ················ 37
#### 2.2.3 从供应链角度看,粮食供需匹配需统筹全链解决 ················ 40

### 2.3 实现粮食供需匹配的供应链视角 ················ 41
#### 2.3.1 供需匹配:粮食供应链管理的核心 ················ 42
#### 2.3.2 脆弱的供应链:粮食供需匹配的痛点 ················ 44
#### 2.3.3 供应链变革:粮食供需匹配的保障 ················ 48

## 第3章 相关研究动态 ················ 51

### 3.1 脆弱性研究动态 ················ 51
#### 3.1.1 脆弱性内涵的演进:基于时间维度 ················ 51
#### 3.1.2 脆弱性内涵的演进:基于学科视角 ················ 53
#### 3.1.3 脆弱性研究方法的演进 ················ 56

### 3.2 供应链脆弱性研究动态 ················ 59
#### 3.2.1 供应链脆弱性的概念 ················ 59
#### 3.2.2 供应链脆弱性的机理 ················ 63
#### 3.2.3 供应链脆弱性的评估 ················ 67
#### 3.2.4 供应链去脆弱性:基于弹性的供应链网络结构设计 ················ 78

### 3.3 粮食供应链管理研究动态 ················ 85
#### 3.3.1 英文文献综述 ················ 85

3.3.2　中文文献综述 ································································· 87

第4章　粮食供应链脆弱性的定性研究 ··············································· 91

　4.1　粮食供应链的特征 ································································ 91
　　　4.1.1　粮食供应链的运作特点 ······················································ 91
　　　4.1.2　粮食供应链的网链结构特点 ················································ 94
　4.2　粮食供应链脆弱性的内涵 ······················································ 96
　　　4.2.1　粮食供应链脆弱性的概念 ··················································· 96
　　　4.2.2　粮食供应链脆弱性的属性 ··················································· 98
　　　4.2.3　粮食供应链脆弱性的表征 ··················································· 100
　4.3　粮食供应链脆弱性的形成与演化机理 ····································· 102
　　　4.3.1　粮食供应链脆弱性的形成机理 ············································ 102
　　　4.3.2　粮食供应链脆弱性的演化机理 ············································ 105
　4.4　粮食供应链脆弱性的评估 ······················································ 108
　　　4.4.1　粮食供应链脆弱性的适度区间 ············································ 108
　　　4.4.2　粮食供应链脆弱性的致灾影响 ············································ 109
　4.5　粮食供应链去脆弱性 ····························································· 114
　　　4.5.1　优化网络结构：降低粮食供应链结构型脆弱性 ······················· 114
　　　4.5.2　控制风险传染：降低粮食供应链胁迫型脆弱性 ······················· 117

第5章　粮食供应链脆弱性的定量研究 ··············································· 122

　5.1　粮食供应链复杂网络模型的构建 ··········································· 122
　　　5.1.1　建模思路 ········································································ 123
　　　5.1.2　建模方法及软件选择 ························································· 125
　　　5.1.3　模型构建 ········································································ 126
　　　5.1.4　参数设置 ········································································ 137

## 5.2 粮食供应链网络拓扑结构分析:结构型脆弱性研究 ............ 142
### 5.2.1 粮食供应链网络仿真结果 ............ 142
### 5.2.2 粮食供应链网络拓扑结构主要特性指标 ............ 145
### 5.2.3 粮食供应链网络拓扑结构的基本特征 ............ 148

## 5.3 粮食供应链网络鲁棒性分析:胁迫型脆弱性研究 ............ 158
### 5.3.1 节点内部随机故障模拟 ............ 158
### 5.3.2 节点外部随机故障模拟 ............ 164
### 5.3.3 节点内部目标攻击模拟 ............ 168
### 5.3.4 节点外部目标攻击模拟 ............ 172

## 5.4 粮食供应链网络结构优化:去脆弱性探讨 ............ 175
### 5.4.1 农户适度规模后的网络结构型脆弱性分析 ............ 175
### 5.4.2 农户适度规模后的网络胁迫型脆弱性分析 ............ 182

# 第6章 研究启示:基于网络结构的优化 ............ 190

## 6.1 网络节点方面:优化市场主体经营规模 ............ 190
### 6.1.1 发展适度规模经营与提升小农户组织化程度 ............ 191
### 6.1.2 多层次储备主体的协调发展与政策性储备的适度规模 ............ 193
### 6.1.3 加工企业的规模、集聚发展与大粮商的培育 ............ 196

## 6.2 节点间、模块间联结方面:提升粮食物流能力 ............ 199
### 6.2.1 聚焦仓储资源和产后服务,进一步提升粮食收储能力 ............ 200
### 6.2.2 建立以水运、铁路运输为主的运输体系,降低粮食物流成本 ............ 202
### 6.2.3 合理布局粮食物流园区作为示范性节点,提高粮食物流效率 ............ 204
### 6.2.4 建设智慧粮食物流系统,推动粮食物流线上线下深度融合 ............ 206

6.3 网络全局方面：更好发挥政府作用 ………………………………… 209
　　6.3.1 战略谋划粮食供应链宏观体系 ………………………… 210
　　6.3.2 规划建设粮食供应链公共平台 ………………………… 212
　　6.3.3 激活粮食供应链变革的内生动力 ……………………… 214
　　6.3.4 构建粮食供应链创新的支撑体系 ……………………… 217

第7章 结语 …………………………………………………………………… 220
7.1 全文总结 …………………………………………………………… 220
　　7.1.1 定性研究部分的主要观点 ……………………………… 220
　　7.1.2 定量研究部分的主要结论 ……………………………… 222
　　7.1.3 主要研究启示与建议 …………………………………… 224
7.2 创新与不足 ………………………………………………………… 226
　　7.2.1 创新与特色之处 ………………………………………… 226
　　7.2.2 研究不足与展望 ………………………………………… 229

参考文献 ………………………………………………………………………… 231

# 第1章 绪 论

## 1.1 研究背景

### 1.1.1 我国粮食安全保障能力显著增强

"洪范八政,食为政首。"古往今来,粮食安全都是治国安邦的首要之务。

改革开放四十多年来,我国粮食总产量和人均占有量稳步提升。进入21世纪,从2004年开始,党中央连续十七年发布以三农为主题的中央一号文件,全面放开粮食收购市场、实行粮食支持保护政策,对我国的三农发展产生了长远而深刻的影响。从2004年开始,我国粮食产量出现了历史上罕见的十二连增,2012年历史上首次突破6亿吨,2012—2019年已连续8年稳定在6亿吨以上,2019年达到66384.34万吨的历史高点,粮食综合生产能力实现质的飞跃。2012年以来,我国粮食人均占有量连年保持在450公斤以上,超过世界平均水平。[①]2019年我国人均粮食占有量超过470公斤。

---

① 大国粮仓根基牢固(壮丽70年·奋斗新时代)——保障国家粮食安全述评(上)[N]. 人民日报, 2019-08-12(1).

党的十八大以来,在以习近平总书记为核心的党中央坚强领导下,深入实施农业供给侧结构性改革,完善粮食收储制度和价格形成机制,全面加强粮食生产、流通和储备能力建设。我国粮食产能稳定,库存充裕,粮食安全形势稳中向好。2013年以来,水稻、小麦、玉米三大谷物自给率保持在98%以上,我国粮食安全保障能力显著增强,自产粮食已成为安邦定国的"压舱石"。2012年开始实施"粮安工程",粮食仓储物流设施现代化水平不断提高,2017年全国各类粮食企业标准仓房完好仓容61676.9万吨,与当年粮食产量基本相当。据2019年10月发布的《中国的粮食安全》白皮书数据,2017年全国粮食物流总量4.8亿吨,其中跨省流通量约2.3亿吨。

## 1.1.2 新形势下国家粮食安全新战略

粮食安则天下安,粮价稳则百价稳。习近平总书记反复强调,我们的饭碗必须牢牢端在自己手里,中国的饭碗要装中国粮。2013年12月9日,中央财经领导小组第四次会议研究确立了"确保谷物基本自给、口粮绝对安全"的新粮食安全观。次日举行的中央经济工作会议,进一步提出了"以我为主、立足国内、确保产能、适度进口、科技支撑"的新形势下国家粮食安全战略。连续十七年来的中央一号文件都以"保障粮食及重要农产品有效供给"为主线,主要从农民增收、新农村建设、农业发展、农业产能、农产品供给、农业现代化建设、农业供给侧结构性改革、乡村振兴等方面,对每年三农工作提出指导意见。2019年中央一号文件提出了新时期农业农村优先发展的一系列重大计划、任务和行动,进一步明确了实施粮食等重要农产品保障战略的政策措施。粮食安全与能源安全、金融安全并称为三大经济安全,[①]已成为新时代国家安全的重要组成部分。[②]

---

[①] 坚决维护国家主权、安全、发展利益——关于新时代坚持总体国家安全观(习近平新时代中国特色社会主义思想学习纲要(15))[N].人民日报,2019-08-09(6).
[②]《中华人民共和国国家安全法》第二十二条是专门涉及国家粮食安全的条款。

### 1.1.3 新时代我国粮食供需关系新变化

党的十九大作出了中国特色社会主义进入新时代的重大论断,我国社会主要矛盾已经转化为人民日益增长的美好生活需要和不平衡不充分发展之间的矛盾,我国经济已由高速增长阶段转向高质量发展阶段。反映在粮食问题上,就是要搞清楚粮食行业中有哪些"发展不平衡不充分"问题以及如何满足人民更高水平的物质文化需要。粮食种植结构的调整,轮作休耕的实施,不合理库存消化的加快,价格形成机制的完善,以及人民群众的消费需求正在从"吃得饱"向"吃得好""吃得健康""吃得放心""吃得便利"跃升,将给粮食供需和市场形势带来新变化,对在更高层次上实现粮食供需动态平衡提出了新要求。

党的十九大报告提出,深化供给侧结构性改革,优化存量资源配置,扩大优质增量供给,实现供需动态平衡。同时,十九大报告也提出要在现代供应链等领域培育新增长点、形成新动能,发展现代供应链已上升为国家战略,成为助力深化供给侧结构性改革,推动经济发展质量变革、效率变革和动力变革的重要举措(路红艳等,2019)。粮食行业也面临着供给侧结构性矛盾,"产购储加销"各环节还存在发展不平衡不充分的矛盾,例如,从生产环节看,粮食增产的边际成本日益增加,资源环境因素的制约日益加剧,小农户分散经营和新型经营主体规模经营长期并存;从收购环节看,针对农户的粮食产后服务能力弱,社会化服务体系尚不健全,粮食质量检验检测体系尚不完善,粮食质量安全保障体系尚须健全;从流通加工环节看,粮食流通效率低,加工能力"小弱散"问题突出,优质绿色粮油产品供给不足,难以满足人民群众日益增长的消费升级需求;从全链结构上看,"产购储加销"各环节结合不紧密、关联度低,分散经营现象突出,导致粮食供需之间难以有效对接,结构性供过于求和供给不足并存。

我国粮食供给侧结构性改革进入全面推进阶段,改革需要坚持问题导向,精准发力。当前我国粮食行业供需之间矛盾突出,粮食供需不匹配并非全是数量和品种等生产领域的问题,也有加工不精、品质不优、营销不活、品牌不响、物流不畅等流通领域的问题,一个重要原因就是缺乏柔性精准的现代化粮食流通体系(张晓强,2018),需要从"产购储加销"全链的角度加以解决。本书正是基于新时代我国粮食供需形势出现的新变化,立足在更高层次上实现粮食供需动态平衡的新要求,以连接粮食供需两侧的粮食供应链为研究对象,运用供应链管理的思维方法,通过对粮食供应链进行脆弱性分析,找出短板,整合变革,优化升级,助力构建更高层次、质量和效率的粮食安全保障体系。

## 1.2 研究意义

### 1.2.1 尝试开启粮食供应链脆弱性的基础理论研究

理论界对粮食问题保持了持续而深入的关注,对粮食问题的研究是基于粮食兼具自然属性(基本食物需求)、经济属性(商业性需求)和社会属性(公共物品、政治和外交需求)的认识,分别围绕自然系统、经济系统和社会系统三大系统中与粮食属性相对应的问题,形成相互关联的理论体系,包括粮食生产、价格、流通、贸易、储备、市场理论以及保障社会稳定的粮食安全理论(关付新,2017)。粮食问题不仅是一个政治问题、社会问题、经济问题和国际关系与贸易问题,也是一个管理问题。目前从政治学、社会学、经济学、国际关系学以及国际贸易等学科角度开展研究的成果颇多,从管理学角度来研究粮食问题的综合性研究成果却较少。本书首次对粮食供应链中的脆弱性机理和评估问题展开深入的基础性理论研究,尝试运用供应链管理的思维方法去解决当前阶段我国粮食行业中存在的供需不对称性矛盾问题,尝试从粮食供应链脆弱性的视角来描绘涉及粮食安全不同方面的"完整图景",具有研究视角上的独特性。

本书将供应链脆弱性的概念引入粮食问题研究中,将粮食供应链抽象成一个复杂网络,把粮食供应链中的各个成员(农户、经销商、加工企业、国有储备库等)抽象成节点,把各节点之间的相互运动(物流、资金流、信息流)抽象成节点之间的边,通过构建粮食供应链复杂网络模型,引入复杂网络的统计特征指标,揭示粮食供应链网络的拓扑结构特征(结构型脆弱性);模拟外力(政策、市场、自然灾害等)变化时网络拓扑结构的变化,分析粮食供应链胁迫型脆弱性特征;模拟节点收缩或聚集时(反映在实际情况中就是供应链成员的规模经营)网络拓扑结构的变化,研究粮食供应链去脆弱性问题。这些研究将尝试开启粮食供应链脆弱性的基础理论研究。同时,粮食供应链所具备的独特复杂网络特征,使得以其为样本开展的复杂网络脆弱性研究非常有意义,促使脆弱性研究领域在供应链管理方向上进一步拓展,丰富现代供应链管理理论。

### 1.2.2 符合当前粮食供应侧结构性改革的现实要求

供给侧结构性改革是在我国经济发展进入新常态时提出的重大命题。造成当前供需结构性失衡的根本原因在于市场在资源配置中未能充分发挥决定性作用,改革的途径就是要改变以往侧重于总量调节、主要依靠宏观政策调控的做法,转而立足于结构调整、主要通过市场机制与内部变革的方式去主动适应和引领经济发展新常态。供给侧结构性改革既强调发挥市场在资源配置中的决定性作用,又注重更好发挥政府的作用(都本伟,2016)。只有对全产业链进行市场化改革,才能将计划与市场相交织的产业链改造为市场对资源配置起决定性作用的产业链(范必,2014)。

在粮食供需平衡问题上,要兼顾粮食安全的公共性与粮食产品的商品性,处理好政府与市场的关系。近年来的全国粮食流通工作会议报告均指出,要坚持粮食市场化改革方向不动摇。粮食供应链一头连着亿万小规模农户生产、一头连着亿万居民家庭消费,其结构具有海量参与主体、跨时空、复杂环节的特征。粮食供应链管理有着农户利益实现和人民消费满足的双重目标,如何兼顾粮食供应链管理中的效率与安全问题,实现粮食供应链运作综合效益的最大化,是粮食供应链管理实践中要考虑的基本问题。目前,我国粮食行业实施供应链管理的程度不高,粮食供应链存在很大的脆弱性,例如供应链稳定性低,对风险敏感度高且应对能力弱。虽然脆弱性是任何一个系统内部都固有的一种属性,但在粮食供应链系统中表现得尤为突出,这主要是由以下四个因素所致:

一是粮食生产的脆弱性与粮食产品的脆弱性,会增加粮食供应链的脆弱性。首先,粮食生产具有严格的季节性、最高亩产能力的限制和定期休耕的要求,很难像工业品那样能大量及时生产(JIT),粮食生产的脆弱性容易造成产出的不连续和不稳定。其次,粮食产品存在时效性,使用价值容易流失,粮食产品的脆弱性决定了粮食流通技术的专业性,粮食物流必须发挥出"空间转移"和"时间转移"的效用,否则会影响粮食产销的有效对接。

二是粮食生产的周期性与消费的连续性,会导致市场机制在调节供需时出现失灵的情况。这种情况表现为,生产者对价格不能及时做出反应,决策调整在下一个生产周期中才能实现。而一旦调整了决策,在生产周期内就很难改变,并且会影响下一期的粮食供给和价格。所以,在很大程度上,当前生产是对上期价格的反映,下期价格又是当期生产的反映。这种现象如被投机资金利用,或遇到突发性事件,就会造成供需关系的扭曲或失真。

三是我国粮食供应链上参与各方的自身能力(或供应链管理水平)一般较弱,例如批发市场发育不成熟、加工企业实力弱小、供应链上游的农户处于被动地位、供应链下游的零售终端(如粮店、农贸市场)无法为消费者提供质量安全保证、物流提供商服务水平低下,等等。这些现象反映到供应链网络结构上,就是节点呈现弱、小、散的状态,组织化程度低,容易导致供应链网络的不稳定性和弱耦合性。

四是我国粮食交易方式传统,供应链上各参与主体大多是以商品所有者的身份参与运行,造成商流与物流难以有效分离,其结果是供应链各成员在利益关系上出现的分离性与在运行联系上所需的紧密性之间产生了矛盾,不利于粮食供应链中合作伙伴关系的建立,从而导致我国粮食供应链大多处于"弱集成"和"粗放集成"的状态,供应链网络一体化程度低,供应链容易中断甚至解散。

粮食行业推进供给侧结构性改革,需要坚持问题导向、精准发力,不仅要"调结构""转方式""强产业","补短板"也是必须的一课。脆弱的粮食供应链网络,难以满足粮食资源在全国范围内快速集散、高效配送、顺畅流通、精准调控的现实需要。补齐粮食供应链脆弱性这一短板,实施粮食供应链变革,使得供应链拥有赚取最大利润的能力,并辅以必要的"预警与应急能力"建设,以获得分散、化解和抵御供应链上某个环节遭遇风险的能力,那么,粮食供应链的运作就能表现出持久的安全性和高效性。

### 1.2.3 为粮食政策的完善和改革提供定量分析依据

粮食安全是保证国家安全的全局性重大战略问题。粮食安全具有很强的公共物品属性,原因在于:其一,粮食安全是针对一定范围内所有成员的,它具有"一视同仁"的属性,不应将某个成员排除在粮食安全的框架之外;或者说,一部分人的粮食供给或质量安全得不到保证,就不能认为实现了该范围内的粮食安全目标,这可以理解为粮食安全的"非排他性"。其二,粮食安全在消费上又具有非竞争性,即在粮食安全的提供中,在边际上增加社会成员,也不会减少所考察范围内的任何其他社会成员对粮食安全的需求,这可以理解为粮食安全的"非竞争性"。其三,根据马斯洛的需求层次理论,生存需要处于最底层,而粮食提供了人们生存所必需的能量和养分,处于基础性地位,粮食安全一旦出现问题,会迅速上升为整个社会的"焦点",其他问题会退居次要位置。

粮食产业的弱质性与粮食安全的公共性决定了各级政府具有维护国家粮食安全、调控粮食市场、确保农民增收方面的事权与责任。基于粮食安全对经济安全、社会安全、国家安全的重要性,粮食越短缺的市场,越需要政策干预(王世海,2019)。我国早期(中华人民共和国成立到改革开放之前)实行的是粮食"统购统销"的管制政策,改革开放以后,农村实行家庭联产承包责任制,开始实施粮食"价格双轨制",逐渐放松对粮食市场的管制。2004年是我国粮食市场调控具有划时代意义的一年,国务院出台《关于进一步深化粮食流通体制改革的意见》,全面放开粮食收购市场,并全面实行对种粮农民的直接补贴,开启了粮食市场调控的新阶段。此后相继出台最低收购价、临时收储等市场调控政策,2013年新增目标价格政策,2016年针对玉米采取价补分离措施,这些共同构成了当前我国粮食市场调控政策体系。

随着粮食生产集中化、规模化、专业化趋势和粮食消费个性化、小众化、多元化趋势的不断演进,粮食供需的主要矛盾从数量不足向结构性矛盾转变,当前以基于数量调控的粮食政策来主导解决粮食短缺问题的模式,必然转向以市场机制发挥主导作用来解决粮食供需精准对接问题的新阶段,粮食政策在兼顾粮食数量与质量、流通效率与效益上发挥引导作用。在政策转型的过程中,要用好市场和政府两只手。针对当前粮食市场出现的结构性矛盾,一方面,要以问题为导向推进粮食行业改革,充分发挥市场机制作用,把粮食的商品属性激活,实现优质优价和"产购储加销"协调发展;另一方面,要更好发挥政府作用,以稳定粮食产能为抓手,保障种粮大户、家庭农场、农民合作社等适度规模经营主体的种粮收益,在粮食收储制度改革方面,坚守粮食安全的底线思维,正确处理好"多与少"的关系。

本书正是基于以上粮食政策转型的新背景,将农户、粮食经销商、国有储备库、粮食加工企业等看作是独立的决策主体,按照当前阶段粮食生产、收购、储备、加工、销售的实际操作情况,构建一个能够符合客观实际的粮食供应链复杂网络模型,然后通过模拟一些内外环境变化而导致的网络拓扑结构变化。例如,模拟网络节点适度规模化后的网络拓扑结构变化,为农村新型经营主体、粮食加工企业的规模经营提供政策依据;模拟缩短节点之间距离后的网络拓扑结构变化,为粮食产业聚集、促进粮食加工业向主产区布局提供政策依据;模拟除国有储备库外的每个决策主体具备库存条件的情景,以及网络增加库存节点(虚拟库存)的情景,为国家粮食储备体系的市场化改革提供政策依据;模拟大幅度降低甚至取消最低收购价的情景,以及按照质量确定最低收购价的情景,为改革现有的粮食补贴政策、更多发挥市场机制作用提供政策依据;模拟外部环境变化(如中美贸易摩擦背景或国家全面改革开放背景下的粮食进口价格的大幅度波动)的情景,以及自然环境变化(如灾害导致的粮食连续减产)的情景,为粮食安全保底线思维提供政策依据。由于本书的研究局限性,我们很难做到对客观现实情况的完美模拟,只是就其中部分内容展开探索性及抽象性的研究,也寄希望研究结论能对我国相关粮食政策的完善和改革提供支撑。

## 1.3 研究内容

### 1.3.1 研究思路

本书按照"提出问题→文献梳理→定性研究→定量研究→研究启示"这一总体

思路,从以下步骤展开研究。

第一步,分析现状,确定研究主题(第 1 章和第 2 章)。基于当前粮食问题的着重点已发生深刻变化,以及正在进行的粮食供给侧结构性改革背景,选择从"供应链"这一管理学视角展开对当前粮食问题的思考,从而提出"粮食供应链脆弱性研究"这一研究主题。

第二步,梳理文献,提炼研究范式(第 3 章)。通过有关"脆弱性""供应链脆弱性""粮食供应链管理"的国内外文献梳理,提炼解决问题的一般方法论,为本书提供分析范式。

第三步,从理论上展开定性研究(第 4 章)。首先,从分析粮食供应链的运作特点和网链结构特征入手,诠释粮食供应链脆弱性的内涵,包括界定粮食供应链脆弱性的概念、属性和特征;其次,展开机理分析,揭示粮食供应链脆弱性的形成机理和演化机理;再次,对粮食供应链脆弱性的适度区间进行界定,并分析粮食供应链脆弱性的突变及其引发的扩散效应;最后,从粮食供应链网络结构优化和风险传染控制两方面,提出粮食供应链去脆弱性的思路。

第四步,构建仿真模型,开展定量研究(第 5 章)。首先,在充分考虑实际粮食供应链复杂运作过程的基础上,综合使用系统动力学、离散事件和 Multi-agent 三种仿真方法,构建一个能更贴切模拟粮食供应链复杂网络的混合仿真系统,并选择 AnyLogic 软件作为仿真平台,进行编程建模。其次,在确定模型的运行逻辑并合理推定模型规模的基础上,仿真运行模型多个周期(每个周期内又设置多个运行阶段),选取能够反映网络节点、路径和结构特征的相关指标,对粮食供应链网络拓扑结构进行统计特征分析,描述粮食供应链结构型脆弱性的基本特征。再次,以删除节点或边的方式来表征粮食供应链网络受到内部或者外部干扰因素的影响,通过采取随机删除点、随机删除边、目标删除点和目标删除边四种仿真策略,计算粮食供应链网络的连通性和效率指标以测度其静态鲁棒性能,计算网络负载的变化以测度其动态鲁棒性能,对粮食供应链胁迫型脆弱性的基本特征进行描述。最后,从数量和结构两个维度,对粮食供应链网络中最为分散的农户群体进行适度规模模拟,测算新的粮食供应链网络结构型和胁迫型脆弱性特征的变化,证明粮食供应链网络结构是否得到优化。

第五步,研究启示与全文总结(第6章和第7章)。根据定性和定量分析的结果,从网络节点、节点间和模块间联结、网络全局三个方面得出研究启示。对全书的主要观点和结论进行总结,归纳本研究的创新与不足,并对下一步研究进行展望。

### 1.3.2 结构安排

按照上述研究思路,全书共设计成七章,结构安排如图1-1所示。

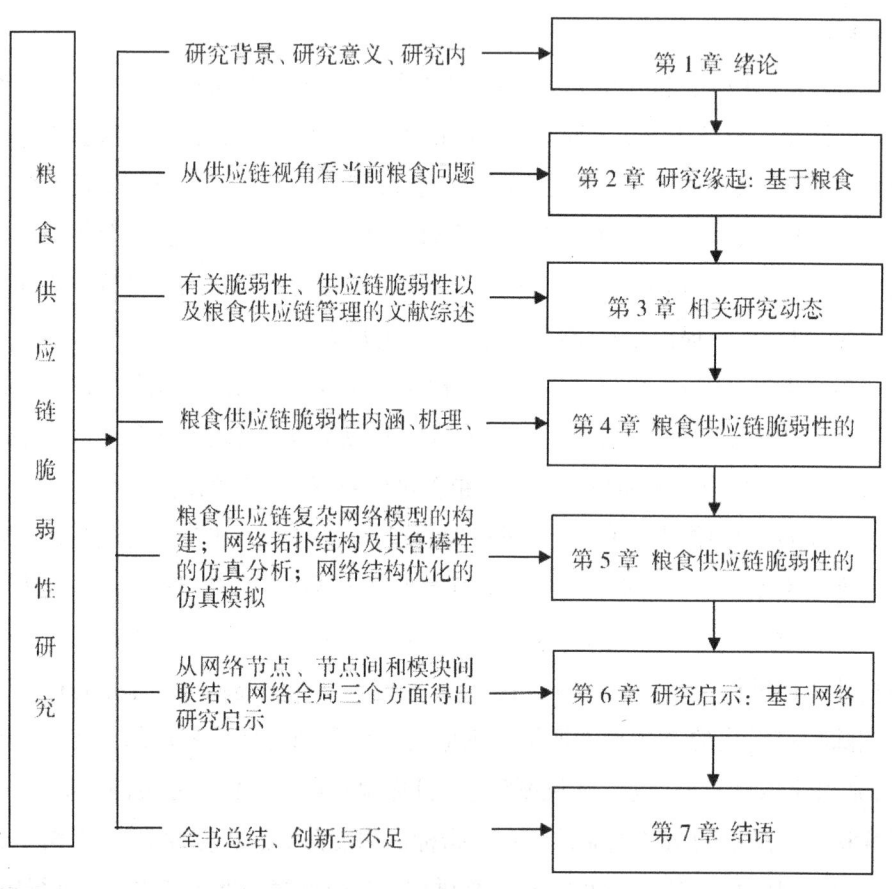

图1-1 全书的结构安排图

## 1.4 研究范畴

### 1.4.1 粮食概念的范畴

随着人类科学技术的进步,粮食概念的内涵和外延在不断更新和变化。1990年以后,我国将"主粮"确定为稻谷、小麦、玉米、大豆4大类,其中稻谷和小麦被称为"口粮"。从粮食产品形态来看,有原粮和成品粮之分。在种植和收获环节的粮食产品是指原粮;加工环节的粮食产品既可以是作为粮油工业原料的原粮和油料,也可以是粮油工业产品的成品粮油;零售和消费环节的粮食产品是指成品粮油制成品。从粮食消费需求来看,有口粮、饲料用粮、种子用粮和工业用粮等消费需求。口粮消费属于直接粮食消费,其他消费需求必须在优先满足口粮消费需求的前提下进行;饲料用粮来源于养殖业的需求,又称为肉禽蛋奶转化用粮,属于引致需求;种子用粮需求主要由粮食播种面积及技术进步等因素决定;工业用粮来源于食品、淀粉、酒精、医药、化工等以粮食为主要原料或辅料的生产行业的需求。

国际上对全球粮食产量做统计和平衡分析的主要有两大组织机构,一是联合国粮农组织(FAO),在其统计报告中主要使用 Cereal 这个词,包括小麦、大米和粗粮(主要包括玉米、高粱、大麦、燕麦、小米等);二是美国农业部(USDA),在其统计报告中主要使用 Grain 这个词,在统计美国国内粮食时,品种包括小麦、糙米和粗粮(包括玉米、高粱、大麦、燕麦、黑麦),在统计世界粮食数据时,还包括小米和杂粮。由此可见,我国粮食产量统计与上述两大组织机构的统计有以下几点不同之处:一是我国粮食产量统计的是稻谷,他们统计的是大米;二是我国粮食产量中包括豆类,他们却将大豆归类于油料;三是我国粮食产量中包括薯类,他们很少统计(杨卫路,2016)。

在本书中,如果没有特别说明,粮食指的是稻谷、小麦、玉米和大豆四大主粮,且产品形态为原粮。

### 1.4.2 粮食供应链的范畴

对供应链进行分析时,建立有意义的边界至关重要,供应链的边界取决于关键性流程以及物料和信息的流动(Srai 和 Gregory,2008)。明确供应链边界,有助于供应链脆弱性问题的研究,因为完美的供应链模式是不可能做到的,只能在供应链某一部分或某些环节形成稳定的模型以达到最优。粮食供应链涉及将粮食(原粮、成品粮)从生产领域向消费领域转移(或比喻为从田间到餐桌)的全过程,包括商流、物流、信息流和资金流。粮食生产的地域性与消费的全域性,使得粮食供应链具有空间跨度大的特点,涉及产区与销区、国内与国外的关系;粮食生产的季节性与消费的常年性、粮食生产的弹性与消费的刚性,使得粮食供应链具有时间跨度大的特点,涉及当前与长远的关系;原粮加工为成品粮的过程,使得粮食供应链具有产业跨度大的特点,涉及第一二三产业的关系。因此,粮食供应链是一个贯穿于粮食生产、流通和消费,由农户、经销商、加工企业、国有储备库、批发商、运输配送企业、零售商、消费者组成的复杂网链结构。

按照粮食产品(原粮、成品粮)不同的流通、加工特点,我们将粮食供应链划分为原粮供应链和成品粮供应链两个部分。原粮供应链从新粮收购开始到粮食加工企业为止,涉及众多参差不齐的参与主体且相互之间关系复杂,存在较强的政策性干预,市场化、社会化程度有待提高,是粮食供应链研究的重点和难点,故界定为本书的研究范畴,如图1-2所示。成品粮供应链从粮食加工企业到下游消费者为止,产品以大包装、中小包装成品粮或散装成品粮(如油脂、面粉)形式出现,融入社会大物流系统,市场化程度高,应纳入一般商品的供应链管理研究中,故不作为本书的研究范畴,如图1-3所示。

原粮供应链物流存在新粮收获集并和原粮储备运输两个重要阶段。其中,新粮收获集并,发生在新粮收获季节,由农户(包括新型经营主体)和粮食经销商来完成,运输距离一般在100公里以内,以汽车公路运输为主,散粮比例高,季节性强,主要流向粮食收纳库和粮食加工企业。此阶段物流市场化、社会化程度相对较高,存在的主要问题有:参与主体众多且缺乏粮食流通知识和技能,容易造成源头上的粮食混存,加上粮食产后服务体系不完善,对粮食质量有较大影响;另外,此阶段的从业人员与下游加工企业联系不紧密，难以形成稳定的利益联结机制，供应链结构松散。

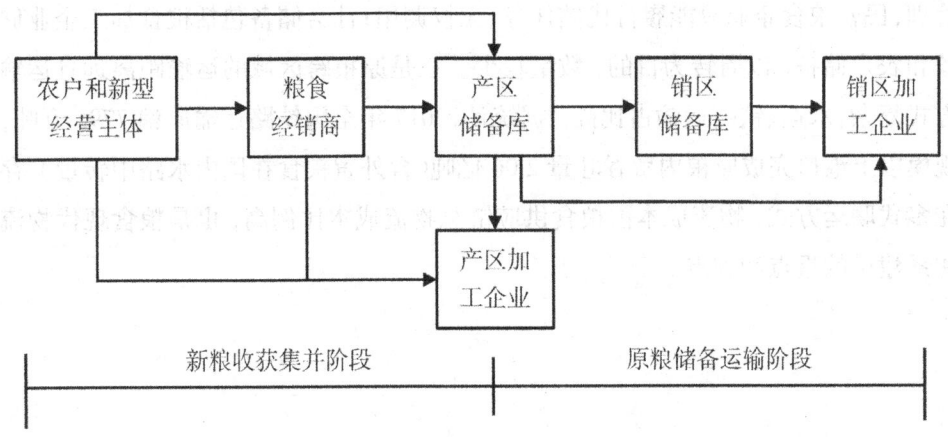

图 1-2 原粮供应链示意图（本书研究范畴）

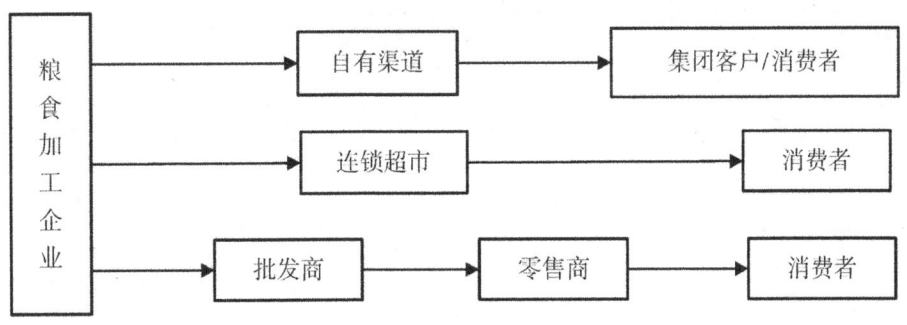

图 1-3 成品粮供应链示意图（非本书研究范畴）

原粮储备运输阶段，是指原粮集并后的存储直至运送到粮食加工企业为止，涉及原粮的储备、轮换及运输，此阶段政策性强，市场化、社会化程度有待提高，有以下三个特点：一是原粮存储时间跨度长，如稻谷的轮换期一般为 2~3 年、小麦为 3~4 年、玉米为 2 年。二是原粮储备体系复杂，以政府储备为主体、社会储备为补充。政府储备又包括中央储备和地方储备，前者又分为战备储备和专项储备，用于应对全国性粮食危机,由中储粮总公司负责管理和经营,后者又分为省级、市级和县级三个层次,用于应对区域性粮食危机,由各级政府负责,一般委托国有粮食企业管理,民营粮食企业只能履行代储任务、无权调用;社会储备包括粮食加工企业储备和农户储备,以周转为目的,数量较少。三是原粮跨区域的运输距离远且运输方式复杂,水运、铁路运输占比高。据统计,2017年全国铁路运输原粮7795万吨,规模以上港口完成原粮内贸吞吐量2.06亿吨(含外贸粮食在国内水路中转量),存在多式联运方式,物流成本占粮食供应链总物流成本比例高,也是粮食现代物流体系建设的重点和难点。

# 第 2 章 研究缘起:基于粮食供需关系的思考

粮食问题研究由来已久,需要转换思路和调整方法。基于供应链管理的视角,粮食问题涉及粮食生产、收购、储备、物流、加工和销售等各个环节。实现粮食安全需要产能稳定、商流可靠、物流高效和消费持续,只有这些条件同时具备,粮食安全才能实现。然而,粮食问题发生的条件却符合"木桶效应"中的短边原则,粮食问题会因粮食供应链网络中"最脆弱"的节点或环节而发生(王世海,2019)。确保国家粮食安全,既需要有足够的粮食供给能力作前提,又需要有强大的粮食供应链运营与掌控能力。粮食供应链运作的目标可概括为"安全+高效",即在保障粮食供需有效对接的基础上,实现粮食流通的降本增效和柔性精准。本章首先分析当前阶段我国粮食供需面临的困局,然后提出实现粮食供需匹配的供应链管理思维方法,进而引出后续分析粮食供应链脆弱性的研究命题。

## 2.1 供需脱节:当前粮食问题最大的"短板"

近年来,我国粮食连年丰收,粮源充裕,安全形势持续向好,已成为粮食生产、消费和贸易大国,但还算不上粮食强国,尽管我国粮食产品数量充足,却不能适应消费升级的新要求。当前阶段我国粮食问题已由总量不足转变为结构性矛盾,表现为品种供需结构失衡、库存高企与销售不畅、高产量与低效益并存、跨区域流通与平衡的压力越来越大、国内外价格倒挂等,粮食"产购储加销"各环节还存在发展不平衡不充分的矛盾。正如国家粮食局负责人在2017年年初接受新华社专访时所说,供需脱节已成为当前我国粮食问题最大的"短板"。[①]特别是在当前我国经济发展进入新常态的背景下,粮食资源优势转化为经济发展优势的潜力尚未充分挖掘,粮食问题在"供与求""产与销"的关系上存在急需破解的困局。

### 2.1.1 从数量上看供需脱节

(1)从总量上看,粮食供给出现产量多、进口多、库存多"三多并存"新局面

改革开放40多年来,随着农业结构调整和粮食政策市场化改革的深入,我国粮食供需关系经历了7次重大波动,即1983—1984年的供过于求、1988—1989年的供不应求、1992—1993年的供过于求、1993—1995年的供不应求、1996—1998年的供过于求、2003—2004年的供不应求、2010年至今的阶段性过剩与结构性不足并存,[②]不断重复着粮食"多了少了、少了多了"的历史循环。

随着农业生产非粮化问题日益突出,2003年粮食产量已回落到1990年以来的最低水平,粮食安全问题重新提上议程。从2004年开始,中央一号文件重新聚焦"三农"问题,受益于国家对粮食生产的支持和鼓励政策,粮食总产和单产出现恢复性增长。据国家统计局数据,2019年全国粮食产量达66384.34万吨,已连续8年稳定在6亿吨以上;2019年全国粮食进口量10609.2万吨,已连续6年超过1亿吨。据美国农业部2018年12月报告,2018/2019市场年度中国稻米、小麦、玉米和大豆的期末库存预期分别高达11300万吨、14356.5万吨、20832.7万吨和1983.8

---

①新华社.去库存、降成本、补短板——国家粮食局负责人介绍粮食行业供给侧结构性改革[EB/OL].[2017-01-09].http://www.xinhuanet.com//politics/2017-01/09/c_1120275375.htm.

②胡新明,唐学军,王士春.40年来我国粮食供求波动的回顾与思考[EB/OL].[2018-10-25].http://www.sohu.com/a/271258246_782515.

万吨,分别占世界库存总量的 69.2%、53.6%、62.1%和 17.2%,谷物库存规模世界第一。从总量上看,我国粮食供给阶段性过剩明显,供需形势由"紧平衡"向"总体宽松"格局延续。

(2)从品种结构上看,谷物供给出现阶段性过剩,豆类产需缺口持续扩大

2004 年开始的稻谷、小麦最低收购价和玉米临时收储制度(2016 年取消),一方面促使稻谷、小麦等口粮产量增长;另一方面使得玉米替代大豆,同时也干扰了"优粮优价"市场机制的形成,最终导致当前粮食品种结构性矛盾问题突出。具体表现为稻谷连续多年产大于销,阶段性过剩特征明显;小麦产需基本平衡,但优质专用品种供给不足,而低端品种销路不畅;玉米种植结构连年调整,同时价格低廉的大麦、高粱、木薯干、DDGS 等玉米替代品进口量激增,2015 年达到创纪录的 3750 万吨,进一步加剧了玉米供需矛盾。随着供给侧结构性改革的深入和玉米临储制度的取消,玉米加工消费快速增长,去库存力度空前,但即使在中美贸易摩擦背景下,我国相继对美国高粱、澳大利亚大麦和高粱启动双反调查并加征关税,2018 年大麦和高粱进口量仍高达 681.54 万吨和 364.98 万吨;大豆由于生产比较利益下降,种植面积逐年萎缩,而消费需求逐年扩大,导致进口量持续增加,在 2017 年达到创纪录的 9552.6 万吨之后,2018 年受中美贸易摩擦的影响同比减少 7.9%,但仍高达 8804 万吨,2019 年进口量为 8851 万吨,产需缺口持续扩大。

根据美国农业部月度供需报告(数据截至 2018 年 12 月)测算,我国当前阶段粮食供需结构在品种上存在偏差和不平衡性。2018 年,我国稻谷期末库存相当于国内消费量的 80%;小麦期末库存甚至超过国内总消费量,两者库存相加超过 2.5 亿吨。而 2018 年国家最低收购价稻谷全年成交率仅 8.62%,成交量 848 万吨;最低收购价小麦全年成交率 10.2%,成交量 866 万吨,两者去库存仍不理想。2018 年,玉米去库存进程则超出预期,临时储备拍卖超过 1 亿吨,但期末库存仍超过 2 亿吨;大豆受国际贸易摩擦的影响,进口来源国、饲料配方等方面有所调整,但总体进口量基本保持高位,期末库存不足 0.2 亿吨。

(3)从区域结构上看,粮食生产区域集中趋势愈发明显

粮食供需不对称性矛盾,还反映在当前我国粮食生产区域越来越集中的趋势

上。根据国家统计局数据计算,2018年13个粮食主产区①的粮食产量占全国比重接近八成(78.7%);从区域来看,粮食生产重心逐渐北移,北方7个粮食主产区的粮食产量占全国比重接近一半(49.5%),其中黑龙江、河南、山东3省的粮食产量占全国比重近三成(29.6%)。根据品种情况来看,2017年黑龙江、湖南、江西、湖北、江苏、安徽、四川7省的稻谷产量占全国比重接近七成(68.8%);河南、山东、河北、安徽、江苏5省的小麦产量占全国比重接近八成(79.2%);北方7个粮食主产区的玉米产量占全国比重接近七成(69.9%);黑龙江、内蒙古、安徽、河南、四川5省的大豆产量占全国比重达七成(70.1%)。

粮食生产日趋集中的地域性特征与粮食消费的普遍性,加上粮食生产的季节性与消费的全年性之间的矛盾,使得粮食跨省物流量极其巨大且呈单向流动,并涉及公路、铁路、水路多种运输方式,进一步加剧了粮食供需脱节的现象。根据对国家粮食和物资储备局的调研资料的分析,目前我国已形成三大粮食流出通道和三大粮食流入通道。其中,三大流出通道分别是:①东北粮食流出通道,2017年跨省调出玉米4990万吨,稻谷1345万吨,总调出粮食6950万吨,占全国内贸跨省总调出量的41%,运输以铁路、水路为主;②黄淮海小麦流出通道,2017年调出小麦2455万吨,总调出粮食4835万吨,占全国内贸跨省总调出量的29%,运输以铁路、公路为主;③长江中下游稻谷流出通道,2017年调出稻谷2540万吨,总调出粮食3485万吨,占全国内贸跨省总调出量的21%,运输以水路为主。三大流入通道分别是:①华东华南沿海粮食流入通道,2017年跨省调入玉米2655万吨、稻谷1600万吨,总调入粮食5035万吨,占全国内贸跨省总调入量的30%,运输以公路、水路为主;②西南粮食流入通道,2017年跨省调入玉米955万吨、大豆650万吨,总调入粮食2800万吨,占全国内贸跨省总调入量的17%,运输以铁路、公路为主;③京津冀粮食流入通道,2017年总调入粮食1395万吨,主要品种为稻谷、玉米,占全国内贸跨省总调入量的8%,运输以公路为主。

---

① 我国粮食主产区指黑龙江、吉林、辽宁、山东、河北、河南、内蒙古7个北方省份和湖北、湖南、江苏、安徽、江西、四川6个南方省份;粮食主销区指北京、上海、天津、浙江、福建、广东、海南7个省份;粮食产销平衡区指山西、甘肃、青海、宁夏、新疆、西藏、陕西、重庆、云南、贵州、广西11个省份。

## 2.1.2 从质量上看供需脱节

（1）短期内国内优质粮食生产面临很大难题，造成"守着粮仓买洋粮"的现象，大量的外部粮食供给产生了负的"外部效应"

我国长期以来主要依靠拼资源、拼投入的粗放型粮食增长方式，导致土地资源过度开发，生态环境不堪重负。一方面，城市工业"三废"和生活垃圾等外源污染向农业农村扩散，镉、汞、砷等重金属不断向粮食产区渗透；另一方面，农业内源性污染严重，农村畜禽养殖废弃物年排放量、农膜年残留量过高，农药化肥利用率不高，耕地质量下降趋势加重，直接影响了农产品质量安全，导致我国绿色有机粮食生产面临很大难题。

以小麦为例，我国小麦主产区以种植普通小麦为主，当前优质小麦生产仍以散户种植为主，规模、连片的种植模式虽有但少，加上优质小麦种植的田间管理要求严格，种植成本相对较高，导致国产优质小麦性价比不具优势、有效供给不足。当前我国中筋小麦早已供过于求，但优质专用的强弱筋小麦却远远不足。我国对优质强弱筋小麦的需求量在600万~800万吨，而生产能力仅在250万~450万吨（王新华等，2017），供给缺口较大，未来仍需大量进口。目前进口小麦的主要品种包括澳大利亚硬质白麦、美国硬红冬麦和软红冬麦、加拿大硬质红春麦，2017年来自这三国的进口数量占比分别为43.1%、35.2%和11.8%。[①]

（2）在收购和销售环节，"优粮不优价"的现象突出，难以发挥流通对生产的反馈激励作用，形成粮食生产"只追求产量提升、不在乎品质提高"的现状

一方面，我国执行多年的粮食最低收购价制度存在定价不合理、扰乱市场机制等问题，例如，只对国标三等质量标准的稻谷、小麦制定一个统一的最低收购价，并不按等级制定阶梯价格。由于没有建立起优质粮食分级收储体系，导致农户更愿意种植传统、普通的粮食品种，因为这样至少可以卖到国家粮食储备体系中去。

---

[①] 2018年受中美贸易摩擦影响，从美国进口的小麦数量下滑明显。

另一方面,在优质粮销售环节,优粮优价的机制并没有建立起来,优质粮与普通粮的市场价格与其生产成本相比并没有明显差别,农户不敢轻意种植,加上优质粮一般产量低而且不稳定,导致优质粮不但难以卖出高价,反而还可能存在卖不出去的风险。

以稻谷为例,作者曾在湖南省岳阳市商务粮食局做过调研。岳阳市下辖的华容县于2017年9月被国家粮食局正式批准为"中国好粮油"行动示范县,应该说其优质粮食工程行动走在全国前列,但课题组通过调研发现,华容县农户在种植优质稻方面并不具备比普通稻更多的优势,表2-1和表2-2对华容县农户2017年种植普通稻与优质稻的成本与效益进行了分析,可以发现在不考虑家庭用工折价与自营地折租这两项机会成本的情况下,农户种植优质稻的积极性并不高,并且种植优质稻还需要更严格的田间管理。

表2-1 2017年华容县农户种植普通稻与优质稻的亩均毛收入与直接成本分析

单位:斤、元/斤、元

| 品种 | 毛收入 | | | 直接成本 | | | | | | | |
|---|---|---|---|---|---|---|---|---|---|---|---|
| | 产量 | 单价 | 收入 | 种子 | 机耕 | 机插 | 农药 | 化肥 | 机收 | 烘干 | 小计 |
| 常规早稻 | 800 | 1.2 | 960 | 42 | 80 | 100 | 80 | 100 | 90 | 30 | 522 |
| 常规晚稻 | 950 | 1.3 | 1235 | 60 | 80 | 100 | 100 | 110 | 80 | 30 | 560 |
| 优质晚稻 | 900 | 1.5 | 1350 | 85 | 80 | 100 | 100 | 110 | 80 | 30 | 585 |
| 优质一季稻 | 1100 | 1.6 | 1760 | 90 | 80 | 100 | 100 | 120 | 80 | 30 | 600 |

资料来源:根据课题组在岳阳市商务粮食局的调研资料整理而得。

备注:1.华容县主要优质稻品种有:一级品包括玉针香、湘晚籼12号、湘晚籼13号、湘晚籼17号,二级品包括黄花粘、盛泰优018、桃优香粘,三级品包括岳优9113、创宇8号、Y两优系列、晚红407。

2.优质稻由于品种的选择不同,在产量、品质、价格等方面均有差异,此表是按统计方法取其平均值。

表 2-2  2017年华容县农户几种水稻种植模式的亩均效益分析

单位:元

| 模式 | 种植模式 | 毛收入 | 农作物地力补贴 | 直接成本 | 收益 |
|---|---|---|---|---|---|
| A | 常规早稻+常规晚稻 | 2159 | 175 | 1082 | 1288 |
| B | 常规早稻+优质晚稻 | 2310 | 175 | 1107 | 1378 |
| C | 一季优质稻 | 1760 | 105 | 600 | 1265 |

资料来源:根据课题组在岳阳市商务粮食局的调研资料整理而得。

备注:1.在双季稻种植模式中,此表未考虑晚稻秧田面积影响。

2.此表未考虑家庭用工折价与自营地折租这两项机会成本。

(3)在加工环节,国内粮食产品几乎是"千人一面""万人一米",难以满足消费市场的新需求变化,形成大量的无效供给

国内粮食产品难以实现优粮优价的原因,不仅存在于生产和收购、销售环节,而且更多存在于加工环节。与发达国家相比,国内粮食企业的初级加工产能结构性过剩,精深加工能力相对不足且规模较小,开发的主食产品附加值不高,难以卖出高价。从口粮来看,目前国内粮食产品的传统特征十分明显,标准粉、特级粉、东北大米、南方籼米仍是市场主流,加工的主食产品也就是馒头、米饭、面条、面包、饼干等,可以说是"千人一面""万人一米"。目前市场上的高品质大米、专用面粉、高端食用油脂及全谷物产品可选择余地较小,且没有形成可靠的质量保障,难以满足日益升级的消费需求。另外,我国粮食的副产品也只是饲料,粮食加工产业链条短,在"吃干榨尽"方面显得不足。

以大米为例,国内消费者耳熟能详的国产好大米大多是以地域命名,如东北大米、五常大米、安徽大米,但是品牌化、特色化的高端精品缺乏,即使是知名度较高的国内品牌如"福临门""金龙鱼"也是以中低档大米为主,高端个性需求得不到很好满足。我国虽然稻谷产量世界第一,品种众多,但生产出的大米特别是我国南方的早籼稻,与东南亚进口大米相比,缺乏市场竞争优势,市场滞销严重,仅湖北

省每年就有80多亿斤稻米存在"向何处去"的问题。①据中国海关数据显示,近年来我国稻谷和大米的进口数量和金额逐年上升,在填补国内高端市场的同时,也使得供给侧结构性矛盾凸显。

### 2.1.3 从效益上看供需脱节

(1)"稻强米弱""麦强粉弱"的原粮与成品粮价格倒挂状态持续,充足的粮食资源并未有效推动粮食产业经济发展

"稻强米弱"和"麦强粉弱"是目前我国粮食市场表现出的原粮与成品粮价格倒挂的特别现象,并且从绝对倒挂转变为相对倒挂,即成品粮销售价格与原粮购进价格之比低于临界值。考虑到粮食流通中储备、加工、运输、销售等环节的成本叠加效应,成品粮与原粮价格之比低于临界值时,将难以弥补成本。按照现今的稻米加工工艺,稻谷需要经过砻谷、碾米、色选、抛光等程序,加工精度过高导致大米平均出米率较低,根据《粮油加工统计资料2015》,2013年和2014年,全国平均出米率为64.5%和63.5%。面粉加工也存在类似问题,小麦出粉率一般在70%~85%之间。按照稻谷60%出米率、小麦75%出粉率计算,在大米与稻谷价格之比达1.67、面粉与小麦价格之比达1.33以上时,粮食加工才会有收益(武舜臣等,2016)。由图2-1可以看出,自2004年以来,我国籼米与籼稻的价格比在1.40~1.65区间波动;由图2-2可以看到,粳米与粳稻的价格比在绝大多数时间,特别是近十年来,也是在1.40~1.65区间波动,"稻强米弱"的现象非常明显。由图2-3可以发现,我国面粉与小麦的价格比在1.20~1.50区间、均值1.35上下波动,特别是在2012—2014年间呈现出明显的"麦强粉弱"状态。

---

①高广金,聂练兵,杨艳斌.对湖北农业供给侧结构性改革的思考[EB/OL].[2018-01-29].http://www.hbagri.gov.cn/zdzl/lmgzs/200024802.htm.

第2章 研究缘起:基于粮食供需关系的思考

**图 2-1　2004 年以来籼米与籼稻比价走势图**

资料来源:中华粮网数据中心,经作者整理而成,数据截至 2018 年 12 月。

**图 2-2　2004 年以来粳米与粳稻比价走势图**

资料来源:中华粮网数据中心,经作者整理而成,数据截至 2018 年 12 月。

**图 2-3 2004 年以来面粉与小麦比价走势图**

资料来源：中华粮网数据中心，经作者整理而成，数据截至 2018 年 12 月。

原粮与成品粮价格形成倒挂的背离现象已持续多年，究其原因，有着极强的政策性成因。从整个粮食流通链条来看，一是上游的原粮收购环节实行托市收购政策，基本属于"政策市"。国家为保障农民种粮积极性与种粮收益，应对 2008 年以来粮食生产成本的持续上升，自 2008 年开始连续 7 年提高稻谷、小麦最低收购价，稳定了市场预期。随着 2015 年粮食产量创历史新高，粮食供需出现阶段性、结构性过剩，2015 年稻谷、小麦最低收购价保持稳定后，2016 年、2017 年对稻谷最低收购价进行试探性小幅下调，并在 2018 年较大幅度下调，小麦最低收购价从 2018 年开始也试探性下调。二是中游的粮食加工企业大多属于小微企业，处于分散经营状态，组织化程度低，以粮食初级产品加工为主，精深加工转化能力不足，如稻谷加工业对稻谷资源的增值率处于 1∶1.3 的水平，远远低于国际先进水平 1∶4~1∶5，以大米为原料后续加工比例仅为 5.7%，稻米资源有效利用率仅为 60%~70%。三是下游的成品粮销售是一个竞争较为充分的"市场市"，既有来自国内同行的激烈竞争，又会受到国际粮价的冲击，同时还有政府通过储备对成品粮价格的调节以维护市场的稳定。

供需两侧不同的市场属性是导致粮食价格传导不畅、最终形成价格倒挂的根源（丁声俊，2016）。与"统购统销"和"双轨制"时期不同，在现阶段市场经济条件下，价格倒挂对粮食流通环节的相关主体福利造成直接影响，最低收购价的不断提高，给农户带来的实际收益增长却有限，在库存节节攀升的同时，加工企业却处于盈亏平衡点附近甚至亏损的状态。这些现象破坏了粮食流通链条上不同市场主体之间的正常利益分配关系，从而阻碍了粮食产品价值在流通链条上的传导和增值，充足的粮食资源并没有成为推动粮食产业经济发展的有效动力。

（2）国内粮价处于世界"高地"，国际粮食到岸税后价低于国内，国内外粮价倒挂明显

一方面，粮食最低收购价和临时收储政策、竞价销售政策（实际交易价格不得低于国家公布的销售底价）是目前我国粮食市场调控制度改革的重要措施，也是当前我国调节粮食价格的主要手段，对保障粮食供应、稳定粮食市场、满足粮食需求发挥了重要作用，但与此同时也抬高了国内粮食的市场价格。另一方面，我国粮食生产成本逐年上升，且成本结构也在发生重要变化，除物质投入、人工和土地成本继续刚性上涨外，动植物病虫害防控、现代化种养设施维护、废弃物处理及农产品加工、包装、销售、品牌建设等成本也在明显增加。

受政策和生产成本两方面因素推动，国内粮食价格已处于历史高位。表2-3列举了2004年以来的我国粮食生产价格指数（在2000年及以前称为粮食收购价格指数），可以看到呈现出稳定的上涨趋势。随着2015年开始的农业供给侧结构性改革逐步推进，粮食价格指数有所回调，但仍处于高位。

表2-3　2004—2017年我国主要粮食作物生产价格指数（上年=100）

| 年份 | 稻谷 | 小麦 | 玉米 | 大豆 | 粮食 |
| --- | --- | --- | --- | --- | --- |
| 2004 | 136.30 | 131.16 | 116.92 | 120.17 | 126.21 |
| 2005 | 101.57 | 96.41 | 97.97 | 94.24 | 99.08 |
| 2006 | 102.02 | 100.07 | 103.02 | 99.17 | 102.00 |
| 2007 | 105.43 | 105.50 | 115.04 | 124.17 | 110.26 |
| 2008 | 106.60 | 108.67 | 107.32 | 119.72 | 109.60 |

续表

| 年份 | 稻谷 | 小麦 | 玉米 | 大豆 | 粮食 |
|------|------|------|------|------|------|
| 2009 | 105.24 | 107.86 | 98.52 | 92.30 | 103.67 |
| 2010 | 112.82 | 107.86 | 116.07 | 107.85 | 113.29 |
| 2011 | 113.28 | 105.18 | 109.89 | 106.34 | 109.03 |
| 2012 | 104.09 | 102.86 | 106.60 | 105.68 | 104.76 |
| 2013 | 102.23 | 106.73 | 100.20 | 105.74 | 103.60 |
| 2014 | 102.18 | 105.09 | 101.74 | 101.75 | 102.60 |
| 2015 | 101.57 | 99.23 | 96.46 | 99.03 | 98.71 |
| 2016 | 98.80 | 94.08 | 86.76 | 97.56 | 93.14 |
| 2017 | 100.70 | 104.38 | 97.13 | 97.65 | 99.48（种植业产品） |
| 2018 | 99.74 | 100.09 | 105.07 | 97.93 | 101.25（农业产品） |

数据来源：历年《中国农产品价格调查年鉴》。

备注：在2018、2019两年的年鉴中，国家统计局没有将粮食生产价格指数单独列出，但显示2017年种植业产品生产价格指数为99.48，2018年农业产品生产价格指数为101.25。

近年来，随着转基因等高科技在农业生产上的应用，美国等国家的粮食单产大幅高于中国，加上规模化生产和发达完备的农业基础设施优势，以及国际海运成本下降，国内主要粮食市场价（批发价或到港价）已普遍高于国外产品配额内进口到岸税后价，其中，小麦、大豆国内外价格从2012年开始持续倒挂，大米和玉米国内外价格从2013年开始连续倒挂。[①] 图2-4至图2-7体现了近年来国内外粮价倒挂的现象。

---

[①] 农业部市场预警专家委员会.中国农业展望报告（2016—2025）[M].北京：中国农业科学技术出版社，2016.

第 2 章 研究缘起:基于粮食供需关系的思考

**图 2-4 近年来国内外大米价格对比图**

数据来源:农业农村部发布的《大宗农产品供需形势分析月报》,数据截至 2018 年 12 月。

备注:国内价格指全国晚籼米(标一)批发均价,国内价格指泰国曼谷(25%含碎率)大米到岸税后价格,2010 年 1 月份以来的美元汇率按当月银行基准价均价计算。

**图 2-5 近年来国内外小麦价格对比图**

数据来源:农业农村部发布的《大宗农产品供需形势分析月报》,数据截至 2018 年 12 月。

备注:国内价格为广州黄埔港优质麦到港价,国际价格为美国墨西哥湾硬红冬麦(蛋白质含量 12%)到岸税后价。

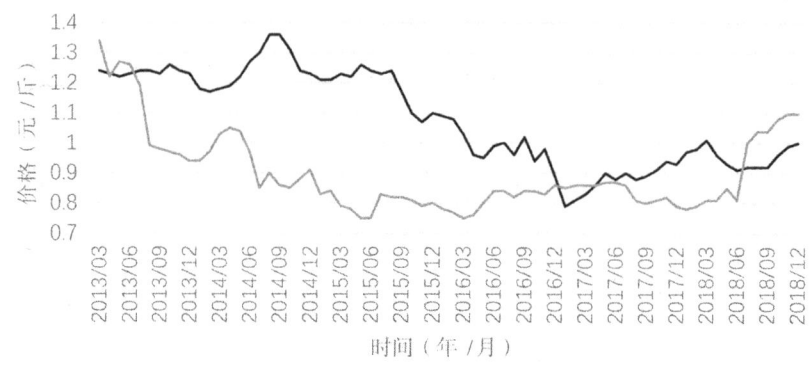

**图 2-6　近年来国内外玉米价格对比图**

数据来源:农业农村部发布的《大宗农产品供需形势分析月报》,数据截至2018年12月。

备注:1.国内价格为东北2等黄玉米运到广州黄埔港的平仓价,国际价格为美国墨西哥湾2级黄玉米(蛋白质含量12%)运到黄埔港的到岸税后价。

2.由于2018年以来的中美经贸战,我国自2018年7月6日起对美部分进口商品加征关税措施正式实施,加征25%关税后,进口玉米到岸税后价格高于国内。2018年7月,美国墨西哥湾2级黄玉米平均离岸价折合人民币每斤0.53元,比内产区批发价低0.36元;加征25%关税后,进口配额内1%关税的国外玉米运抵我国南方港口的到岸税后价每斤1.00元,比国内玉米到港价高0.08元;配额外65%关税的美国玉米运抵我国南方港口到岸税后成本每斤1.61元,比国内玉米到港价高0.69元。

**图 2-7 近年来国内外大豆价格对比图**

数据来源:农业农村部发布的《大宗农产品供需形势分析月报》,数据截至 2018 年 12 月。
备注:国内价格为山东国产大豆入厂价,国际价格为青岛港口的进口大豆到岸税后价。

(3)粮食主产区与非主产区的利益不相协调,矛盾越来越突出

我国粮食生产格局存在区域结构性不平衡逐渐加大的趋势,表现为全国粮食生产重心由南向北、由东向中转移,其中东南沿海区域粮食生产急剧萎缩,东北和黄淮海区域成为粮食增长中心,粮食主产区的范围呈现出明显缩小的趋势,且其空间聚集程度有不断增加的趋势(邓宗兵等,2013)。图 2-8 显示,自 2004 年粮食行业市场化运作以来,13 个粮食主产区承担了全国 70%~80%的粮食产量,且近两年来占比有急剧上升的趋势;图 2-9 显示,7 个北方主产区的粮食产量占到全国的 40%~50%,且近两年占比急剧上升,达到全国一半的粮食产量。

粮食供应链脆弱性研究

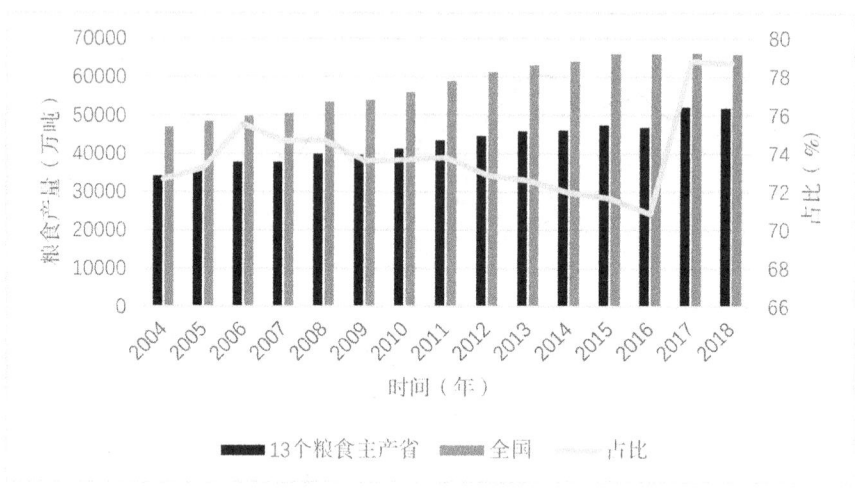

**图 2-8  2004 年以来 13 个主产区粮食产量在全国的占比情况**

数据来源：国家统计局数据中心，经作者计算后而得。

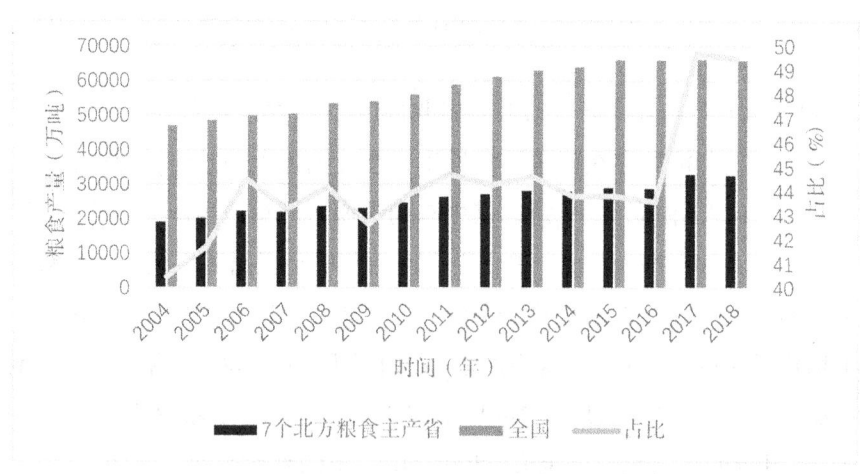

**图 2-9  2004 年以来 7 个北方主产省粮食产量在全国的占比情况**

数据来源：国家统计局数据中心，经作者计算后而得。

粮食生产格局变化在引起粮食流通格局变化的同时，即粮食流向由"南粮北调"转向"北粮南运"，也导致了粮食主产区与非主产区之间的利益分配失衡，区域间的经济差距不断扩大。粮食非主产区,特别是粮食主销区,经济发展以城市化、工业化为主导,承担粮食生产的任务逐渐缩小。当前,我国农业比较效益低下已是不争的事实,图2-10显示,在国内生产总值(GDP)的三次产业构成中,农业增加值的比重逐年下降,从2004年的12.9%下降到2018年的7.2%。随着土地、劳动力、农资等生产成本的不断上升,粮食主产区正陷入"粮食大省、经济弱省、财政穷省"的怪圈。[①]以黑龙江省为例,该省土地广袤、肥沃,拥有得天独厚的农业生产条件,根据该省第二次国土调查结果,2014年该省耕地面积1586万公顷,占全省土地总面积的35.04%,约占全国耕地总面积的10%,人均耕地面积0.31公顷,是全国人均水平的3倍。[②]近年来黑龙江省粮食综合生产能力不断提高,已经成为我国粮食产量、商品量和调出量最高的省份,为国家粮食安全做出了重要贡献。根据国家统计局数据,2018年黑龙江省粮食产量7506.8万吨,占全国粮食总产量的11.4%,连续7年位居全国第一。然而,黑龙江省在成为全国粮食生产"排头兵"、国家粮食安全"压舱石"的同时,其社会经济发展水平却日渐落后,2018年该省地区生产总值16361.62亿元,仅占国内生产总值的1.8%。

图2-11显示,2004年以来13个粮食主产省GDP在全国的占比为55%~60%,与其粮食产量的占比(如图2-8所示)不相称,且近年来呈现较明显的下滑趋势。图2-12显示,7个北方粮食主产省GDP在全国的占比不到1/3,目前更是下滑到接近1/4,与其粮食产量在全国一半的占比(如图2-9所示)极其不相称。粮食生产越多、经济越落后的现象日趋明显,粮食生产与利益分配倒挂的现状势必影响粮食主产区的积极性。这种由粮食生产区域分布失衡带来的区域利益分配失衡问题,已经成为当前我国粮食行业面临的特殊问题之一。

---

[①] 据一项专题调研报告资料显示,2013年全国800个产粮大县粮食产量占到全国总产量的73.64%,粮食播种面积占全国总播种面积的65.86%,商品粮占到全国总量的86.7%,而其中就有105个县属于国家级贫困县。(资料来源:中国小康建设研究会.居安思危——中国粮食安全的忧思与出路[M].北京:清华大学出版社,2016.)

[②] 黑龙江省人民政府.黑龙江省土地利用总体规划(2006—2020年)(2017年调整完善)[R].2017.

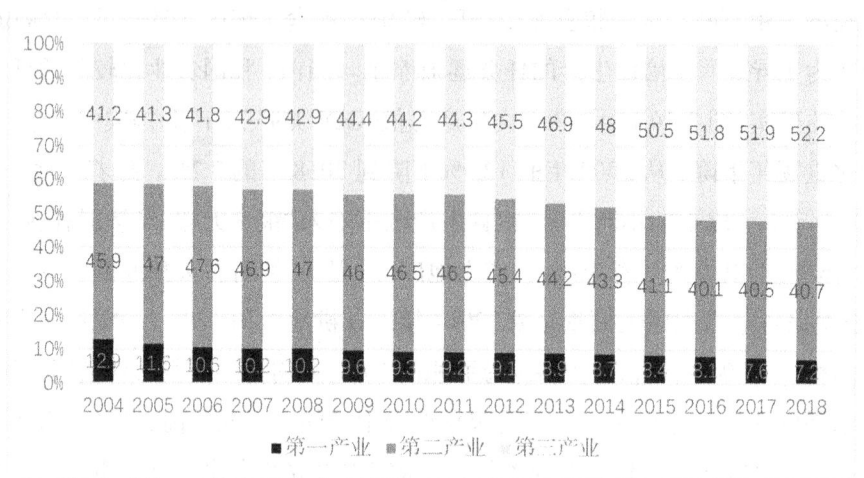

**图 2-10　2004 年以来三次产业增加值占 GDP 比重**

数据来源：国家统计局数据中心。

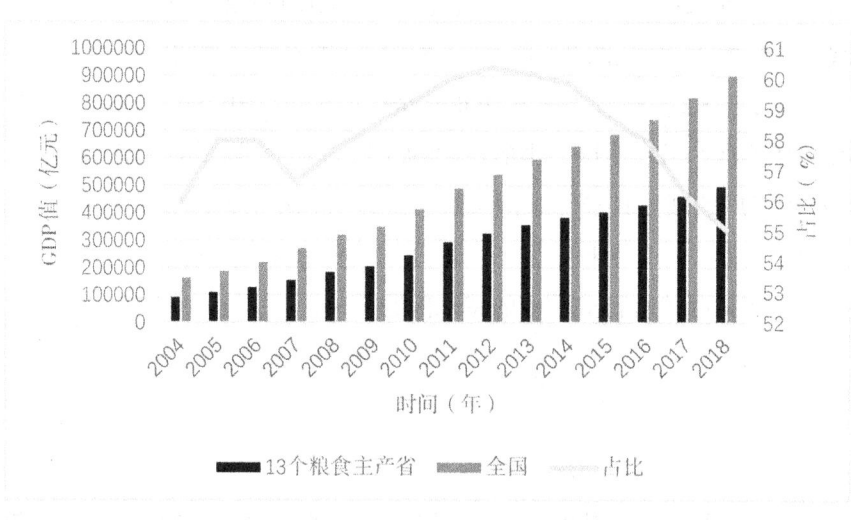

**图 2-11　2004 年以来 13 个粮食主产省 GDP 在全国的占比情况**

数据来源：国家统计局数据中心，经作者计算后而得。

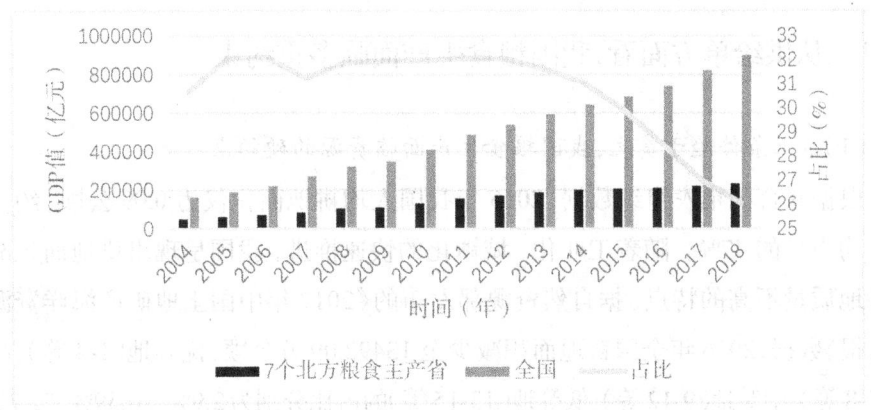

**图 2-12　2004 年以来 7 个北方粮食主产省 GDP 在全国的占比情况**

数据来源：国家统计局数据中心，经作者计算后而得。

## 2.2　粮食供给侧结构性改革强调"供需匹配"

　　针对当前粮食领域的主要矛盾已经转变为"供需错配"的现状，为促进粮食供需平衡向高水平的快速跃升，2016 年 7 月 12 日，国家粮食局发布《关于加快推进粮食行业供给侧结构性改革的指导意见》。根据该指导意见，推进粮食供给侧结构性改革要坚持供需结合、互促共进的原则，增强粮食供给和需求的匹配度、适应性，实现更高层次的粮食供需动态平衡。因此，粮食供给侧结构性改革不是单方面强调粮食供给或者粮食需求，而是更加强调两者的相互结合，要改变过去重点考虑粮食生产和消费、较少考虑粮食流通问题的做法。粮食供需错配，并非全是数量、品种、质量等生产领域的问题，也有像供应链纵向协调关系不畅、运作效率低下这样的流通领域问题，需要从"产购储加销"全链的角度加以解决。

## 2.2.1 从供给单方面看,我国粮食生产面临多重约束

(1)水土条件趋于贫乏,我国粮食生产面临资源的硬约束

根据联合国粮农组织数据,2015年我国人均耕地面积仅为0.09公顷,约占世界平均水平的47%。随着工业化、城镇化的快速推进,我国呈现出耕地面积减少和耕地质量不高的特点,据自然资源部发布的《2017年中国土地矿产海洋资源统计公报》数据,2016年全国耕地面积减少至13492.09万公顷,优等地(1-4等)、高等地(5-8等)、中等地(9-12等)、低等地(13-15等)的占比分别为2.9%、26.59%、52.72%、17.79%。如果不对基本农田和耕地实施保护,粮食供需平衡就会随时被打破。

另一个长期制约我国粮食生产的资源因素是水资源,我国水资源不仅分布非常不均匀,而且呈现出农业用水需求量大、耕地亩均水资源占有量不足和灌溉用水方式不科学等特征。据水利部发布的《2018年中国水资源公报》数据,2018年全国农业用水3693.1亿立方米,占用水总量的61.4%;耕地实际灌溉亩均用水量365立方米;农田灌溉水有效利用系数0.554,与发达国家0.7~0.8的利用系数差距较大。水资源对粮食生产能力的约束与瓶颈作用越来越突出和明显。

(2)环境污染日益突出,我国粮食生产面临生态的硬约束

近年来我国粮食产量持续增长,表面上看,数字喜人,但实际上各地为了追求短期的产量增长,已经过度使用水土资源和环境容量,特别是过量使用化肥和农药,并为此付出了巨大的环境成本和经济代价。表2-4和图2-13分别反映了近年来稻谷、小麦、玉米三种粮食的平均化肥投入情况和单位面积产量变化情况。可以看出,随着化肥用量的增多,亩产增速却明显放缓,甚至还有下降趋势。党的十九大报告明确提出,建设生态文明必须实行最严格的生态环境保护制度。这意味着这种靠拼资源、拼投入的粗放型粮食增长方式已不可持续。

表 2-4　近年来三种粮食平均化肥投入情况

单位：公斤/亩

|  | 2013 年 | 2014 年 | 2015 年 | 2016 年 | 2017 年 | 2018 年 |
|---|---|---|---|---|---|---|
| 氮肥 | 8.91 | 8.87 | 8.46 | 8.39 | 7.98 | 7.48 |
| 磷肥 | 0.56 | 0.52 | 0.41 | 0.44 | 0.40 | 0.37 |
| 钾肥 | 0.52 | 0.83 | 0.80 | 0.56 | 0.47 | 0.45 |
| 复混肥 | 13.45 | 13.86 | 14.44 | 15.54 | 16.22 | 16.61 |
| 亩化肥折纯用量 | 23.44 | 24.08 | 24.11 | 24.93 | 25.07 | 24.97 |

数据来源：《全国农产品成本收益资料汇编 2019》。

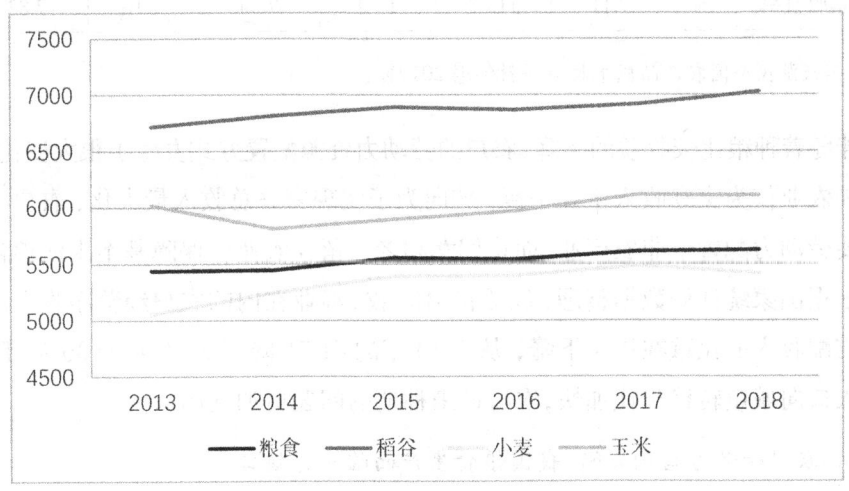

图 2-13　近年来三种粮食单位面积产量（公斤/公顷）

数据来源：国家统计局数据中心。

（3）种粮效益低与机会成本高，我国粮食生产面临可持续性难题

近年来，我国粮食种植成本快速增长，其平均增速高于产量增速和价格增速。在总成本中，土地成本的增速是最高的，其次是人工成本。成本快速上升，直接影响农户种粮收益，农户每亩种粮成本利润率出现了大幅下滑趋势，甚至出现亏损

现象,表2-5显示了近年来稻谷、小麦、玉米三种粮食平均成本收益情况。

表2-5 近年来三种粮食平均成本收益情况

| 项目 | 单位 | 2013年 | 2014年 | 2015年 | 2016年 | 2017年 | 2018年 |
|---|---|---|---|---|---|---|---|
| 主产品产量 | 公斤 | 444.67 | 470.93 | 467.41 | 457.13 | 468.72 | 449.30 |
| 产值合计 | 元 | 1099.13 | 1193.35 | 1109.59 | 1013.34 | 1069.06 | 1008.18 |
| 总成本 | 元 | 1026.19 | 1068.57 | 1090.04 | 1093.62 | 1081.59 | 1093.77 |
| 生产成本 | 元 | 844.83 | 864.63 | 872.28 | 871.35 | 866.01 | 868.90 |
| 土地成本 | 元 | 181.36 | 203.94 | 217.76 | 222.27 | 215.58 | 224.87 |
| 净利润 | 元 | 72.94 | 124.78 | 19.55 | -80.28 | -12.53 | -85.59 |
| 成本收益率 | % | 7.11 | 11.68 | 1.79 | -7.34 | -1.16 | -7.83 |

数据来源:《全国农产品成本收益资料汇编2019》。

伴随着种粮比较收益的下降,农户的劳动力资源配置方式发生了很大变化,从过去纯农业作为家庭收入主要来源,转向为了实现家庭总收入最大化,农户将家庭主要劳动力配置于非农产业,而将妇女和老人留在农业以保障基本生活粮食需要。根据国家统计局数据整理,包括农、林、牧、渔业在内的农户经营净收入占农户可支配收入的比重在逐年下降,从2013年的41.7%降至2019年的36%。随着农村人口向城镇转移步伐加快,农村谁来种地的问题更加突出。

(4)农村劳动力结构失衡,我国粮食生产面临人力缺口

我国农村"空心化"现象突出。一方面,随着在农业上的劳动投入量越来越少,根据《全国农产品成本收益资料汇编2019》统计数据,水稻、小麦和玉米三种粮食平均每亩用工由2013年的6.17日(其中家庭用工5.84日、雇工0.33日)减少至2018年的4.81日(其中家庭用工4.52日、雇工0.29日),减少了22%。我国农业生产经营人员在逐渐减少,根据第三次全国农业普查数据,2016年全国种植业生产经营人员约2.91亿人,其中规模农业经营户中种植业生产经营人员约873万人,占比仅3%左右。

另一方面,农业生产经营人员呈现出年龄、性别、素质等结构性矛盾。中老年

人员、受教育程度低人员占绝大多数。根据第三次全国农业普查数据,2016年全国农业生产经营人员中,35岁及以下、36~54岁、55岁及以上的人员占比分别为19.2%、47.3%、33.6%;未上过学、小学、初中、高中或中专、大专及以上的人员占比分别为6.4%、37.0%、48.4%、7.1%、1.2%。特别是农村实用型人才"青黄不接",基层农技服务部门后继乏人问题较为严重;新型农业经营主体中懂技术、会管理、市场开拓能力强的复合型人才不多;农业教育培训资源分散,部门相互协同性差,农业职业教育薄弱。随着农业现代化的推进,对现代农业人才要求更高,我国小农户在与现代农业接轨、与大市场对接的过程中面临人才缺口的问题。

## 2.2.2 从需求单方面看,我国粮食消费面临刚性增长

(1)我国在迈向高收入国家的过程中,必然伴随着粮食消费的持续增长

我国正处在一个由中高收入向高收入迈进的阶段,在粮食增产难度加大的情况下,我们需要面对的是一个日益庞大的国内粮食需求市场。人口总量增加、城乡居民收入水平快速增长、城镇化水平持续提高,是导致我国粮食需求总量持续增长的三个决定性因素。从粮食需求结构来看,未来城乡居民口粮需求总量将保持平稳,粮食需求增长主要是饲料粮和工业用粮的增长,正如图2-14所示,20多年来,我国稻谷和小麦的消费量基本稳定,玉米和大豆的消费量呈逐年增长的态势。表2-6列出的未来几年我国粮食消费量预测数据,也反映出未来我国粮食需求在呈刚性增长的同时,需求结构也在发生显著变化,由以往注重数量、吃得饱向注重质量、吃得好的方向转变。

其中,稻谷的消费量基本为食用消费,包括少量出口;小麦的消费量主要为面粉加工消费,还包括饲用消费、工业消费、种用消费、浪费和少量出口;玉米的消费量主要为饲用消费、食用消费、工业消费,还包括一些种用消费、损耗和出口;大豆的消费量主要为压榨量和食用消费,还包括一些饲用消费、种用消费、损耗和出口。

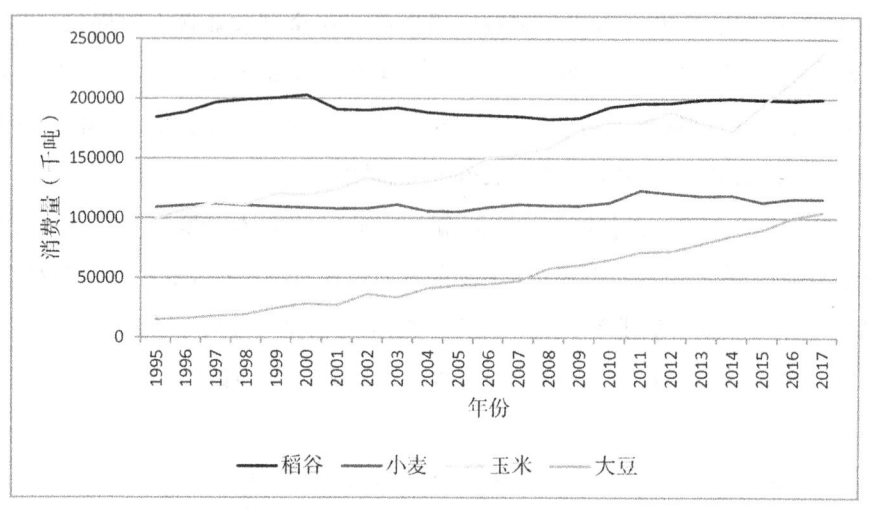

**图 2-14　20 多年来四大粮食品种消费量**

数据来源：布瑞克农产品数据库。

(2) 在人们对物质生活需求日益增长的过程中，必然伴随着粮食消费结构的升级

消费是收入的函数，随着收入水平的提高，人们不再满足于吃饱饭，粮食消费结构开始发生较大变化，更加追求吃得营养、健康、安全，高蛋白食物比重增加，肉禽蛋奶及水产品等转化用粮增加，近十年我国饲料和工业转化用粮增加 2000 多亿斤，未来仍将继续增长。2018 年，全国居民人均粮食消费量比 2013 年减少 14.5%，但是在人均肉、禽、蛋、奶类及水产品消费量方面分别比 2013 年增长 15.2%、25%、18.3%、4.3% 和 9.6%，见表 2-7。

**表 2-6　我国四大粮食品种消费量预测表**

单位：万吨

| 年份 | 分品种 | | | | | 分用途（不含大豆） | | | | |
| --- | --- | --- | --- | --- | --- | --- | --- | --- | --- | --- |
| | 总量 | 稻米 | 小麦 | 玉米 | 大豆 | 口粮 | 饲料用粮 | 工业用粮 | 种子用粮 | 损耗 |
| 2018 | 59885 | 14953 | 12813 | 21782 | 10337 | 20411 | 14978 | 9524 | 746 | 3463 |
| 2019 | 60752 | 15040 | 12946 | 22167 | 10599 | 20491 | 15348 | 10036 | 746 | 3398 |

续表

| 年份 | 分品种 | | | | | 分用途(不含大豆) | | | | |
|---|---|---|---|---|---|---|---|---|---|---|
| | 总量 | 稻米 | 小麦 | 玉米 | 大豆 | 口粮 | 饲料用粮 | 工业用粮 | 种子用粮 | 损耗 |
| 2020 | 61298 | 15152 | 13082 | 22274 | 10790 | 20581 | 15710 | 10255 | 747 | 3325 |
| 2021 | 62071 | 15237 | 13157 | 22756 | 10921 | 20642 | 16120 | 10436 | 745 | 3319 |
| 2022 | 62871 | 15345 | 13277 | 23208 | 11041 | 20741 | 16583 | 10600 | 745 | 3270 |
| 2023 | 63322 | 15393 | 13362 | 23441 | 11126 | 20785 | 16835 | 10713 | 747 | 3228 |
| 2024 | 63664 | 15443 | 13472 | 23485 | 11264 | 20836 | 16950 | 10835 | 745 | 3145 |
| 2025 | 64150 | 15509 | 13563 | 23632 | 11446 | 20901 | 17137 | 10952 | 745 | 3079 |
| 2025年比2018年增长(%) | 7.1 | 3.7 | 5.9 | 8.5 | 10.7 | 2.4 | 14.4 | 15.0 | -0.1 | -11.1 |

数据来源:农业部市场预警专家委员会.中国农业展望报告(2017—2026)[M].北京:中国农业科学技术出版社,2017.

### 表2-7 全国居民人均主要食品消费量

单位:公斤

| 年份 | 粮食(原粮) | 肉类 | 禽类 | 蛋类 | 奶类 | 水产类 |
|---|---|---|---|---|---|---|
| 2013 | 148.7 | 25.6 | 7.2 | 8.2 | 11.7 | 10.4 |
| 2014 | 141.0 | 25.6 | 8.0 | 8.6 | 12.6 | 10.8 |
| 2015 | 134.5 | 26.2 | 8.4 | 9.5 | 12.1 | 11.2 |
| 2016 | 132.8 | 26.1 | 9.1 | 9.7 | 12.0 | 11.4 |
| 2017 | 130.1 | 26.7 | 8.9 | 10.0 | 12.1 | 11.5 |
| 2018 | 127.2 | 29.5 | 9.0 | 9.7 | 12.2 | 11.4 |

数据来源:《中国统计年鉴2019》。

## 2.2.3 从供应链角度看,粮食供需匹配需统筹全链解决

(1)把握流通与生产、消费的关系,增强对粮食产业全链的掌控能力

从上述粮食供给与需求单方面分析来看,长期以来,我国粮食供需平衡仅是一种总量意义上的供需平衡,并表现为脆弱平衡的特性,即粮食供需平衡随时会因重大风险的发生而被打破。在调控供需关系时,以往重点考虑生产和消费,较少考虑柔性精准的粮食流通能力建设问题。粮食供需关系容易受到自然因素和调控政策的影响,表现为"由外而内"的被动平衡,或者说强制平衡,从而导致粮食生产因为流通环节不畅而与需求脱节、难以转化为有效供给,出现当前阶段粮食产量迅速增长与优质粮食供不应求日趋严重的现象。

粮食的生产、流通和消费环节可以看作是一个具有纵向逻辑关系的供应链系统,流通作为联系生产与需求的纽带,一方面传递需求信息,指导粮食生产者以满足消费需求为目标进行有效生产;另一方面传递供给信息,引导粮食消费者科学合理地消费。粮食供需在更高水平上的平衡,应该是包括总量意义、品种结构、价格水平、产销区域、国际视野的多目标平衡。在统筹考虑粮食生产、流通和消费的基础上,通过粮食供应链内部的纵向协调(内力)和市场机制(外力),促进粮食供给与需求的平衡。这样的平衡属于"由内而外"的主动平衡,表现为具有自适应性的动态平衡,最终目标是粮食供给和需求的匹配。

(2)发挥流通环节中价格的导向功能,推动粮食供需两侧互促共进

在解决了粮食在总量意义上的供需平衡之后,我国对粮食供需关系的调控必然会由政策主导解决粮食短缺问题的阶段过渡到由市场机制主导解决供需精准对接的阶段。现阶段粮食供给侧结构性改革不同于新古典主义和新凯恩斯主义,它既重视供给又关注需求,更强调两者的相互结合、互促共进。在手段上,既强调发挥市场在资源配置中的决定性作用,又注重更好地发挥政府作用。

一方面,在市场机制中供需关系是价格变动的基础,供需变化导致价格波动,均衡价格反映供需平衡的状态。从供给角度来看,粮食供给变化会引起粮食均衡价格的变动,这是导致粮食价格波动的根本原因,因此采取调整粮食各品种的产

量、库存量、进口量及补贴政策等改变粮食供给量的措施,对于调整粮食价格具有重要的意义。从需求角度来看,粮食需求发生变化也会引起粮食均衡价格的变动,经济技术的发展、城镇化、工业化、人口的规模和结构、人均收入等都会引发粮食需求数量和需求结构的变化,最终对粮食价格产生极大的影响。

另一方面,在市场机制中价格是调节供需关系的原动力,引导着生产与消费,从而调节资源的合理配置。由于粮食的特殊属性,粮食价格对于粮食供给和需求的调节方式有别于其他商品。首先,粮食价格对粮食供需的调节时间不一致。对于粮食需求的调节是即时的,即粮食需求量取决于本期的粮食价格,而对于粮食供给的调节是滞后的,[①]这是由粮食生产的季节性决定的,粮食价格的变动无法改变当季的粮食供给。其次,粮食的供给价格弹性要大于需求价格弹性。粮食作为生活必需品,其价格的变动仅能改变人们的消费结构,对粮食总的需求量影响不大,但是粮食价格的微小波动却会影响到粮食生产规模的涨缩,影响到农户下季的种粮积极性。

发挥市场机制在粮食流通环节中的主导作用,就是要建立以市场为导向的粮食价格形成机制,逐步改变目前具有"增产取向"的价格支持政策(如临时收储、最低收购价等),减少对市场的干预和扭曲,向直接补贴(价补分离)政策转型,探索推进粮食价格形成机制与政府补贴脱钩的改革,发挥市场配置资源的决定性作用,促进粮食价格在市场供需中自然形成,并且能够准确反映粮食供需关系,以价格为纽带实现粮食供需两侧的互促共进。

## 2.3 实现粮食供需匹配的供应链视角

现阶段我国粮食供需面临的困难、矛盾和挑战,在相当大程度上属于机制问题,粮食供需平衡主要依靠政府政策,其结果是一方面造成粮食价格扭曲,另一方面导致资源错配和浪费,产生第2.1节所述的一系列不符合市场逻辑的现象和问

---

① 这里主要指"狭义"的供给,即粮食生产。

题。这种依靠政策外力艰难推动的粮食供需平衡可持续性较差,这是因为调节供需关系的粮食政策,其调控效果一般来说是短期的,边际效用会递减,改革开放以来我国粮食供需关系已出现过七次大的波动。推进供给侧结构性改革需要转换思路和调整方法,改革既强调供给又关注需求,更需重视连接供给与需求的流通环节,而流通业的滞后发展已成为供给侧结构性改革的瓶颈,其中供应链管理水平低又成为流通业发展的重要短板(丁俊发,2016)。2017年10月5日,国务院办公厅出台《关于积极推进供应链创新与应用的指导意见》,明确供应链创新与变革是落实新发展理念的重要举措和供给侧结构性改革的重要抓手,它通过资源整合和流程优化,促进从生产到消费各环节的有效对接和供需精准匹配。[①]

### 2.3.1 供需匹配:粮食供应链管理的核心

粮食供应链作为一条贯穿于粮食生产、流通和消费的完整链条,从粮食的生产布局到粮食的交易流通、加工增值一直延伸到成品粮的销售服务。它既是一条基于市场需求而形成的粮食供需链,又是一条集物流、资金流和信息流于一体、注重合作伙伴全面协同和快速响应客户需求的粮食企业链和粮食时空链,更是一条强调粮食在流通中增值的粮食价值链。供应链管理所涉及的核心内容正是供需匹配,其理论和方法为以市场化手段实现粮食供需结合提供了思路。

(1)粮食供应链管理强调"需求驱动"

供应链的形成、存在与重构是基于一定的市场需求,[②]其运作是以订单驱动方式进行,通过订单的逐级驱动,使得供给侧准确响应需求侧的要求。这种需求拉动模式有别于传统的生产推动模式,最终客户的需求是供应链中物流、资金流和信息流的驱动源,它为当前我国经济发展遇阻不再是产能不足,而是供需无法匹配问题提供了解决新思路。粮食供应链上下游参与主体之间的供给和需求关系

---

[①] 该指导意见提出了六项重点任务,分别涉及农业供应链、制造供应链、流通供应链、供应链金融、绿色供应链和全球供应链,说明供应链的独特作用对这些产业和领域的效率和效益提升很大,促使供需匹配更加精准。

[②] 中华人民共和国国家标准《供应链管理业务参考模型》(GB/T 25103—2010)。

组成了一条粮食供需链,实施粮食供应链管理,就是要以来自需求侧的大规模定制来代替供给侧的大规模生产,如通过订单农业带动粮食精准生产,从需求侧视角整合粮食供给侧。

(2)粮食供应链管理强调"集成管理"

供应链管理是一种跨企业集成管理的新型思维,它打破了企业界限,把整条链看作一个集成组织,围绕满足终端客户需求,以核心企业为主导建立全面合作伙伴关系,通过物流、资金流和信息流的"三流合一",使得供给侧与需求侧能以供应链为纽带进行更好的互动。粮食供应链是由广大农户、新型经营主体、经销商、收储单位、加工企业、贸易与运输商以及广大消费者等一系列参与主体组成的一条粮食企业链,实施粮食供应链管理,就是要通过跨企业的集成管理和合作伙伴的全面协同以及物流、资金流和信息流的线上线下融合,促进粮食供需两侧协同发展。

(3)粮食供应链管理强调"快速响应"

供应链管理强调的是通过优化物的流动和库存实现快速响应客户需求的市场目标。粮食生产具有明显的区域性和季节性,而粮食需求具有地域上的广泛性和时间上的均衡性,所以粮食供应链具有明显的跨空间(产区与销区、国内与国外)、跨时间(现在与未来)和跨产业(涉及农业、加工业、流通服务业等一二三产业)的特征。实施粮食供应链管理,就是要通过重构和优化业务流程,搭建信息共享平台,促使粮食供应链由传统的弱集成式网链结构转向集成化的虚拟网络式结构,从而加快供给侧对需求侧变化的响应速度。

(4)粮食供应链管理强调"价值增值"

供应链是一条连接最初供应商到最终客户的价值链,物料在供应链上经过流通加工实现价值增值,并给供应链上的节点成员带来收益,这是维系供应链并使其继续运转的基础。粮食供应链上包括粮食种植、加工、流通、销售等一系列价值增值活动,实施粮食供应链管理,就是要在主张对供应链纵向延伸和横向拓展以获取更大整体收益的同时,强调在供应链上形成合理的价值分布关系,以保障粮食产品价值传递和增值的有效性,实现粮食供需两侧互促共进。

## 2.3.2 脆弱的供应链:粮食供需匹配的痛点

粮食生产的周期性、地域性与消费的连续性、普遍性,使得粮食生产与消费之间始终存在着时间差和空间分隔。为了及时、精准满足市场需求,必须为供应链系统中的仓储、加工、配送等功能设定合理的容量与成本。供应链管理作为一种全新的管理模式,把整个供应链系统看作一个有机联系的整体,强调各个参与主体之间建立合作伙伴关系,将各个参与主体的相同资源(如仓库)进行整合并在供应链系统内实现共享,将各个参与主体的重复流程(如配送)进行优化并在供应链系统内实现协同,达到降本增效、整体动态最优的管理目标,最终实现各参与主体"共赢"的目的。从当前参与主体的组织形式及其之间的交易方式、利益分配来看,粮食供应链相较于一般供应链,具有明显的脆弱特性,成为粮食流通环节中的弱项。

(1)数量众多、经营分散的小农户群体在供应链中处于弱势,难以分享到供应链利益

从现阶段来看,以小农户为主的家庭经营是我国农业经营的基本国情和未来需长期面对的基本现实。据第三次全国农业普查数据,2016年年底我国农户总数为230270510户,其中普通农户226290104户、规模农户3980406户,小农户数量占到98%以上;全国农户平均经营规模7.8亩/户,经营耕地10亩/户以下的农户有2.1亿户,这部分甚至可以说是超小规模的经营格局。在发展新型农业经营主体方面,据农业农村部统计,截至2017年6月底,在全国30个省(区、市)(不含西藏)纳入统计的164.3万个农民专业合作社中,有粮食类合作社35.8万个;48.5万个家庭农场中,从事粮食生产的家庭农场16.7万个,平均每个种植业家庭农场经营耕地175.8亩,80.7%的家庭农场耕地来源为土地流转经营。[①]又据农业农村部2016年年底对30个省、区、市(不含西藏)44.5万户家庭农场专项统计调查,在从事粮食生

---

① 农业农村部农村合作经济指导司.当前农村经营管理基本情况[EB/OL].http://www.hzjjs.moa.gov.cn/nyshhfw/201904/t20190418_6182626.htm.

产的17.8万个家庭农场中,耕地经营规模为50~200亩的占63.2%,200~500亩的占27.5%,500~1000亩的占6.8%,1000亩以上的占2.5%。①这种一家一户式的小农经营分散,势单力薄,在市场上缺乏谈判能力,农资购买价格高而粮食产品卖价低,利益大量流失。他们对政府及下游加工、贸易企业依赖性强,不能充分掌握粮食流通中的信息,更不可能根据这些信息安排生产,只能被动听从经销商或中间商的安排,造成供应链的产销脱节,导致其抗风险能力差。

(2)组织化、专业化程度低的粮食经纪人难以承担对接小生产与大市场的重任

在粮食从生产领域进入到流通领域的供应链初始环节,即原粮的收购与集并阶段,活跃着一群粮食经纪人队伍,②与传统农村经纪人的"居间代理、赚取佣金"经营模式不同,现代粮食经纪人则是自己出资到农户家里收购粮食,然后转手销售给粮食储备、贸易、加工企业,赚取中间差价。现阶段,他们已成为集聚粮源的主力军、农户卖粮的好帮手、粮食运销的专业户,他们市场信息灵通,熟悉粮食市场行情,成为沟通粮食产销的桥梁与纽带。据中国粮食经济学会对14个省市及所属79个市县粮食经纪人的调研分析(宋廷明等,2015),粮食经纪人收集的粮源在北方小麦和玉米主产区为80%~90%,在南方稻谷主产区为60%~70%,在粮食主销区和贫困缺粮地区为30%~50%,其余则由农户直接送粮入库、粮食企业自行收购或从外地购入或进口。目前,粮食经纪人的构成以农民为主,素质整体不高,运作不规范,自律不严格,基本处于自发分散状态;经营规模以小微型为主,年经营量在50~100吨的约占80%,③活动半径大多在50公里以内;收粮资金以自有为主,设备简陋,经营困难多,队伍不稳定。组织化、专业化程度较低的粮食经纪人队伍,也是造成粮食供应链运作效率低与成本高,信息传递迟缓、零乱与失真的一个重

---

①农业农村部农村合作经济指导司.2016年家庭农场发展情况[EB/OL].[2018-01-05].http://www.hzjjs.moa.gov.cn/nyshhfw/201904/t20190418_6182625.htm.

②我国粮食经纪人队伍组成较为复杂,很大部分人员是从农户中分化出来的,也有很多新型农业经营主体在从事粮食经纪与交易的工作,还有不少农户兼业从事粮食经纪业务,为了规范起见,我们在后面的论述中,特别是在定量分析部分,统一使用"粮食经销商"一词。

③由于年经营量在50吨以下的无须办理《粮食收购许可证》,且存在许多年经营量超过50吨而没有办理资质认证的情况,所以粮食经纪人队伍的实际经营规模可能更小。

要因素。

（3）实力弱小、低端产能过剩的粮食加工企业难以发挥供应链核心企业的引领作用

粮食加工一头连接粮食生产、牵动着农户，另一头连接粮食消费、满足并引导着消费，处于粮食供应链的枢纽地位，不仅是粮食供需关系在数量上的"调节器"和"蓄水池"，更是粮食供需关系在质量与效益上的"推进器"（王耀鹏，2017）。实力弱小、产能过剩已成为现阶段我国粮食加工业的主要特征。据《中国农产品加工业年鉴2017》统计数据，2016年，全国规模以上粮食加工企业数量11754家，完成主营业务收入26586亿元，实现利润1540.6亿元，主营业务收入利润率为5.8%，且连续多年基本保持在6%左右；在参与调查的2213家规模以上粮食加工企业中，大型企业53家（占2.4%）、中型企业210家（占9.5%）、小型企业1791家（占80.9%）、微型企业159家（占7.2%），小微企业占绝大多数（接近90%），若将未纳入统计的个体企业、私人作坊等计算进来，整个行业散、弱、小的状况会更加突出。另据统计，在7000多家稻谷加工企业中，日处理能力在200吨以下的企业占到90%以上，日处理能力在400吨以下的企业累计占到98%（见表2-8）。与此同时，整个粮食加工行业还存在着产能长期过剩与产能不断扩张的矛盾现象（薛平平和张为付，2019），见表2-9。表2-10显示了我国最大的粮食主产区黑龙江省近年来粮食加工产能的实际利用情况，进一步说明了粮食供应链上缺乏核心企业的整体规划和协调，造成资源的浪费和运行的低效。

表2-8 我国稻谷加工企业不同规模占比情况（%）

| 日处理能力 | 100吨以下 | 100~200吨 | 200~400吨 | 400~1000吨 | 1000吨以上 |
|---|---|---|---|---|---|
| 企业数占比 | 65.3 | 25.3 | 7.4 | 1.5 | 0.5 |

数据来源：根据国家粮食和物资储备局调研资料整理而得。

表2-9 近年来我国稻谷与小麦加工业的产能及其利用率

| 年份 | 稻谷加工业 | | 小麦加工业 | |
|---|---|---|---|---|
| | 产能(万吨) | 利用率(%) | 产能(万吨) | 利用率(%) |
| 2008 | 16073.5 | 46.2 | 11609.4 | 67.6 |
| 2009 | 19423.7 | 44.4 | 12167.0 | 67.1 |
| 2010 | 24339.3 | 45.6 | 15953.7 | 70.3 |
| 2011 | 28421.0 | 44.9 | 17822.0 | 64.7 |
| 2012 | 30746.0 | 44.5 | 20339.0 | 64.0 |
| 2013 | 33234.0 | 43.6 | 21726.0 | 61.1 |
| 2014 | 33716.0 | 44.9 | 21655.0 | 59.5 |
| 2015 | 30738.0 | 29.0 | 19400.1 | 61.0 |
| 2016 | 29908.3 | 31.4 | 18914.0 | 55.7 |

数据来源:历年《粮油加工业统计资料》。

表2-10 近年来黑龙江省粮食加工业的产能及其利用率

| 年份 | 粮食年加工能力(万吨) | 粮食年实际加工量(万吨) | 产能利用率(%) |
|---|---|---|---|
| 2013 | 9335 | 3065 | 32.8 |
| 2014 | 9245 | 2935 | 31.7 |
| 2015 | 8865 | 2250 | 25.4 |
| 2016 | 7525 | 2195 | 29.2 |
| 2017 | 8395 | 2770 | 33.0 |

数据来源:根据黑龙江省粮食局调研资料整理而得。

(4)市场化、社会化程度低的粮食购销企业难以具备现代粮食物流的运作要求

粮食购销企业是指收储型和贸易型的国有粮食企业,它们是粮食流通的主渠道,担负着掌握粮源、战略储备、保障供应、救灾济贫、稳定粮价、落实国家宏观调

控措施的重要任务。2016年全国国有粮食企业收购粮食20680万吨,销售粮食24846万吨,见表2-11。

**表2-11 2016年国有粮食企业粮食购销量**

单位:万吨

| 项目 | 合计 | 原粮品种 | | | | |
|---|---|---|---|---|---|---|
| | | 小麦 | 稻谷 | 玉米 | 大豆 | 其他 |
| 收购量 | 20680 | 5939.8 | 4280.4 | 10331.5 | 66.6 | 61.7 |
| 销售量 | 24864 | 5957.7 | 4807.5 | 10523.2 | 2950.6 | 607.0 |

数据来源:《2017中国粮食年鉴》。

根据一项调查(徐睿等,2018),在2010年以前粮食购销企业的购销差价可达200元/吨,除去运输、人工、资金成本,纯利润可达100~150元/吨;但随着电子商务的兴起、现代物流的发展,产销信息变得日益透明,这种传统的买卖型购销业务利润变得只有10~20元/吨,甚至还有亏损的可能。现代粮食物流是以供应链管理和现代信息技术为基础,通过对粮食的收购、销售、调拨、储存、进出口及分库点、分品种、分价位、分年限、分仓位等相关作业实施动态管理,建立粮食信息预警系统,实现粮食供需有效对接。传统的"搬运工"式的粮食物流业务,没有多少技术含量(一般就是取样、送检、采购、送货等业务),无法满足供需双方的要求,也无法有效传递粮食供需信息。市场化、社会化程度较低的粮食购销企业急需向现代粮食物流企业转变,成为集粮食收购、储存、中转、加工、销售等功能于一体的现代粮商。

### 2.3.3 供应链变革:粮食供需匹配的保障

创新、协调、绿色、开放和共享的发展理念,为我们把握、适应和引领经济发展新常态提供了强大思想武器,是引领供给侧结构性改革的思想灵魂,为改革指明了方向和重点。供应链具有创新、协同、绿色、开放、共赢等特征,粮食供应链变革理应以"五大发展理念"为指导思想。

(1)创新发展是粮食供应链变革的动力

当前我国粮食供需平衡面临的难题属于供需无法匹配的问题,随着新型城镇化发展和人民生活水平的提高,这一矛盾越来越突出,而传统依赖生产解决供需矛盾的方法逐渐失效,解决矛盾的关键在于创新。供应链的订单驱动运作模式提供了一种新的思维方式,粮食供应链变革要将业务流程由过去的"生产导向"转变为"需求导向",核心企业通过正确识别市场信号,围绕需求塑造敏捷化、柔性化的运作流程,其他参与主体在市场需求信息的驱动下,展开分工与合作,打造精益化的粮食供应链,助力实现粮食供给侧结构性改革中"调结构"的目标,即推进粮食由增产导向转向提质导向,扩大粮食有效供给、满足粮食有效需求。

(2)协调发展是粮食供应链变革的思路

协调的范围是整体,协调的方式是发挥整体效能,协调的目的是增强发展的整体性。[①]打造"协同"的粮食供应链,是供应链集成管理思维的重要体现。在粮食供应链的纵向关系上(从田间到餐桌),将过去供应链上单独运作、各自为战的参与主体联合起来;在粮食供应链的横向关系上(供应链与产业链的关系),粮食企业与相关行业企业(如物流、金融、贸易企业)建立长期稳定的合作关系;通过搭建信息共享平台,将供应链上的各个信息孤岛连接起来,发挥协同效应,助力实现粮食供给侧结构性改革中"提效率、增效益、降成本"的目标。

(3)绿色发展是粮食供应链变革的方向

绿色低碳循环发展是当今时代科技革命和产业变革的方向。实施绿色供应链管理,不仅是一种社会、环境效益显著的行为,而且也是能取得显著经济效益的有效手段。打造绿色的粮食供应链,要以绿色制造理论和绿色供应链管理技术为基础,促进发展模式从低成本要素投入、高生态环境付出的粗放模式,向大力发展粮食优质精深加工产能、粮食循环经济和循环物流、"智慧粮食"这种追求绿色、生态、可持续、智能化并更加注重满足质的需求的模式转变,助力实现粮食供给侧结构

---

[①] 人民日报社理论部."五大发展理念"解读[M].北京:人民出版社,2015.

性改革中"转方式"的目标。

(4)开放发展是粮食供应链变革的布局

在国内粮食生产规模化短期难以全面实现,且耕地、水资源等生产性要素日益紧缺的情况下,所有粮食品种的供需平衡完全依靠自给已变得难度很大且不现实。据海关数据统计,2018年我国大豆进口量高达8806.44万吨,虽然较2017年9553万吨的历史高位有所回落,但仍接近9000万吨大关;2018年谷物及谷物粉进口量为2050.2万吨,在2015年达到3270.44万吨的历史高位之后,已连续4年在2000万吨以上。充分利用国际市场、在全球范围内调配粮食资源显得日益重要。粮食供应链变革既要引进国外先进技术和管理经验提高国内粮食企业供应链管理水平,又要实施"走出去"战略,鼓励供应链核心企业开展多层次、宽领域的跨国经营,打造国际化的粮食供应链,助力实现粮食供给侧结构性改革中"拓领域、强产业"的目标。

(5)共享发展是粮食供应链变革的根本

共享发展理念彰显了坚持以民为本、突出人民至上的当代中国化马克思主义发展观,致力于解决我国发展中共享性不够、受益不平衡问题。供应链管理强调在"共赢"的基础上实现整体最优,实现以粮食供需匹配为目标的粮食供应链变革,一方面在供给侧积极引导农户种植适销对路的优质粮食品种,实现优质优价,帮助农户持续增收;另一方面在需求侧提供品种丰富、质量安全、营养健康的粮食产品,满足城乡居民个性化、多元化的消费需求,这恰恰与共享发展的理念相契合。因此,要改变过去只重数量的粮食安全观,将质量安全、营养健康的理念纳入粮食安全的范畴,扩大"放心粮油"覆盖面,建立粮食质量安全追溯体系,打造品质化和可视化的粮食供应链,助力实现粮食供给侧结构性改革中"重民本"的目标。

# 第 3 章　相关研究动态

无论是自然生态研究领域、科学技术研究领域,还是人文社会科学研究领域,脆弱性都已成为新的研究方向。随着人文社会要素在脆弱性形成与调控中的作用越来越受到重视,脆弱性也成为供应链管理研究领域中继供应链风险管理研究之后的新热点。随着脆弱性研究理论和方法不断深化,脆弱性研究必将成为诠释供应链这一复杂系统中"人—环境"相互作用机制的重要研究范式。

## 3.1　脆弱性研究动态

### 3.1.1　脆弱性内涵的演进:基于时间维度

从语言学上看,英文词汇"vulnerability"(脆弱性)的来源可以追溯到拉丁文"vulnus"(英文含义为"a wound")和"vulnerare"(英文含义为"to wound"),意指"受伤害"(Patrik,1979);在牛津字典中,"vulnerability"的解释是"the quality of being weak and easily hurt physically or emotionally",意指"身体或情感上脆弱和易受伤害的特性"。

脆弱性作为一个学术概念,最早开始于自然灾害研究领域,而后扩展到社会—经济、政治—制度层面(Twigg,2007)。自 White(1974)引入脆弱性概念以来,最初被认为是与系统内在属性密切相关的"内部风险",也是社会面对自然灾害时的被动反应或者限制因素(Gabor和Griffith,1980;Petak和Atkisson,1982;Bogard,1989)。后来脆弱性的概念衍生为人类在特定灾害事件扰动下遭受损害的可能性,被用作测量社会及其群体暴露于风险的程度(Cutter,1993),被认为是一种消极的后果而非灾害的原因(Liverman,1990)。

随着社会、制度、经济等人文因素在脆弱性研究中逐渐引起重视,脆弱性的内涵进一步拓展,人们开始关注对灾害的应对能力和恢复能力,而非仅仅强调伤害的可能性(暴露)。这种演进使得人们从过去悲观的灾害受害者转向主动的灾害应对者(Hewitt,1997)。Bohle(2001)在"全球环境变化之人文因素研究计划"(International Human Dimensions Programme on Global Environmental Change)的2001年报道中,吸收了Chambers(1989)的观点,提出了脆弱性的"二元结构"模型,将脆弱性划分为内外两方面,认为以往研究比较关注脆弱性外部方面(即系统对扰动和压力的暴露)的分析,而忽视对脆弱性内部方面(即系统对扰动和压力的应对能力)的研究,进而提出与"应对能力"相关的三种理论方法(行为理论方法、资源可达性模型、危机与冲突理论),与权利理论、人文生态学观点、政治经济学方法等内容中和"暴露"相关的研究方法一起融入脆弱性分析中,从内部"应对"和外部"暴露"两方面比较完整地研究脆弱性问题。Wisner(2002)对脆弱性的解释也强调了系统受到损害的可能性和受到影响后的应对能力这两个方面。

在其后的研究中,脆弱性概念更具动态性内涵,强调主客观的互动性。McCarthy等(2001)认为,脆弱性是暴露(外部影响的特征、量级和频率)、敏感性和适应性三者构成的函数。Turner等(2003)进一步认为,脆弱性可细化为暴露(exposure)、敏感性(sensitivity)、适应能力(adaptive capacity)、弹性/恢复力(resilience)及其与不同尺寸扰动因素之间的相互作用等要素。随着脆弱性研究从自然科学领域延伸到社会科学领域,脆弱性的内涵也由最初只强调自然生态要素的分析拓展到包括人文、社会、经济、制度等要素的分析,成为一个具有多重维度特征的概念(如图3-1所示)。

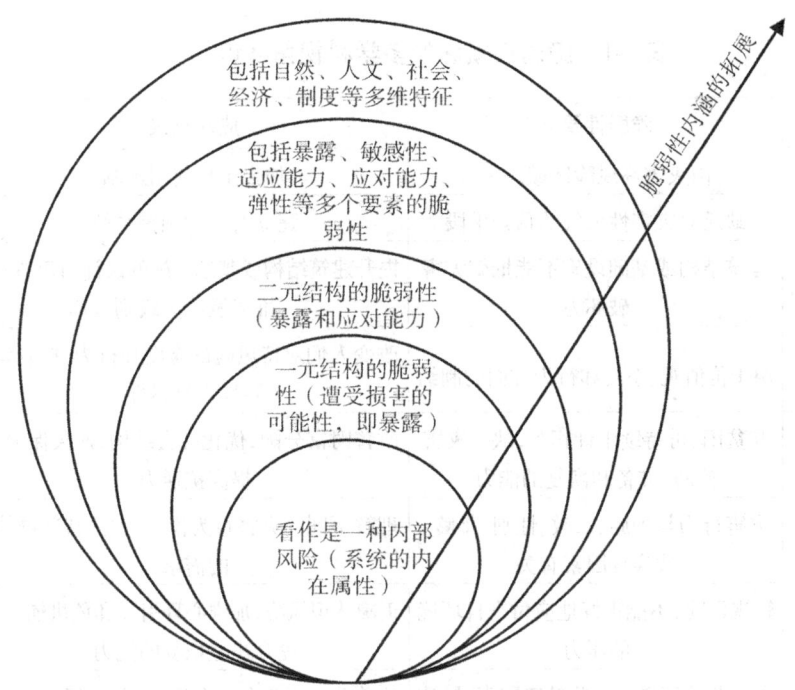

图 3-1　脆弱性内涵的演进(Birkmann,2006)

由此可见,从要素构成方面来看,脆弱性内涵的演变经历了从最初只是一个系统内部风险的概念到只关注受到扰动事件损害的可能性(暴露),再延伸到包括适应能力、弹性等内部要素,从一元结构向多要素结构转变;从学科维度来看,从最初只关注自然生态领域的脆弱性拓展到人文社会领域的脆弱性,并且越来越重视人文社会要素在脆弱性形成与调控中的作用(张平宇等,2011)。

## 3.1.2　脆弱性内涵的演进:基于学科视角

脆弱性的概念在不同学科视角下呈现出不同内涵:在科学技术研究中,脆弱性的定义常与自然—工程—技术等要素相结合;在人文社会科学研究中,脆弱性的定义常与社会结构—组织—制度—文化等要素关联(陶鹏,2013)。McEntire(2006)总结了科学技术和人文社会科学两个研究领域里的诸多学科对脆弱性概念的不同认识,见表 3-1。

表 3-1 脆弱性概念的多学科视角认识

| 学科 | 脆弱性要点 | 应对建议 |
|---|---|---|
| 地理学 | 由灾害高风险区域决定 | 加强土地使用规制 |
| 气象学 | 缺乏对灾害性天气的预警手段 | 建立有效的预警系统 |
| 工程学 | 建筑结构或基础设施不能抵御灾害破坏力 | 提升建筑结构或基础设施的设计与建造标准以及防灾级别 |
| 人类学 | 源于价值观、态度和行为方面的制约 | 改变人们对待风险的态度和行为,抑制冒险性和易感性 |
| 经济学 | 与贫困、可持续生计相关,缺乏灾害预防、准备和恢复的能力 | 改善财富分配,优化社会结构,购买保险,提高抗逆力 |
| 社会学 | 灾害行为与种族、宗教、性别、年龄、残疾等因素有关 | 理解不同的灾害行为模式,关注特殊群体的需求 |
| 心理学 | 轻视风险,不能很好地应付来自环境的压力 | 正确认识风险,加强心理引导和危机辅导,提升快速恢复的能力 |
| 流行病学 | 由于营养不良等一些健康因素,导致易受疾病或伤害 | 改善公共卫生和公共医疗服务,提升应急医疗水平 |
| 环境科学 | 由于环境退化的原因,导致气候的改变和长期灾害的产生 | 增强环保意识,保护自然资源和绿色空间 |
| 政治学 | 与政治体制结构和决策行为等因素相关 | 完善政治体制结构,加强与灾害相关知识的教育 |
| 行政学 | 与政策执行过程中缺乏执行力和规制能力等因素有关 | 提高防灾减灾政策的执行力,加强灾害响应和恢复能力 |
| 法学 | 对相关法律以及灾后法律责任的误解、忽视 | 准确理解法律,在应急管理中严格遵循 |
| 新闻学 | 缺乏对灾害认识与应对的公众意识以及沟通能力 | 提升媒介影响能力、教育公众,消除对灾害的错误理解 |
| 应急管理 | 在灾害发生的事前、事中和事后,缺乏各种执行能力和公众信息 | 通过危险源与脆弱性分析、预案演练、提升公众灾害意识等增强灾害应对能力 |
| 国土安全 | 源于文化差异、边境渗透、基础设施结构薄弱、灾害管理组织缺陷等 | 改变错误的外交政策、加强反恐能力,保护边境和基础设施安全 |
| 信息网络 | 源于网民非议、谣言传播、黑客攻击等 | 增强政府工作的透明度,关注舆情动态并及时引导、疏通 |

由此可见,自然科学、工程技术范畴的脆弱性研究主要关注如何定位与寻找区域内暴露于危险源与威胁的人群,强调工程改进与技术优化对抵抗灾害的积极作用;社会结构层面的脆弱性研究,基于社会结构因素与地理、工程等方面因素的双重考量,直接导向了贫困脆弱性的研究,而忽略了其他致灾的面向;组织—管理层面的脆弱性研究强调灾害的应对和恢复,强调灾后阶段的应对能力和弹性,聚焦灾害演化的社会因素分析和干预对策构建(陶鹏,2013)。

虽然不同学科对脆弱性的理解有所差别,但从不同的界定中可以归纳出脆弱性内涵的一些共识(Adger,2006;李鹤等,2008):一是脆弱性的研究对象涉及国家、地区、社区、人群、动植物群落、市场、产业等多种有形或无形的多层次客体;二是脆弱性客体通常暴露于来自系统内部和外部的多重、多尺度的扰动,且这些扰动之间存在着复杂的交互作用;三是脆弱性概念中包含了如暴露、敏感性、应对能力、适应能力、弹性等共同术语;四是脆弱性是针对特定扰动和特定时间点(段)而言的。

为了进一步区分不同学科对脆弱性的认识,学者们对脆弱性影响因素进行了分类研究。2004年联合国将脆弱性影响因素分为自然因素、环境因素、社会因素和经济因素四类,①前两类可统称为自然脆弱性因子,后两类可统称为社会脆弱性因子。Cutter(1996)认为自然与社会脆弱性因子是相互独立的;Klein和Nicholls(1999)认为自然脆弱性因子是社会脆弱性的决定因素之一;而Brooks(2003)则认为社会脆弱性因子是自然脆弱性的决定因素之一。Füssel(2007)将不同类的脆弱性要素放进一个共同的分类框架内进行分析,按照内外两个尺度和自然、社会两个知识范畴,构建了四类脆弱性因子的脆弱性影响因素轮廓,即内部自然脆弱性因子(如地形、环境条件、土地覆被)、外部自然脆弱性因子(如风暴、地震、海平面上升)、内部社会脆弱性因子(如家庭收入、社会网络、信息通达性)、外部社会脆弱性因子(如国家政策、国际援助、经济全球化)。

---

① United Nations.Living with risk:A global review of disaster reduction initiatives[R].United Nations International Strategy for Disaster Reduction,Geneva,Switzerland,2004.

### 3.1.3 脆弱性研究方法的演进

脆弱性研究按研究对象的不同,可划分为针对社会系统,自然、生态、生物或物理系统,以及社会—生态耦合系统三大类研究。早期的脆弱性研究源于20世纪70年代在自然灾害研究领域出现的风险—灾害模型(Burton等,1978)和80年代在粮食安全研究领域出现的权利理论(Sen,1981;1984)。风险—灾害(Risk-Hazard,RH)模型被视为脆弱性分析方法的雏形,将灾害影响看作对灾害事件的"暴露"以及承灾体的"敏感性"(剂量—反应)的函数,按照灾害事件—灾害影响的链状反应顺序进行分析与评估。RH模型的不足在于:只强调系统对灾害的暴露和敏感性,而没有考虑系统的差异化特征对灾害影响的放大或消弱效应,尤其对政治、经济、制度和社会结构等因素在灾害影响中的作用关注得还不够(Turner等,2003)。20世纪80年代,早期粮食安全研究领域运用权利理论,解释在没有粮食短缺或歉收的情况下饥荒问题产生的原因,将脆弱性描述为权利丧失或能力匮乏,制度、福利水平、社会等级、性别等因素是重要的变量,突出了社会经济因素在脆弱性分析中的作用,但也忽视了饥荒产生的生态环境风险。

20世纪90年代,学者们开始从社会结构的角度分析人类社会对自然灾害的脆弱性及其潜在原因,更加强调灾害管理中的政治社会性因素,而不仅仅是工程学措施。Blaikie等(1994)提出的压力—释放(Pressure and Release,PAR)模型是这一时期典型的脆弱性分析框架。在PAR模型中,自然灾害的发生被看作是一个压力产生、作用的过程,即各种政治、经济根源造成了社会动态压力;动态压力产生不安全条件,表现为分布在一定时间、空间的脆弱性;压力与致灾因子共同作用,形成了灾害。在PAR模型中,减轻自然灾害被看作是一个释放的过程,即一方面从根源上解决脆弱性人口与政治权利对各种资源的使用权,建设相应的教育结构,通过发展技术、改变传统观念来降低动态压力,进而获得受保护的环境、具有弹性的地方经济等安全条件;另一方面采取措施减少致灾事件,只有人类社会和自然环境两方面的改善才可能使灾害真正受到控制。PAR模型对脆弱性产生的机制和过程缺乏系统的阐述。

值得一提的是,在PAR模型中风险($R$)、致灾因子($H$)和脆弱性($V$)之间的关系有两个等式来表述：$R=H+V$ 和 $R=H \times V$。从文献来看，前者的提出早于后者，两者的区别在于等式右边致灾因子（$H$）和脆弱性（$V$）之间的关系是加或乘，也体现出脆弱性概念从静态向动态的改变（陶鹏，2013）。相对于前者，后者强调造成脆弱性的因素更加多元，不仅有自然、生态、工程等方面因素，而且也有社会、经济、政治等方面因素，这些因素叠加后的影响会导致脆弱性成倍增加。

Cutter（1996）把自然脆弱性研究中风险、灾害的概念与社会脆弱性研究中应对能力、弹性、恢复力的概念结合起来，把系统对灾害事件的"暴露"与社会对灾害事件的"敏感性"统一放在地理学框架中研究，建立了脆弱性研究的地方—灾害（Hazards of Place，HOP）模型分析框架。该分析框架综合指出了导致区域脆弱性的自然与社会因素及其相互之间的放大或削弱作用，强调了脆弱性的动态变化属性，推动了多重扰动下的多重脆弱性影响因素的综合研究，但是对区域外的脆弱性影响因素关注和分析不足。

同样在 20 世纪 90 年代，随着对贫困理解的加深，在权利缺失研究的基础上，发展经济学领域出现了可持续生计和贫困脆弱性的研究，从社会、经济因素来分析、解释贫困与难以脱贫的原因。在英国国际发展署（DFID）1999 年开发的可持续生计分析框架中，"生计"和"可持续"是其中两个核心概念，"生计"是指获得生存的能力，包括人力、社会、自然、物质、金融等有形或无形资本，用于判断社会及其个体对灾害的敏感性和应对能力；"可持续"与抵御外部冲击并能从中恢复的能力有关。该分析框架被广泛应用于贫困脆弱性、农户脆弱性等分析，为脆弱性评价提供了指标来源，但其缺陷是没有反映出脆弱性的全部内涵（胡特等，2016）。

进入 21 世纪以来，可持续性研究的发展使得脆弱性研究转向系统层面，单独以生态或人为中心的脆弱性研究具有片面性，人类—环境的耦合系统开始成为脆弱性研究的对象，脆弱性作为系统的一个重要属性也被正式提出（Turner等，2003；Young等，2006；史培军等，2006），该研究不仅吸收了灾害脆弱性研究中有关风险、灾害、暴露、敏感性等概念与分析方法，而且把权利理论和社会学研究中强调的社会、制度、经济等人文因素以及适应性、弹性、恢复力等概念纳入分析框架，从以往关注单一扰动所产生的多重影响扩展到对多重扰动所导致的脆弱性进行分析，研究耦合系统脆弱性产生的多因素、多反馈、跨尺度过程。

Turner等（2003）认为，脆弱性分析应包括以下内容：多重相互作用的扰动及其先后顺序;系统对扰动的暴露与经受灾害的方式;系统对扰动影响的敏感性;系统应对扰动的反应能力和恢复能力;系统响应扰动后的调整和适应能力;灾害的尺度嵌套与量级变化及耦合系统的响应。Turner 等(2003)进而提出了可持续发展(sustainable development,SD)的耦合系统脆弱性分析框架。在此模型中,人类与自然环境的相互联系组成一个耦合系统,该耦合系统的脆弱性是动态的,即脆弱性随时间、地域空间和社会空间的变化而不断变化:脆弱性总是与一定的地域空间、一定的人群和社会团体相关;在时间维度上,脆弱性受人口、社会制度、经济政策、灾害救助政策、科技进步与运用、文化变迁等多种人文及环境因素变化的影响。

在工程技术领域,相关基础设施网络的脆弱性研究逐步深入和成熟,如通信网络、电网、路网、大坝系统、燃气系统、物流系统等,相关研究以网络分析法为主,主要关注特定扰动作用下网络系统的损害程度,认为作用于网络系统上的扰动的特点、发生的可能性和频率,以及网络系统对扰动的暴露程度和敏感性等是系统脆弱性的决定性因素,在识别出威胁的基础上,进而展开对系统要素和系统整体失效模式的分析。尤荻和梁双陆(2014)通过对现有研究文献的总结,发现基础设施脆弱性分析基本是以"系统—子系统—要素"的层层分解为基础,对每一环节面临的威胁场景和要素受损可能性进行分析和判断,从"空间"到"时间"、"物资"到"社会"两条轴线形成四象限的评价体系,主要涉及自然条件与衰变、报废、关联性、地理位置与内部结构、容量与使用、保护与保障措施、政策与政治条件、中断威胁八个方面的评价内容。

在人文科学研究领域,通常把脆弱性看作独立于系统外部扰动而存在的系统内部属性,侧重探讨导致人类社会或群体易于遭受损害的政治、经济、社会和文化因素以及重建自然和社会系统弹性(恢复力)的机制与对策。陶鹏(2013)在总结美国特拉华大学灾害研究中心和南京大学社会风险与公共危机管理研究中心的相关研究成果的基础上,提出了灾害社会脆弱性金字塔结构模型,将社会脆弱性研究中涉及的政治、社会、经济、文化四个宏观维度因素整合到一个分析框架中,并提出组织适应、脆弱性分布和灾害文化三个中观层面的概念,通过阐释宏观与中观层面的交互影响机理,讨论如何干预灾害的社会脆弱性影响因素及构建具备弹性的灾害管理机制。

脆弱性作为贫困研究领域一个关键性概念(霍增辉和吴海涛,2015),农户脆弱性分析已成为当今的研究热点。胡特等(2016)从气候变化、自然灾害、家庭贫困和土地利用变化四个视角总结了农户脆弱性研究的概况。在绝大多数农户脆弱性分析的文献中,把脆弱性看作是暴露、敏感性和适应性的函数,如 Reid 等(2007)、Tsue 等(2014)都将暴露和敏感性看作为一个综合指标,Opiyo 等(2014)把脆弱性表征为暴露和敏感性之和再减去适应性后的差额部分。胡特等(2016)在总结相关学者研究成果的基础上,整理出农户脆弱性分析的综合框架,将农户视为一个系统,在受到诸如气候变化、自然灾害、土地利用变化等外部干扰时,由于农户对风险的敏感性,会面临资产减少、收入降低、福利损失等风险,但这些风险会通过适应性调控而受到一定程度的抑制。

## 3.2 供应链脆弱性研究动态

### 3.2.1 供应链脆弱性的概念

在 2008 年世界经济论坛发布的《全球风险报告》中,供应链与粮食安全、系统性金融风险、能源一起被列为影响全球格局的四个新问题。全球化、精益流程和生产地理集中等趋势在提高供应链效率的同时,供应链结构变得越来越复杂,内部关系的相互关联和相互依存程度更高,供应链风险状况也在发生变化。供应链管理者需要在供应链效率和风险率之间做出权衡,供应链管理(SCM)的目标是降低成本和提高客户满意度,而供应链风险管理(SCRM)的目标是减少供应链对风险的暴露,两者属于互为补充的不同研究领域(Gualandris 和 Kalchschmidt,2014)。2011 年世界经济论坛《供应链和运输风险调查》显示,90%以上的受访者认为,在过去五年时间,供应链风险管理已成为他们所在单位的最重要事项(Chacon 等,2012)。

学者们对供应链风险展开了理论研究,内容包括供应链风险来源(如 Rao 和 Goldsby,2009;Stecke 和 Kumar,2009)、供应链风险识别(如 Smith,2009;Zsidisin 和 Wagner,2010)、供应链风险对绩效的影响(如 Hendricks 和 Singhal,2005;Ritchie 和

Brindley,2007)、供应链风险管理和缓解策略(如 Tang,2006;Oke 和 Gopalakrishnan,2009)、衡量和量化供应链风险的方法(如 Wu 等,2006;Schoenherr 等,2008;Neureuther 和 Kenyon,2009;Lockamy 和 McCormack,2010)。

英国 Cranfield 大学管理学院(2002)较早从供应链风险的角度研究供应链脆弱性,认为这是一个重要的研究议题,并将供应链脆弱性定义为"受内外部风险影响而使供应链所暴露出的严重功能障碍",指出很少有研究涉及供应链脆弱性议题,急需建立一套管理供应链脆弱性的方法体系。随后,英国 Cranfield 大学管理学院(2003)提出一套供应链脆弱性分析的工作流程:第一步,指导公司从广义上识别和描述其所属的供应链;第二步,鼓励公司使用可能脆弱性的六个维度(即来自外部的需求风险、供给风险、环境风险和来自内部的流程风险、控制风险、应急管理)来测试其每一个链,以查明潜在的大问题;第三步,从四个关键风险特征(即规模、持续时间、恢复和成本)的角度,关注公司在每一个方面的风险暴露;第四步,为公司提供了一个框架,以审视实施缓解和应急措施的潜力,其中,缓解措施是指对运营进行变更以缓和或消除风险影响的措施,而应急措施旨在应对不太可能发生的事件。

Peck(2006)对供应链风险、供应链管理和供应链脆弱性之间的关系进行了理论分析。脆弱性突出了供应链受风险事件影响的可能性(Waters,2011)。风险事件对供应链造成的中断(disruption)和干扰(disturbance)都被认为是扰动(perturbation),会危及系统功能,并有可能对产品交付产生负面影响,中断代表供应链状态的瞬时、不连续变化,而干扰代表供应链状态较为持续、连续的变化(mekdeci 等,2012)。Vlajic 等(2012)进一步认为供应链扰动是由供应链或其环境中的意外事件触发的一个或多个物流流程的小偏差(minor deviation)或大偏差(major deviation)或失败(failure),导致流程本身、公司和潜在供应链在给定时间段内的绩效不佳,并以交付流程中单一 KPI 为例(如数量、质量和时间三个维度的 KPI)对供应链扰动情况进行了分类。

2011年,一项对国际企业的全球调查报告显示,85%的企业在过去一年中至少经历了一次重大的供应链中断。①Svensson(2001)最早将供应链干扰定义为影响供应链中材料和组件正常或预期流动、造成负面后果的偏差。Melnyk 等(2009)从运营的视角进行了定义,认为供应链干扰是由供应链中某一点的意外事件触发的一系列事件的输出,这些事件对供应链中其他地方的一个或多个组件的性能产生不利影响。由于供应链干扰或中断会对供应链绩效和竞争力产生长期负面影响,管理者需要针对供应链的弱点实施积极主动的风险管理(Christopher和Lee,2004;Oehmen 等,2009;Trkman 和 McCormack,2009),需要更好的方法来测定供应链易受中断的敏感性或者说供应链脆弱性(Kleindorfer和Saad,2005),通过管理供应链脆弱性的驱动因素,以期达到期望的风险与回报相匹配的供应链脆弱性水平(Trevelen 和 Schweikhart,1988)。

有效处理供应链脆弱性问题,需要考虑以下关键问题:首先,必须界定和理解供应链脆弱性的含义,并将脆弱性与风险概念区分开来;其次,需要在导致供应链脆弱性水平上升的无数因素中,对其中的主要驱动因素进行精确分类;再次,确定定义的驱动因素和供应链脆弱性之间的主要相互关系。通过回答这些问题,可以制定一个多维度的措施来支持管理人员评估其供应链的脆弱性水平(Lahmar 等,2018)。学者们以不同的方式研究了供应链脆弱性,并对其进行了不同的定义,见表3-2。

大多数人认为供应链脆弱性是由其系统结构特征(供应链设计变量)和系统所处的环境决定的,脆弱性程度与两者的结合程度有关。王玲和褚哲源(2011)在其综述论文中总结到,扰动(即外部对于供应链的破坏性冲击)和暴露(即供应链本身具有薄弱环节而容易受到破坏性冲击)是构成供应链脆弱性的两大因素。在本书中,我们遵循 Wagner 和 Bode(2009)的概念,即供应链特征是供应链脆弱性的前因,影响供应链中断的发生概率和严重程度。

从目前供应链脆弱性概念界定来看,较多是从"风险→脆弱性"的角度进行分

---

① Business Continuity Institute.Supply Chain Resilience 2011[EB/OL].3rd Annual Survey,November 2011.http://www.bcipartnership.com/supplychainform.html.

析,一般认为供应链脆弱性是由供应链内部和外部风险影响而使供应链暴露的严重功能障碍和扰动,通过识别和管理供应链内部和外部风险,来降低供应链的脆弱性,我们可以把这种模式理解为"由外而内"的被动防御风险模式。然而换一种角度来看,脆弱性应该属于供应链中固有的一种属性,供应链的风险水平也是由供应链的脆弱性程度决定的,目前较少有学者从"脆弱性→风险"的角度进行研究,即"由内而外"的主动防御风险模式。

表 3-2 供应链脆弱性的定义

| 作者 | 定义 |
| --- | --- |
| Albino 和 Garavelli (1995) | 旨在评估供应链系统对变化的敏感性,即由于供应链内在系统对意外事件无反应而导致的性能损害 |
| Svensson (2000;2002) | 随机扰动的存在,会导致供应链中零部件和原材料偏离正常、预期或计划的时间表,对相关制造商及其分销商造成负面影响或后果。提出从扰动类别、扰动来源两个维度构建供应链脆弱性的概念性矩阵结构(2000 年) |
| Svensson (2000;2002) | 由供应链中公司业务活动的感知时间与相互关系依赖性引起的一种状况。脆弱性的程度可以用感知时间与相互关系的依赖性程度比例以及在公司对供应商和客户的商业活动中这些依赖性的负面后果进行解释,并分为动态、静态、弹性、非弹性四种脆弱性(2002 年) |
| Jüttner 等(2003);Christopher 和 Peck(2004) | 供应链暴露在内部和外部严重干扰之下,风险源和风险驱动因素的影响会超过风险缓解策略的效应,从而导致供应链流程受阻和供应链运作中断,危及供应链有效服务最终客户市场的能力 |
| 宁钟(2004) | 由供应链内部和外部风险造成的对供应链可能的破坏性 |
| Barnes 和 Oloruntoba (2005) | 由于系统现有组织或功能的实际情况而易受变化或损失的影响(易感性) |
| Waters(2007) | 指供应链暴露于由每个组织内部运营风险、供应链内部互动风险和外部环境引起的干扰 |
| Azevedo 等(2008) | 供应链在给定的时刻无法对干扰做出反应,从而无能力实现其目标 |
| Asbjϴrnslett(2009) | 用于描述供应链系统对源自系统内部和外部的各种威胁缺乏鲁棒性或弹性的概念。供应链脆弱性既表现在其系统结构方面——节点和形态,又表现在供应链流程以及其运营和管理方面 |

续表

| 作者 | 定义 |
| --- | --- |
| Bakshi 和 Kleindorfer（2009） | 是指供应链中断发生的可能性。它是由能够缓解风险的系统结构类型与环境因素（如政治动荡、靠近断层线/火山等）共同决定的。从数学上讲，可以通过供应商边际中断概率作为投资函数来理解脆弱性的概念 |
| Wagner 和 Bode(2006；2009) | 表现为对供应链中断的敏感性，是某些供应链特征的函数（也可以理解为供应链所固有的特性），企业遭受的损失是其供应链易受中断影响的结果（2006年）<br><br>虽然供应链中断是导致风险发生的触发因素，但它不是最终损失的唯一决定因素，供应链对危害的敏感性似乎更为重要。这就引出了供应链脆弱性的概念，基本前提是供应链特征是供应链脆弱性的前因，它影响供应链中断的发生概率和严重程度（2009年） |
| 张秀萍（2012） | 供应链的一种缺陷，由于供应链环境的动态性和供应链内部的复杂性，使供应链易受外界的干扰 |
| Gualandris 和 Kalchschmidt(2014) | 供应链网络暴露在不同的干扰下，这些干扰会导致供应链流程受阻和供应链运作的崩溃 |
| 刘家国等(2015)；Liu 等(2016) | 供应链易受外界干扰的一种状态，是由供应链外部和内部风险造成的不稳定性和破坏性，是供应链的固有特征，由供应链本身的结构和特征决定的 |
| 高洁和陈迎阳(2016) | 是指供应链网络受到其内部运作、外部突发事件等不确定性扰动，一个或少数几个节点（企业）的失效对整个网络功能和服务产生的影响。节点度值越大、负载适应系数越小，对供应链网络脆弱性的影响越大 |
| 张学森等(2017) | 供应链结构布局和外部环境使供应链易受中断破坏性影响的程度 |
| 段鹰等(2019) | 是供应链网络的特性，在中断风险发生后显现出来的整个供应链网络效能下降的程度 |

## 3.2.2 供应链脆弱性的机理

由于经济、商业和生态环境的变化，现代供应链比以往任何时候都显得更加脆弱，原因有以下几个(Wagner 和 Neshat, 2010)：第一，在过去的几十年里，自然灾害（如干旱、洪水、风暴、飓风、地震或海啸袭击等）和人为灾难（如事故、战争、恐怖袭击、罢工或破坏等）的数量和强度都有所增加；第二，当今的供应链比过去更加复杂，其原因包括更高水平的研发和外包生产、更复杂的供应商关系处理、对供应商能力的依赖性增加、新技术（如 Internet,RFID）、监管要求（如 C-TPAT,食品安全控制）、由于客户偏好快速变化导致的更短产品生命周期、国际市场和生产的扩张,等等；第三，供应链管理人员为了提高绩效，实施大量的激励措施来增加收入（如增加产品种类、频繁推出新产品）、降低成本（如减少供应基地、JIT 库存系统、供应商管理库存 VMI）和减少资产（如外包制造），这种效率驱动的供应链管理措施在使得供应链更加精简和高效的同时,也使得供应链运作更容易中断（Hauser,2003），成本缓冲空间更少,供应链允许的误差幅度也更小,如果发生中断,需要付出极高的代价（Lee,2004）；第四，竞争压力迫使公司承担更多的"计算风险"（calculated risks），以提高竞争力和营利能力、降低成本,但"计算风险"的潜在不利影响会危及整个供应链为最终客户服务的能力,进而影响公司长期目标的实现（Svensson,2002）。Liu 和 Zhuang（2013）从治理全球供应链风险的角度,提出组织间缺乏强大的信息系统或信息平台也是供应链脆弱性形成的重要因素。史丽萍等（2014）分析了合作伙伴间态度性承诺对供应链脆弱性的作用机制,其研究表明,供应链伙伴间忠诚性承诺（基于相互信任与彼此情感）能显著降低供应链脆弱性；计算性承诺（基于契约限制与得失计算）与供应链脆弱性呈 U 型关系,即在临界值之前（适度），伙伴间计算性承诺增加会降低供应链脆弱性,但在超过临界值之后（过度），计算性承诺增加会增加供应链脆弱性。König 和 Spinler（2016）从日益增加的物流外包（logistics outsourcing）趋势解释供应链脆弱性的形成,认为物流外包一方面被越来越多地用来获取潜在利益（正效应），如成本的降低、物流灵活性的增加、信息服务的改进等；另一方面却增加了供应链脆弱性（负效应），在面临中断风险（外部的自然风险、人为灾害）和运营风险（内部的供应风险、需求风险、操作风险）时失去对货物的控制、可视化管理等。段鹰等（2019）通过供应链网络的仿真建模,将节点企业间的双向强弱关系纳入对供应链脆弱性影响的分析中,得出企业地位不平等对供应链网络脆弱性的影响尤为重要的研究结论。

  Vlajic 等（2012）把供应链脆弱性来源（sources of supply chain vulnerability）定义为导致意外事件发生的供应链或其环境的特征,是供应链扰动的直接或间接原因,分为外部和内部两类。供应链脆弱性的外部根源在于供应链环境,他们提取了21个主要因素,其中一些在某种程度上是可控的,如社会或金融方面的因素;其他是不可控的,如一些来源于市场的因素以及大多数来源于环境的因素。供应链脆弱性的内部根源在供应链内部,即供应链的管理系统、信息系统和组织结构,他们提取了41个主要因素,其中公司层面的脆弱性来源因素大多是可控的,当这些因素是直接来自公司管理层的选择和行动时,完全可以得到解决;供应链层面的脆弱性来源因素是部分可控的,这些因素大多来自核心企业的供给和需求侧,可控程度取决于供应链的集成和合作水平。张学森等(2017)从外部风险、内部风险、链间风险的角度探究绿色供应链脆弱性影响因素的作用机理与传导机制,他们将外部风险分为社会绿色服务能力、市场风险、政策法规风险、社会经济环境风险、技术变革风险和自然环境风险6个风险因子,内部风险分为企业内部运作风险、企业绿色科技创新风险、企业战略风险和企业道德风险4个风险因子,链间脆弱性风险分为信任风险、信息与可视性风险、成员"锁定"风险、文化差异风险和供应链恢复能力风险5个风险因子,得出市场风险和供应链恢复能力风险对绿色供应链脆弱性影响最强的研究结论。周业旺(2017)以鲜活农产品为研究对象,采用解释结构模型(interpretative structural mode,ISM),得出一个鲜活农产品供应链脆弱性影响因素(共17个)的五级递阶有向层次结构模型,其中需求突变是最关键影响因素。

  如上节一些定义里提到的,供应链脆弱性形成的原因与供应链的结构特性和管理水平直接相关。宁钟(2004)认为供应链网络的复杂性、供应链管理注重运作效率而非效力,带来了供应链的脆弱性,并影响供应链运作的可持续性。杜志平等(2011)在穆东(2006)对供应链复杂性的构成进行分析的基础上,进一步论述了供应链复杂性与脆弱性之间的关系,指出供应链存在三大复杂性,即集成的复杂性(指维持供应链各成员关系的契约履行复杂性)、运作的复杂性(包括信息、节点与路径、运作技术的复杂性)和环境的复杂性(包括市场需求、政策环境、社会经济、自然环境的复杂性),会相应地增加道德风险、市场风险和决策风险的可能性,从而导致供应链脆弱性来源的增加。Peck(2005)对供应链脆弱性的来源和驱动因素进行了探索性研究,建立了一个多层次的分析框架解释供应链风险的范围和动态属性,即价值流/产品/流程(涉及工作流和信息流)、资产/基础设施的依赖性(涉固定和流动资产)、组织和组织间网络(涉及合同和贸易关系)、环境(涉及社会和自然环境)四个层次,得出一个弹性网络更加强调鲁棒供应链流程的设计和管理的结论。李彬等(2012)从复杂网络的视角分析了供应链脆弱性的产生机理,供应链的复杂网络特性体现在网络节点的复杂性(如节点企业的分散性、差异性和规模的巨量性)、网络结构的复杂性(如节点企业之间具有不同权重和方向的供需关系)、网络的动态性(如供需过程的不断重构)、网络的小世界特性(较短的特征路径长度和较高的聚类系数)和网络的无标度特性(度分布服从幂律分布,即较少的节点度值较大、较多的节点度值很小),供应链对效率的追求及其结构的无标度性,使得网络在面对突发事件时表现出很高的脆弱性,网络的小世界性又使得突发事件的影响在网络中以很快的速度传播,引发相继故障。Gualandris 和 Kalchschmidt(2014)通过绘制鱼骨图解释供应链上游(采购环节)脆弱性的形成机理,是环境风险(context riskiness)和供应链风险管理准备情况(preparedness in SCRM)共同作用的结果;其中,环境风险方面的因素包括市场和技术动荡、业务复杂性、采购组合的重要性,风险管理准备方面的因素包括战略采购、供应商选择、供应商整合与发展、供应商组合的监控、延迟制造。更多的学者们基于正常事故理论(Perrow,1984,1999;Weick,2004;Skilton 和 Robinson,2009)和高可靠性理论(Roberts,1990;La Porte,1996;Weick 和 Sutcliffe,2001)对供应链脆弱性形成原因展开了理论与实证研究。

正常事故理论(normal accident theory)为探索供应链脆弱性与其结构类型相关提供了理论支持。该理论指出,具有高交互复杂性和紧密耦合性特征的系统容易发生事故。高交互复杂性(high interactive complexity)是指系统中两个或多个单一或孤立的故障能以意外方式相互作用,紧密耦合性(tight coupling)是指系统中各组件能对彼此产生即时和重大的影响。供应链中活动的交互复杂性低,其供应链的流程就会是松散耦合的,这表明供应链的脆弱性将相当低。这种供应链在航空航天、机床和工业机械行业里普遍存在,其特点是离散作业车间或小批量生产模式,流程灵活性高、路线可变、在制品数量大、作业不重叠(Taylor 等,1981;Fleischmann 和 Meyr,2003)。反之,供应链中活动的交互复杂性高,其供应链的流程就会是紧密耦合的,从而导致问题在供应链中广泛而快速传导,供应链的脆弱性将相当高。这种供应链在化学工业、纸浆和纸张生产、石油工业、钢铁生产中普遍存在，其特点是流水作业车间或流程生产模式，存在固定工艺路线、低在制品库存和重叠的作业（Taylor等，1981；Fransoo和Rutten，1994）。汽车、电气和电子产品制造等行业的供应链介于上述两种供应链之间，其特点是大批量生产，但在连续生产情况下既有离散的也有连续的工作线路流（Hayes和Wheelwright，1979）。这些实证研究表明，供应链脆弱性与生产类型相关，从小批量生产到大生产再到流程生产，供应链流程联系越来越紧密，供应链的脆弱性越来越高。复杂系统的大规模和互联性（这些特征常常在大公司的供应链中被发现）使得在这种系统里进行无障碍管理成为一项不可能完成的任务（Perrow，1984；Wolf，2001）。

高可靠性理论（high reliability theory）为探索供应链脆弱性与其管理水平相关提供了理论支持。其支持者认为，企业可以应用各种策略和组织补救措施来应对供应链中交互复杂和紧密耦合的作业活动，以建立更加可靠的组织结构，这些管理手段包括关注系统的故障、流程的冗余和松弛、操作的敏捷性、权力的下沉和弹性的增加（Weick，1987；Roberts，1990；La Porte，1996；Weick和Sutcliffe，2001）。具体来讲，要减少供应链活动中交互复杂和紧密耦合的负面影响，一是优先考虑物流的功能，把其作为建立可靠供应链系统的优选项（Roberts，1990）；二是把信息透明度（即供应链参与方之间的信息和知识交流）和可追溯性（即验证供应链中发生的不利事件）作为应对供应链脆弱性和提高可靠性的关键能力（Skilton和Robinson，2009）；三是实施供应链风险管理措施，例如在供应链中建立冗余，会导致一个更加可靠的供应链结构（Roberts，1990）。为此，Wagner和Neshat（2012）提出了供应链脆弱性指数（supply chain vulnerability index，SCVI），由供应链绩效、企业员工数量、销售收入、生产类型、物流重要性、供应链风险规划和供应链风险管理7个指标变量组成。

### 3.2.3 供应链脆弱性的评估

应该开展供应链脆弱性的评估和量化研究（Kleindorfer和Saad，2005），但总的来说，度量供应链脆弱性是有困难的，因为它是多维的，而且目前还没有完善的指标来评估脆弱性所依赖的因素（Wagner和Bode，2006）。学者们从不同层面展开对供应链脆弱性评估的研究,既有整个国家层面的,又有行业层面的,也有研究一个完整企业供应链的。层面越高,其中的单个企业就越难影响整条供应链的脆弱性。McKinnon(2006)对英国经济对该国道路货运系统暂时中断的脆弱性进行了定性分析,衡量和更好地理解一个国家经济体的供应链脆弱性,有助于决策者做出更明智的决策。Wagner和Neshat(2010)通过计算不同行业的供应链脆弱性指数,发现不同行业受供应链中断的影响各有不同,为不同行业决策者提供了决策依据。大量的脆弱性评估集中在企业供应链层面,表明供应链之间的竞争比单个企业之间的竞争更激烈,尤其是全球性的供应链(Lonsdale,1999;Lambert和Cooper,2000)。

尽管供应链脆弱性是无法观察到的,但是决定供应链脆弱性水平的变量(即供应链脆弱性驱动因子,supply chain vulnerability drivers,SCVD)却是可以发现的。Wagner和Neshat(2010)将供应链脆弱性驱动因子的来源分为供给侧、需求侧和供应链结构三个方面。其中供给侧的脆弱性驱动因子主要有供应商因素(如供应商的投机行为、财务不稳定、违约、破产)、供应商组合或结构(如对单个供应商的依赖性、供应商与供应商之间的关系、供应网络结构的复杂性);需求侧的脆弱性驱动因子主要有客户因素(如客户的依赖性、资金状况、随机需求的不确定性)、产品特性(如产品的复杂性和生命周期)、分销和运输业务;供应链结构方面的脆弱性驱动因子在很大程度上源于供应链的集合程度(如更低的库存、更少的缓冲和更精益的物流会使得供应链更脆弱)和全球化程度(国际化程度越高,越需要高度协调的物流、信息流、资金流,供应链对风险愈加敏感)。

在供应链管理和供应链风险管理的文献中,脆弱性评估主要是评估干扰对供应链绩效的影响(Svensson,2000;Forslund,2007;Cigolini和Rossi,2010)。表3-3列举了相关文献中衡量供应链脆弱性的关键绩效指标(key performance indicators,KPI),例如波动提前期、延期交货频率、成本、客户服务等与供应链性能相关的指标。只有少数几篇文章引入了供应链脆弱性的总体衡量标准,例如,Albino等(1998)根据延期交货频率和订单平均运输和周转时间的增加,计算供应链脆弱性指数(Vulnerability Index,VI);Wagner和Neshat(2010)利用图论的方法计算不同行业供应链脆弱性指数,包括发现节点、有向边及赋权、计算邻接矩阵永久值、比较不同行业供应链脆弱性指数四步算法；Vlajic 等（2013）认为干扰对供应链绩效影响的后果可以用货币（如存货短缺成本或产品浪费）、时间（缺货和额外库存的持续时间）和数量（短缺量或剩余量）来表示，在考虑与时间相关的（time-related）和与幅度相关的（magnitude-related）两类绩效指标的基础上，采取加权求和的方法得出供应链脆弱性指数。

表 3-3 供应链脆弱性评估的关键要素

| 作者 | 不确定性/干扰因素 | 评估指标（KPI） | 评估方法 | 备注 |
| --- | --- | --- | --- | --- |
| Levy（1995） | ·与需求相关的中断<br>·与生产相关的中断 | ·未满足需求的平均值和标准差<br>·库存水平<br>·采购成本（增量） | ·仿真<br>·案例研究 | ·国际供应链 |
| Albino 和 Garavelli（1995） | ·一般干扰 | ·破坏性事件的类型、强度和持续时间<br>·性能损坏的类型强度和持续时间 | ·马尔可夫模型<br>·案例研究 | ·JIT 系统 |
| Albino 等（1998） | ·产品结构<br>·产出时间 | ·提前期<br>·延期交货频率<br>·脆弱性指数（VI） | ·仿真<br>·案例研究 | ·具有多供应网络的生产系统 |
| Mo 和 Harrison（2005） | ·需求不确定性 | ·最小总预期成本<br>·总成本的最小方差<br>·与公司目标值的最小偏差<br>·最大方差标准 | ·网络模型<br>·显式枚举<br>·随机规划 | ·静态供应链 |
| Saad 和 Kadirkamanathan（2006） | ·机器故障<br>·有缺陷的材料，延迟交货，库存浪费，不正确的供应材料<br>·零售订单模式的变化，需求不足 | ·缺货数量<br>·未交付批次的数量<br>·平均库存水平和数量顺序的变化<br>·紧急订单数量<br>·达到稳定状态的时间（天） | ·离散事件仿真 | ·包装行业供应链 |

续表

| 作者 | 不确定性/干扰因素 | 评估指标(KPI) | 评估方法 | 备注 |
|---|---|---|---|---|
| Tomlin(2006) | ·供应中断的频率和持续时间<br>·供应商的可靠性<br>·供应商的能力 | ·干扰发生时的成本<br>·实施供应链再造战略后的成本 | ·马尔可夫链<br>·库存模型 | ·供应商和买方的关系 |
| Wilson(2007) | ·两个层级之间的运输中断<br>·传统供应链<br>·VMI(供应商管理库存)供应链 | ·未完成的客户订单(最大值和平均值)<br>·库存波动和在途货物 | ·系统动力学仿真 | ·供应商、零售商和仓库的关系 |
| Wu 等(2007) | ·网络节点故障 | ·成本<br>·提前期(天) | ·Petri 网<br>·案例研究 | ·供应链网络(子网) |
| Bogataj 和 Bogataj(2007) | ·供应风险<br>·生产或分销的风险<br>·需求风险<br>·质量控制不足的风险<br>·外部基础设施、社会、政治、法律、运营、经济、认知等环境风险 | ·净现值 | ·参数线性规划法 | ·全球供应链 |
| Simpson 和 Hancock(2008) | ·一般不确定性 | ·成本<br>·时间整数 | ·解析分析模型 | ·两级、三级和四级供应链结构 |
| Melnyk 等(2009) | ·一般干扰 | ·中断的间歇性、周期、数量损失、概况、幅度、位置<br>·恢复后的产出水平 | ·概念性<br>·离散事件仿真 | ·典型供应链 |
| Hennet 和 Mercantini(2010) | ·需求扰动 | ·强可变性指标<br>·库存指标<br>·交付周期指标 | ·随机需求的 ARIMA 模型仿真 | ·一个零售商和一个供应商的关系 |
| Cho(2010) | ·自然灾害<br>·公共设施干扰<br>·人为干预 | ·流程成本<br>·脆弱性衡量 | ·基于熵理论、影响矩阵的分析模型 | ·全球供应链 |

续表

| 作者 | 不确定性/干扰因素 | 评估指标(KPI) | 评估方法 | 备注 |
|---|---|---|---|---|
| Briano等(2010) | ·自然灾害(如地震) | ·总成本:库存、订单和短缺成本 | ·仿真 | ·食品供应链 |
| Tuncel和Alpan(2010) | ·供应中断 | ·总收入<br>·客户订单填充率<br>·订单取消<br>·按时完成订单<br>·订单延迟 | ·Petri网<br>·故障模式、影响和危急分析(FMECA) | ·工业案例研究 |
| Wagner和Neshat(2010;2012) | ·需求侧:产品生命周期短、客户的依赖性、内部产量低<br>·供给侧:小型供应基地、供应商的依赖性、单一采购<br>·供应链结构:全球采购网络、精益库存、供应链复杂性、成品集中储存 | ·脆弱性指数(VI) | ·图论<br>·因子分析法<br>·案例研究 | ·不同行业的调查<br>·大规模供应链 |
| Fazli和Masoumi(2012) | ·需求侧中断<br>·供应侧中断<br>·供应链结构中断 | ·脆弱性驱动因素 | ·分析网络过程方法 | ·工业调查 |
| Qiang和Nagurney(2012) | ·能力的一般中断(两种中断情况) | ·双标准衡量<br>·成本效益 | ·网络模型 | ·满足关键需求的供应链<br>·生产和分销网络 |
| 张峰等(2012) | ·节点失效(企业退出协同网络)<br>·边失效(企业之间中断合作关系)<br>·多节点失效(多个企业退出协同网络) | ·网络效率,即所有节点对之间的关系强度(最短路径的倒数)的平均值 | ·复杂网络理论<br>·图论 | ·重化工协同生产网络 |

续表

| 作者 | 不确定性/干扰因素 | 评估指标(KPI) | 评估方法 | 备注 |
|---|---|---|---|---|
| Vlajic 等(2013) | ·时间方面的干扰,如提前期比计划的长、延长<br>·数量方面的干扰,如交付的数量少于或多于订购的数量,或者生产的数量少于或多于计划的数量<br>·质量方面的干扰,如交付货物的质量不符合订购的要求 | ·脆弱性指数(VI):相关的脆弱性绩效指标(VPI)的加权之和 | ·离散事件仿真<br>·VULA 法 | ·肉类供应链案例研究 |
| Liu 和 Li(2013) | ·随机突发事件<br>·目标突发事件<br>·混合突发事件 | ·结构稳定性指数<br>·网络鲁棒性指数 | ·复杂网络理论<br>·图论 | ·多供应商和多制造商供应链 |
| Clusel 等(2014) | ·一般干扰 | ·风险和机遇<br>·收入损失或生产损失<br>·形象丧失或声誉丧失 | ·结构分析<br>·Boolean 矩阵<br>·生命周期模型 | ·小微企业<br>·中小企业 |
| Aleksic 等(2014) | ·内部干扰源 | ·流程脆弱性评估<br>·整体组织脆弱性评估 | ·模糊方法实现<br>·层次分析法 | ·对32家中小企业的测试 |
| Sakli 等(2014) | ·需求不确定 | ·牛鞭效应指标<br>·订单指数<br>·库存水平指数<br>·低需求指标<br>·订单成本指标 | ·蒙特卡罗模拟<br>·ARIMA 模型 | ·一家零售商和一家供应商 |
| 王金丽和白世贞(2014) | ·环境风险<br>·链风险<br>·节点企业风险 | ·供应链有效衔接能力<br>·供应链动态扩展能力<br>·上下链主体有效沟通能力 | ·层次分析法<br>·专家评分法 | ·一般定性讨论 |

续表

| 作者 | 不确定性/干扰因素 | 评估指标(KPI) | 评估方法 | 备注 |
|---|---|---|---|---|
| 李桐(2016) | ·运作流程方面的影响因素<br>·组织关系方面的影响因素 | ·供应链脆弱性诊断指标体系,包括暴露性、敏感性和适应性3类共20个指标 | ·专家调查法<br>·协方差矩阵 | ·生鲜农产品供应链 |
| Viljoen 和 Joubert(2018) | ·供应链的内部特征,如网络设计、供应商关系、质量控制程序<br>·外部环境,如政治气候、基础设施条件、天气 | ·最短路径集合的冗余<br>·最短路径集合的重叠 | ·多层复杂网络理论<br>·仿真 | ·量化供应链对城市运输基础设施的依赖 |
| Blackhurst 等 (2018) | ·供应链的结构:连通性、设计 | ·级别(level):易受干扰扩散影响的互联集群<br>·周期(cycle):易受循环中断影响的多节点集群 | ·Petri 网<br>·三角化聚类算法 | ·重型设备制造商6层级的服务零件供应链 |
| 段鹰等(2019) | ·随机攻击造成的中断<br>·蓄意攻击造成的中断 | ·供应链网络的负载熵 | ·级联失效理论<br>·仿真 | ·汽车总装供应链网络 |

　　一些在复杂系统安全性评估中广泛使用的经典技术也被用于早期的供应链系统可靠性分析中,常见的技术包括故障树分析法(fault tree analysis,FTA)、故障模式和影响分析法(failure mode and effects analysis,FMEA)、因果映射分析法(cause-effect mapping analytic technique,CEM)等。在现有供应链文献中,公认的脆弱性评估方法有故障模式和影响分析法、供应链事件管理法、仿真方法和网络模型如图论方法、关键路径法等,具体见表3-4。值得一提的是,近年来复杂网络理论(complex network theory)在供应链脆弱性评估中的运用正在兴起。Thadakamalla 等(2004)首次将供应链脆弱性与网络度量指标联系起来,学者们开始研究什么样的供应链网络设计最具弹性,即在反复出现错误或攻击后仍能保持系统功能。Hearnshaw

和 Wilson(2013)建立了将复杂网络理论应用于供应链分析的标准,建议高效的供应链应是轮辐式网络设计,这样的网络具有异度分布特点,称为"无标度"(scale-free);他们指出,高效的供应链在节点之间有较短的平均路径长度和连接非常好的集群(用高聚类系数表示)。然而,他们的研究只是基于供应链的效率,没有考虑到供应链的脆弱性。研究表明,无标度网络极易受到有针对性的攻击(O'Kelly,2015)。Viljoen 和 Joubert(2018),Blackhurst 等(2018)真正开始尝试运用复杂网络模型对供应链脆弱性进行评估研究。

表 3-4 供应链脆弱性评估的主要方法

| 名称 | 代表人物 | 特点 | 缺点 |
| --- | --- | --- | --- |
| 故障模式与影响分析法(Failure Modes and Effect Analysis) | Scipioni 等(2002);Sinha 等(2004);Tuncel 和 Alpan(2010);Liu 和 Zhou(2014);Nowakowski 等(2015) | 一种系统过程可靠性分析的方法,用于评估物流和供应链过程中的故障,对识别最重要的风险和干扰非常有用 | 评估系统的风险仅仅取决于风险优先级,且依赖专家的意见,对某些风险发生概率的评估存在主观性 |
| | Chaudhuri 等(2013):在新产品开发阶段的运用 | 该方法既可使用数字数据,也可使用语言数据,计算各个子系统以及最脆弱子系统中每个供应商的脆弱性分数,优先考虑易受影响供应商的失效模式,制定具体控制计划缓解新产品开发过程中与供应商相关的风险 | 该方法适用于企业自身开展的新产品开发阶段,对研发外包的情况尚需进一步研究;尚需构建脆弱性指数以评估不同行业新产品开发过程中的供应链脆弱性 |
| | 刘佳和史丽伟(2016):基于贝叶斯网络的参数计算 | 利用故障树分析法分析供应链上中下游环节的风险因素,以港口煤炭供应链为例,构建短期和长期脆弱性模型,并转化为贝叶斯网络计算供应链短期和长期脆弱性发生的概率 | 该方法无法判定引起供应链脆弱性的关键节点或事件,也没有给出降低供应链脆弱性的方法 |

续表

| 名称 | 代表人物 | 特点 | 缺点 |
|---|---|---|---|
| 供应链事件管理法（Supply Chain Event Management） | Mentzer 等（2001）；Otto（2003）；Christopher 和 Lee（2004）；Waters（2007） | 对供应链中每个组件、功能和进度进行绩效监控，并建立控制的上下限，支持风险识别和分析，当超过控制极限或出现异常，提供恰当应对措施的选项 | 需要供应链上强有力的通信技术支持，可能导致过高的投资 |
| 仿真方法（Simulation） | Kleijnen 和 Smits（2003）；Saad 和 Kadirkamanathan（2006）；Melnyk 等（2009）；Hennet 和 Mercantini（2010） | 供应链系统的动力学机制容易提供仿真建模来模拟，对于模拟正常和中断的工作状态都特别有用，也可用于评估干扰的影响和某个具体重新设计策略 | 没有给出系统重新设计策略的先验指导 |
| VULA 法（VULnerability Assessment Method） | Vlajic 等（2013） | 开发了一组脆弱性绩效指标（VPI），即显示性能值在幅度和时间（总量、平均或最大值）上偏离鲁棒性范围的指标。在扰动出现时，确定这些特定关键绩效指标表现不佳的程度、扰动发生的频率以及持续的时间，以多维方式识别供应链脆弱性，判断供应链重新设计是否合适，并建议提高供应链鲁棒性的策略 | 鲁棒性范围估计方法没有涉及；各个 VPI 的权重仍需专家的主观判断；在计算脆弱性指数（VI）和脆弱性矩阵结构图时，还需要开发更多的权重因子和更好的方法；以食品供应链为案例，很难以此方法作为通用最佳重新设计策略 |
| 基于场景的输入输出建模（Scenario-Based Input-Output Modeling） | Thekdi 和 Santos（2016） | 以经济损失排名为横轴、不可操作性排名为纵轴，画出每个场景区的脆弱线，以其位置、斜率和长度判断脆弱性程度。该方法适合于港口等基础设施管理 | 场景参数应用的是点估计，不是概率分布。即没有对研究的场景进行随机评估，以获得事件发生的可能性 |

续表

| 名称 | 代表人物 | 特点 | 缺点 |
|---|---|---|---|
| 基于因果映射分析技术的综合模型（Cause-Effect Mapping Analytic Technique） | Rovito(2016) | 开发了一个通用的复杂供应链脆弱性评估模型。运用因果映射图(CEM)说明不同原因和结果之间的关系，通过系统安全工程(SSE)技术识别供应链风险源，通过可信系统和网络(TSN)技术对指定点进行脆弱性分析，并开发了一套领先指标，以进一步发现易受攻击的系统弱点，指导利益相关者实施适当的干预 | 需要从利益相关者和相关专家库收集信息、判断结果，存在主观性。不同的现有脆弱性评估技术在供应链系统整个生命周期内如何更好的协同，方法还不够成熟 |
| VESP 模型（Vulnerability, Exposure, Sensitivity-Susceptibility and Preparedness level） | Lahmar 等(2018) | 供应链脆弱性由四个关键组成部分确定，即暴露(exposure)、敏感性(sensitivity)、易损性(susceptibility)和预防水平(preparedness level)。通过分别给出每个部分的评估得分(0到1之间)，最后综合算出供应链脆弱性指数 | 指标得分是建立在文献和专家评估数据的基础上，按照很低、低、一般、高、很高的集合范围给出相应分数。因此，可以说还处于概念性模型阶段 |
| 供应链脆性（Supply chain brittleness）结构模型和关联模型 | 钟波和谢挺(2005)；刁力和刘西林(2007)；阴仁杰(2011)；高强(2012)；李新盛(2012)；李表奎等(2015) | 供应链作为复杂系统，其脆性结构模型由脆性风险、脆性结构、脆性事件和脆性因子四要素组成。当脆性事件和脆性因子作用于供应链脆性结构时，促使系统涌现，从而导致系统脆性风险发生。当供应链某个子系统崩溃时，可能激发相邻子系统脆性断裂(取决于两两子系统间的脆性关联系数)，并以多米诺骨牌效应传播下去，使得整个供应链系统发生中断。供应链整体脆性度的理想值应处于上下阈值区间之内 | 仅对二级或三级供应链系统的脆性作初步的探讨，更复杂供应链系统的脆性有待进一步研究。缺乏多个脆性因子同时考虑的影响机理研究，以及构建供应链整体脆性关联系数、供应链整体脆性度指标体系的研究 |

续表

| 名称 | 代表人物 | 特点 | 缺点 |
| --- | --- | --- | --- |
| 供应链脆性(Supply chain brittleness)结构模型和关联模型 | 韦琦(2004);郭健(2004);杨东升(2010):基于突变论的脆性分析 | 构建供应链突变脆性势函数模型,应用尖点突变模型分析供应链系统发生突变的临界点,应用脆性联系嫡分析供应链系统崩溃的脆性致因,应用突变级数法评价供应链系统脆性 | 缺乏案例分析,模型有待在实践中检验和修正。还需要构建供应链脆性评价的指标体系 |
| | 邵瑞瑞(2018):基于图论的脆性分析 | 将供应链系统中的各个子系统等效为节点,子系统之间的关联等效为有向边,以此来建立供应链系统的脆性传播模型,求出供应链系统的分层脆性图 | 仅从单一目标(即各参与方均追求利润最大化)和信息完全对称的理想情况进行探索性研究 |
| 关键路径法(Critical Path Methods) | Herroelen 和 Leus (2004) | 对于计划和进度偏差的调查是有用的 | 只适用于简单的供应链和数量有限的活动,否则图表变得太复杂而无法使用 |
| 图论方法(Graph Theory) | Wagner 和 Neshat (2010);曾慧娥和周庆忠(2013) | 对静态供应链的分析特别方便,模拟特定行业的脆弱性驱动因素及其相互关系,从而对各行业的脆弱性指数进行估计。应用加权有向图及其邻接矩阵计算供应链脆弱性指数(SCVI) | 缺乏在供应链流程层面更为详细的分析 |
| 加权改进节点收缩法 | 于鲲鹏等(2014) | 通过分析节点收缩前后的网络凝聚度变化,判断供应链复杂网络拓扑结构的重要节点;分析网络节点之间的相互影响关系,对节点凝聚度进行加权计算。该方法既考虑网络拓扑结构,又兼顾节点间相互关系 | 节点间相互影响程度的权重计算,需要依赖行业相关专家和从业者的主观判断和打分 |

续表

| 名称 | 代表人物 | 特点 | 缺点 |
|---|---|---|---|
| 有向加权层次型供应链网络演化模型 | 谢珊珊（2015） | 供应链网络的演化既考虑节点的加入和退出，又考虑边（业务关系）的建立、加强和中断。以连通率和网络效率为指标，分析网络拓扑结构变化（去点去边）的影响，即静态脆弱性；通过级联失效过程分析探讨动态脆弱性，揭示供应链网络存在自组织临界性（即微小干扰导致网络大规模级联失效） | 只考虑供应商、制造商和销售商的三层供应链网络；演化模型的偏好选择机制只基于节点强度；没有探究网络自组织临界点的位置及其影响因素；没有开展网络弹性优化的探讨 |
| 多层复杂网络公式（Multilayered Complex Network Formulation） | Viljoen 和 Joubert（2018） | 通过模拟完全链接、单枢纽和双枢纽三种供应链网络里的渐进随机链路中断，计算最短路径的平均长度、最短路径集大小的中值、链路间网络链路权重的峰度，得到最短路径集合的冗余值和重叠值，进而判断供应链脆弱性 | 对于在连续的链路移除迭代中，哪些情况供应链会中断或失去效率，这些度量指标没有预测能力 |
| 可视化和聚类分析方法（Visualization and Clustering Analysis Approach） | Blackhurst 等（2018） | 结合 Petri 网和三角化聚类算法，考虑供应链中的结构、连通性和依赖性，绘制从供应方到最终客户的破坏性事件传播路径，识别供应链设计中的潜在弱点，评估供应链脆弱性 | 对结构和流程更加复杂的供应链，该方法有待优化；缺乏对流程的反向跟踪，解决与可追溯性相关的问题，以更精确定位供应链风险源 |

## 3.2.4 供应链去脆弱性：基于弹性的供应链网络结构设计

在研究供应链管理的文献中给出了许多供应链重新设计（supply chain redesign）的原则。Van der Vorst 和 Beulens（2002）概述了供应链重新设计原则，以应对不确定性，如改变供应链中的角色和流程、缩短客户订单交付周期、协调物流决策和创建信息透明度。Peck（2005）提到了外包和合同形式等策略可以用来减轻供应链风险和实现供应链弹性。钟波和谢挺(2005)给出整体脆性度的定义,认为其到达上限阈值时,供应链系统会因脆性过强而崩溃;到达下限阈值时,供应链系统会因脆性不足而缺乏效率;只有整体脆性度介于上下阈值之间时,供应链系统才会因脆性适度而平稳发展。Tang(2006)提出在正常业务环境下或重大中断后可以实施的九个策略,涉及供应管理、需求管理、产品管理和信息管理四个领域,并描述了选择适当的重新设计战略的主要挑战。Simchi-Levi 等(2008)提出了几种基于供应链可控性的处理风险的方法。在此基础上,Vlajic 等(2012)将重新设计策略定义为一组战略和战术计划以及操作行动,旨在通过一个或多个对供应链场景要素进行更改的策略来降低供应链脆弱性。他们将重新设计策略分为预防扰动型和减少扰动影响型两类,"预防扰动"策略包括14项措施,旨在减少扰动频率及其大小,即预先采取行动,以消除、避免或控制扰动的任何直接原因(可能是任何脆弱性来源);"减少扰动影响"策略包括16项措施,旨在减少扰动对供应链绩效的影响,意味着供应链情景要素特征的改变,例如使用缓冲库存或增加流程灵活性。第二类策略通常适用于由于无法对已识别的脆弱性来源采取行动而无法防止扰动的情况,或者需要大量投资进行预防的情况。

弹性(resilience)一词较早出现在生态学领域,其对弹性的理解主要分为两类(方修琦和殷培红,2007):第一类观点(早期)认为生态系统是具有单一稳定态和绝对弹性的系统,弹性是系统受到干扰后、重新回到平衡态的能力,可以用恢复原状所需的时间(Holling,1996)和速度(Pimm,1991)来度量,被称为工程学上的弹性,强调系统吸收干扰的能力或保持原有功能的缓冲能力;第二类观点(后期)认为生态系统是多稳定态的,弹性是系统的一种重组、更新和不断发展的适应能力,强调系统的不确定性、多阈值、非线性动态变化(渐变)和突变等特征(Gunderson 和 Holling,2002;Berkes 等,2003;Folke,2006)。随后,弹性的概念在社会—生态系统以及其他许多研究领域得到广泛运用,被用来描述复杂系统在面对风险事件时的适应与调节能力。

供应链弹性研究始于2000年英国民众抗议油价上涨以及2001年欧洲暴发的口蹄疫、美国发生的"9·11"恐怖事件而导致的供应链中断,赵林度和王新平(2013)提出供应链弹性的定义、测度、塑造和优化是供应链弹性管理研究领域的四个重要问题。表3-5罗列了不同学者对供应链弹性的理解,其中 Christopher 和 Peck(2004)详细论述了构成弹性供应链的四要素:供应链再造(supply chain re-engineering)、供应链协作(supply chain collaboration)、供应链敏捷性(supply chain agility)和供应链风险管理文化(supply chain risk management culture);Sheffi(2005)也论述了弹性供应链需要具备冗余(redundancy)、灵活性(flexibility)和文化变革(cultural change)三个要素。

供应链对风险和中断的敏感度是通过其脆弱性来衡量的,而脆弱性反过来又取决于其结构的灵活性和弹性(Lahmar 等,2018)。弹性可以被视为克服供应链脆弱性的一种方法(Rice 和 Caniato,2003;Peck,2005;Tang,2006),增强供应链弹性对降低供应链脆弱性有显著的促进作用(刘家国等,2015)。供应链弹性是指系统在经历干扰后,能够恢复到原始状态或新的、更理想的状态并避免出现故障模式的能力(Christopher 和 Peck,2004;Carvalho 和 Cruz Machado,2007),即防止转换到可能出现故障模式的不期望状态(Carvalho 等,2012)。供应链脆弱性与供应链弹性有显著的负向关系,供应链脆弱性越高,其弹性越低(刘家国等,2012)。当供应链易受中断影响时,管理的目标是提高供应链的弹性,以便在中断发生后,网络可以尽快恢复到期望的服务水平(Pettit 等,2013;Ambulkar 等,2015)。

供应链弹性是由其脆弱性(使企业容易受到中断的基本因素,包括7个因素及40个子因素)和能力(使企业能够预测和克服中断的属性,包括14个因素及71个子因素)的大小决定的,供应链弹性随着能力的增加和脆弱性的降低而增加,过度的脆弱性将导致过度的风险,过度的能力又将侵蚀营利能力,企业应该努力保持在弹性平衡区,即脆弱性和能力都适中的区域,这时供应链绩效就会提升(Pettit 等,2010)。在 Pettit 等(2010)描述的7个脆弱性因素中有一个"连通性"(connectivity)因素与供应链设计直接相关,Ponomarov 和 Holcomb(2009)也极力强调供应链设计对供应链弹性的影响力,史丽萍等(2014)认为供应链重构和转变能力的提升能够显著降低供应链脆弱性。

表 3-5 供应链弹性的定义

| 代表学者 | 供应链弹性 |
| --- | --- |
| sheffi(2001) | 在高影响、低概率事件引发供应链中断后,恢复到企业正常绩效水平的能力和速度 |
| Rice 和 Caniato (2003) | 供应链在意外中断发生后,恢复到正常运营状态的能力 |
| Christopher 和 Peck(2004) | 供应链系统中断或发生故障后,恢复到初始状态或更理想状态的能力,弹性隐含着柔性、适应性和敏捷性等概念 |
| Fiksel(2006) | 供应链系统处于复杂多变环境中的生存与适应、发展的能力 |
| 刘希龙和季建华(2007) | 供应网络在出现部分失效状况时,仍然可以保持连续供应并能迅速恢复到正常供应状态的能力 |
| 刘浩华(2007) | 供应链网络系统在发生中断风险之后,恢复到初始或者理想状态的能力,以及恢复到正常绩效水平的速度。适应性、柔性、可恢复性和可伸缩性是弹性的基本特性 |
| 赵林度(2009) | 供应链在面对干扰冲击时表现出的自适应和自修复能力 |
| Ponomarov 和 Holcomb(2009) | 供应链的自适应能力,通过将运营的连续性保持在期望的连通性水平上以及对供应链结构和功能的控制,为突发事件做预防、应对中断并从中恢复 |
| Barroso 等 (2011) | 为维持供应链的目标而对给定时刻发生的干扰所造成的负面影响做出反应的能力 |

刘浩华(2007)对供应链的鲁棒性和弹性进行了区分,鲁棒性是供应链系统面对特定扰动时维持其某些功能的特性,表现为系统在异常情况下的健壮性,现实中并不存在能够抵御一切风险的鲁棒供应链,构建这样的鲁棒供应链也是不合算的;而弹性供应链除具备鲁棒性之外,还能对突然、意外的变化做出反应,即具备适应能力,风险管理的目标是建立和维持一条在鲁棒性和弹性之间取得较好平衡的供应链,使得供应链不易受风险的影响或受影响时的损失最小,且能够迅速恢复到正常或理想状态。朱新球和程国平(2011)进一步区分了供应链网络的柔性和弹性,认为前者是系统"以变应变"的能力,柔性供应链能够调整结构对环境变化

做出反应;后者是系统"以不变应变"的能力,弹性供应链在面对干扰冲击时具备快速恢复到正常功能的能力。

鲁棒性(robustness)和敏捷性(agility)是处理供应链风险使其变得有弹性的两个策略(Wieland 和 Wallenburg,2013)。鲁棒性被认为是积极主动的,被定义为"供应链在抵抗意外事件并继续完成预期任务时,仍能保持与意外事件发生前相同的稳定状态的能力"(AsbjΘrnslett,2009),其他一些有关供应链鲁棒性的定义见表3-6;而敏捷性被认为是一种重新激活,被定义为"一个组织在数量和多样性方面对需求变化做出快速响应的能力"(Christopher,2000)。降低供应链脆弱性对鲁棒性和敏捷性都有积极影响,被认为是实现这两个策略的强大驱动力(Wieland 和 Wallenburg,2012)。

表3-6 供应链鲁棒性的定义

| 作者 | 定义 |
| --- | --- |
| Ferdows(1997) | 在不改变网络结构的情况下,网络应对竞争环境变化的能力 |
| AsbjΘrnslett 和 Rausand(1999) | 系统抵御意外事件、返回预期任务并保持与意外事件前相同稳定状态的能力 |
| Mo 和 Harrison(2005) | 在考虑许多不确定性来源时,能够提供强大而有吸引力性能的供应链配置的设计能力 |
| Bundschuh 等(2006) | 供应链在失败后维持给定产出水平的能力 |
| Chandra 和 Grabis(2007) | 供应链抵御外部和内部冲击的能力 |
| Dong(2006); Dong 和 Chen(2007) | 尽管受到一些损害,例如移除网络中的一些节点和/或链路,供应链网络仍能执行其功能的能力 |
| Vlajic 等(2012) | 在一个或多个物流过程中造成干扰的意外事件期间和之后,供应链在其关键绩效指标中显示可接受绩效的程度。如果关键绩效指标高于或低于鲁棒性范围,供应链就被认为是脆弱的。对绩效的负面影响越大、时间越长,供应链就越容易受到干扰 |

Soni等(2014)在文献综述和调研的基础上,提出了10个供应链弹性的促成因素,它们分别是敏捷(agility)、伙伴之间的合作(collaboration among players)、信息共享(information sharing)、供应链中的可持续性(sustainability in supply chain)、风

险和收益分担(risk and revenue sharing)、伙伴之间的信任(trust among players)、供应链可视化(supply chain visibility)、风险管理文化(risk management culture)、适应能力(adaptive capability)和供应链结构(supply chain structure),结合这些因素的价值及其相互依赖程度,计算得出供应链弹性指数(Supply Chain Resilience Index,SCRI)。其中,供应链结构是影响供应链弹性的重要因素(Choi 和 Hong,2002),适当的供应链结构可以增加其弹性,并且更快甚至在一定程度上主动响应风险的干扰(Trkman 和 McCormack,2009)。

供应链通常被概念化为简单的线性系统,企业之间通过二元关系(两两之间)的连续事件相互作用(Cox 等,2006)。然而,这种连续二元关系的线性概念严重简化和扭曲了现代供应链的现实,不能充分说明供应链系统中存在的大量异构企业之间的相互依赖关系(Choi 等,2001)。现代供应链是复杂的,需要适应日益频繁的环境变化,有必要将供应链从简单的线性系统重新概念化,转向复杂适应系统(Pathak 等,2007;Li 等,2010)。研究者们认为网络模型是一个描绘供应链复杂性和适应性现象的合适模型,它既不过度简化也不捕捉供应链系统中的每个细节(Choi 和 Wu,2009)。供应链可以通过一组"节点"和一组"连接"来建模为网络结构,其中"节点"表示自主经营的企业,"连接"表示这些企业之间以创造产品或服务为目的的联系,主要以合同(商流)和各种流(如物料流、信息流、资金流)的方式存在。

张纪会和徐军芹(2009)将供应链看作是由不同节点企业组成的一个动态供需网络,提出了一个基于复杂网络的适应性供应链的初步模型框架。Hearnshaw 和 Wilson(2013)对供应链网络的复杂适应性展开了深入探讨,在供应链网络复杂性(complexity)方面,分别研究了两种典型网络模型的特性,认为 Watts-Strogatz(WS)模型的随机重连机制(mechanism of random reconnection)和 Barabasi-Albert(BA)模型的择优连接生长机制(mechanism of growth by preferential attachment)都不能更好代表效率型供应链网络的关键特性(见表 3-7);在供应链网络适应性(adaptive)方面,认为无论什么类型的供应链,核心企业的强健及其与主要供应商之间紧密耦合关系、与备选供应商之间松散耦合关系的程度,决定了供应链系统抵御随机干扰和目标攻击的能力(静态弹性);同时在面对级联故障(cascading failures)时,供应链系统自我组织并重新配置连通性以满足新情况的能力,反映了它适应(不仅仅是抵抗)新的和意想不到的变化的能力(动态弹性)。

从复杂网络的角度来看,供应链的弹性包括以下特征:能维护网络大多数节点之间的连通性;节点之间的平均最短路径长度不会显著增加;具有定义明确的集群,在网络中断后能够提供多种可选的最短路径,并且可以自动重新布局以保障网络系统的功能(Thadakamalla 等,2004)。学者们根据经验研究了三种复杂网络,即随机图、小世界模型和无标度网络,研究结果表明,没有一个单一的网络设计能满足所有供应链弹性特征,但是混合设计可能是最有弹性的(Viljoen 和 Joubert,2018)。

表 3-7 供应链网络与各种网络模型的关键特性比较

| 网络模型 | 特征路径长度(Characteristic path length) | 聚类系数(Clustering coefficient) | 联接度分布(Connectivity distribution) |
|---|---|---|---|
| 效率型供应链(Efficient supply chains) | 短 | 高 | 幂律分布 |
| 规则网络模型(Regular network model) | 长 | 高 | 常数 |
| 随机网络模型(Random network model) | 短 | 低 | 正态/泊松分布 |
| 小世界网络模型(Watts-Strogatz model) | 短 | 高 | 取决于概率 p 值 ($0 \leq p \leq 1$) |
| 无标度网络模型 | 短 | 低 | 幂律分布 |

具体来讲,与供应链弹性相关的三个网络特征量分别为:一是鲁棒性,指网络扰动后的整体连通性,换句话说,信息(或人员或货物)仍然可以从一个节点流向任何其他(或大多数其他)节点,通常用网络的最大连通分量(largest connected component)来表示(Viljoen 和 Joubert,2018);二是效率(efficiency),它决定了信息从一个节点传播到另一个节点的速度,通常用网络的平均最短路径(average shortest path)来表示(Crucitti 等,2004;Thadakamalla 等,2004);三是灵活性(flexibility),指网络在最短路径被破坏时找到替代路径的内在能力,衡量灵活性有些棘手,但大

多数学者使用了聚类系数(clustering coefficient),认为连接良好的社区提供了更多的重新路由选择(Thadakamalla 等,2004;Viljoen 和 Joubert,2016)。

## 3.3 粮食供应链管理研究动态

### 3.3.1 英文文献综述

学界对粮食供应链管理的理论研究,可以说起步较晚,研究成果系统性不强、理论深度不够、定量分析较缺乏。从英文文献来看,前期研究主要是运用粮食供应链管理来协调相关方利益,后期研究较多通过优化粮食供应链网络结构来提高运作效率。

Kennett 等(1998)探讨了小麦品质及其对小麦供应链纵向协调的影响,认为小麦质量控制的好处将鼓励加工企业在未来与小麦供应商建立更紧密的垂直联系。Hobbs 和 Young(2000)通过分析认为,供应链更紧密的纵向协调正成为许多国家农业食品部门的一个普遍特征,并以美国谷物行业的一个案例,讨论了供应链垂直合作对种植者、经营加工企业和决策者的意义。Sachan 等(2005)运用系统动力学方法建立了印度粮食供应链总成本模型,对合作模式(cooperative model)、合同农业(contract farming)以及基于乐观、悲观和中立的协同供应链(collaborative supply chain)进行了评价。Sohal 和 Perry(2006)以澳大利亚为例,认为一个全球响应能力强的谷物供应链需要与更广泛的粮食产业、食品工业和政府战略性地结合起来,以满足未来的市场需求,且供应链内各方须维持经常性有关共同目标对话。

Thakur 和 Hurburgh(2009)采用一种系统方法,开发了在美国实现大宗粮食供应链可追溯性的方法,包括内部可追溯性和链可追溯性,并建立了供应链行为者之间的信息交换模型。Tsao 等(2010)重点研究了从批发商到消费者的粮食供应链环节,提出服务、信息技术和物流有助于降低印度粮食供应链上的价格"标价"率(即高于作物成本的服务费率),特别是云计算可以帮助印度通过跨越式发展,将 IT 的全部好处带给他们的小型粮食经销商。

Ding(2011)运用不确定性理论研究了粮食供应链设计问题,使用不确定性编程工具设计粮食供应链网络并提出了一个α-cost 最小化模型及其算法。Song 和 Liu(2013)在分析粮食供应链上粮食加工企业与分销商之间纵向关系的基础上,建立了在垂直整合、垂直分割和部分垂直整合之间选择合适渠道的Cournot模型,并得出部分垂直整合的销售渠道是适合粮食供应链的结论。Ge 等(2015)建立了一个基于 Agent 的仿真模型,以捕捉加拿大小麦供应链中个体异质性和行为适应性对小麦品质申报系统的影响,模拟结果用于识别每种测试策略的相对风险和成本。

Yang 和 Xu(2015)提出了一个定量模型,用于分析当上游自然灾害破坏粮食供应时,粮食加工企业如何恢复鲁棒性,以及这种中断对下游粮食零售商的影响,结果表明:加工企业更倾向于及时完全恢复;政府援助作为一种干预手段虽然是不可缺少的,但不能完全取代备用供应商。An 和 Ouyang(2016)提出了一种双层鲁棒优化模型,该模型通过优化配置粮食加工/储存设施和确定粮食收购价格,使粮食公司的利润最大化,收获后损失最小化,而在产量不确定性和市场均衡条件下,由一组空间分布的非合作农户决定收获时间、运输、储存和市场决策;粮食公司和农民的非合作行为可由一个带有混合整数决策变量的双层 Stackelberg 领导跟随者博弈模型来描述;并将所提出的模型和求解方法应用于美国伊利诺伊州和巴西的案例研究。

Mogale 等(2016)对印度公共配送系统(PDS)的粮食供应链、运输分配问题进行了研究,将印度粮食供应链中的活动分为采购、储存、移动、运输和配送,建立了一个混合整数非线性规划模型(MINLP),以最小化粮食从生产状态的采购中心集群到消费地仓库的运输、库存和运营成本,并运用化学反应优化算法(CRO)来测试该模型;其后该研究团队(Mogale 等,2017)在MINLP模型中引入了新的车辆偏好约束,同时引入了季节性采购、筒仓储存、车辆容量和需求满足约束,鉴于印度粮食供应链网络管理的复杂性和困难性,受许多不确定因素的干预及其混沌性,提出了一种基于精英蚁群和信息素路径更新策略的有效元启发式算法,称为改进的最大——最小蚁群系统(IMMAS),通过统计分析,验证了该算法的优越性;最近该研究团队(Mogale 等,2018)针对印度新出现的由农民、采购中心、基地筒仓和田间筒仓组成的公共配送系统(PDS)三阶段粮食配送问题进行了研究,并运用最近发展起来的混合粒子化学反应优化算法(HP-CRO)来求解 MINLP 模型;该研究团队(Mogale 等,2018)还为印度政府提出了一种新的具有驻留时间的粮仓选址问题的多目标、多模态、多周期集成数学模型,利用两种基于 Pareto 的多目标标定参数算法,同时对粮食供应链总网络成本最小化和总提前期(中转和驻留时间)这两个相互冲突的目标进行了优化。

Hyland 等(2016)建立了集货车运输、电梯仓储和铁路运输于一体的粮食供应链概念性模型和数学模型,研究结果表明,在运输时间、成本和容量指标方面,与常规服务相比,这种穿梭服务运输粮食的速度更快,供应链物流成本更低,铁路运力也能更高。Nourbakhsh 等(2016)提出了一个降低粮食供应链网络中收获后损失(PHL)的数学模型,通过确定新预处理设施的最优位置和优化公路/铁路运力扩展来确定粮食的最优物流系统设计及其基础设施投资的最优方式,并对美国伊利诺伊州的一个真实世界网络进行了数值分析。Gu 和 Cao(2017)提出了一种新的粮食供应链验收模型,并基于江苏省 378 户农户的数据进行实证分析,研究表明,一方面,农户参与意愿符合行为心理学的规律,行为心理受感知有用性和易用性的正向影响,即收入越高、产品质量越高,销售渠道越有效、对农户的感知效用就越高;另一方面,农户对新的粮食供应链要求更多的细节,这对农户感知的舒适度有着积极的影响。

### 3.3.2 中文文献综述

从中文文献来看,有关粮食供应链管理的研究主要集中在以下三个方面。

(1)认为我国粮食供应链管理的时代已经到来,实施供应链管理是粮食行业提质增效的重要举措

袁育芬(2002)认为在我国粮食供应链体系中分别设立粮食收纳库、中转库和储备库是十分必要的,粮食收纳库通过收储从农户收购而来的粮食,集并到粮食中转库,再由中转库外运至粮食销区或配送至粮食加工企业,是粮食供应链物流的最短最优路径,而粮食储备库是保障粮食安全的重要举措。许泽人(2002)将粮食供应链视为一种理念创新,是从农户到消费者的价值增值过程,既满足市场又创造市场,既降低成本又增加效益;同时还是一种机制创新,是市场经营理念下的

运作流程。

崔晓迪等(2005)分析了粮食供应链管理的特点,进而提出实施粮食供应链管理的必要性和实现形式。孙宏岭和高詹(2007)从政府的引导与支持、粮食物流设施与设备的建设现状、大型粮食企业的规模与条件,以及国外成功经验几个方面,论证了我国已初步具备粮食供应链管理的实施条件。杜京娜和王杜春(2009)总结了美国、加拿大和澳大利亚的粮食供应链管理经验,提出对我国发展粮食供应链的启示。杨彩虹(2013)分析了我国实施粮食供应链管理的有利条件,并提出面向农业散户订单的粮食供应链模式。冷志杰等(2019)认为粮食供应链管理创新已上升到国家层面,创新方法主要包括组织机构创新、信息技术创新和商业模式创新。

(2)从当前存在的矛盾和问题出发,提出粮食供应链整合(或协同)的思路,构建和优化我国粮食供应链

洪岚和尚珂(2005)从生产环节、流通环节、政府监管与干预方面分析了我国粮食供应链中存在的问题,提出建立基于粮食供应链管理与调控的行政管理体制以及培育粮食市场主体的相关政策建议。杜文龙(2006)在分析我国粮食供应链体系建设不完善现状的基础上,提出要在粮食供应链体系建设政策、规划和投资等方面发挥政府主导作用,而在粮食供应链资源配置、资金投入和人才建设等方面应实行市场化运作,同时还要注意防止出现政府和市场双失灵的情况。朱传福(2008)提出了基于收储企业、加工企业、销售企业和第三方企业的四种粮食供应链流程整合模式。

冷志杰和赵攀英(2008)通过对小农户和顾客组成的二级供应链结构分析,提出了小农户进入有效粮食供应链的结合点及其两者之间集成协作的原则。赵攀英(2010)针对三级粮食供应链中供应商与加工商之间的协作定价进行完全静态博弈分析,认为政府支持大型粮食供应商建设粮库将有助于粮食供应链整合。洪岚和安玉发(2009)对我国粮食供应链整合困难的原因进行了分析。洪岚(2009)运用价格联动滞后不对称分布模型,论证了我国粮食供应链是否因垂直整合而实现了优化。葛海波(2011)从延迟应用的视角研究粮食供应链整合,认为延迟可以实现粮食规模加工并较好满足个性化的粮食消费需求。

吴志华和胡非凡(2011)提出由自营向基于物流中心的第三方供应链服务转化的、以互利共赢为基本内容的、以粮食增值为目标的粮食供应链整合模式。胡非

凡等(2013)以 RFID 农户结算卡系统为例,论证了信息共享有助于粮食供应链上的各方获益。胡非凡等(2015)从 TOE 模型的技术、组织和环境三个维度,探讨了粮食供应链整合的影响因素,结果表明,粮食行业竞争状况、相对优势、核心企业能力、粮食产销合作关系是最重要的几个影响因素。

李凤廷和侯云先(2014)引入主链、副链的概念,将粮食供应链整合细分为链内整合、链间整合和交互整合,提出了一个粮食供应链整合的概念框架,将粮食供应链的整合过程、整合程度和整合绩效有机联系在一起。赵予新和邵赛娜(2015)运用层次分析法对粮食供应链整合的影响因素进行了排序,由高到低依次是粮食的生产、收储、运输、加工和销售环节。冷志杰等(2017)分析了大宗粮食供应链中各主体之间的几种利益关系并进行了博弈分析,结果表明,合理的价差收益、违约成本和较高的声誉价值是契约履行的几个重要长期条件。贺金霞(2017)将影响粮食供应链协同的因素分为组织内、组织间及外部环境三类,并进一步认为组织间因素是其中的关键影响因素。李阳(2018)分析了当前我国托市收购政策下的粮食供应链利益协调问题,认为过于依赖政府的宏观调控机制并不能在农户与粮食收购企业之间形成利益共同体。

笔者(2018)基于当前粮食供给侧结构性改革的背景,提出对粮食供应链内部整合、纵向延伸和横向拓展是实现粮食供应链内外资源融合、促进粮食供需匹配的重要举措。高艳和王蕾(2019)对目前国内外粮食供应链协调研究做了文献综述,发现总体上理论研究较多,案例研究和实证研究较少,研究以"博弈定价协调"和"契约定价协调"两种研究方法为主,研究主题以信息及技术问题、需求问题为主,高水平文献较少。

(3)有关粮食供应链安全与风险的研究

刘鹏和屠康(2007)提出将射频识别技术(RFID)应用于粮食供应链系统中的概念性建议,用以实现粮食供应链系统内的质量评估、安全追溯与信息服务的整合。刘哲(2013)用系统工程的方法从主体维、流程维和技术维三个方面构建粮食供应链质量安全可追溯体系。

王立石(2008)在分析我国粮食供应链个性的基础上,探讨了粮食供应链牛鞭效应形成的动态机理,并提出相应的弱化对策。陈明星(2011)认为粮食供应链安全是一种更为全面系统的粮食安全,通过粮食供应链建设促进粮食要素资源的整合和优化;提出粮食供应链建构与粮食产业安全保障联动耦合的分析框架,提升我国粮食供应链应对外资渗透的能力。

笔者(2011)对粮食供应链风险的内涵进行了界定,阐述了其多维性、传导性、扩散性和变异性的特征,并提出其防范机制;对粮食供应链脆弱性进行了概念性分析,认为供应链整合是降低粮食供应链脆弱性的有效途径,并提出由政府、产业化龙头企业、商业流通企业和农民专业合作经济组织主导的四种整合模式。高洁(2014)尝试了构建粮食供应链风险预警指标及风险分析系统的探索。

笔者(2016)将粮食供应链抽象成一个复杂网络,通过分析粮食供应链网络与病毒传播网络的相似性,利用复杂网络传播动力学中的 SIR 模型模拟粮食供应链网络风险传播过程,研究大型粮商主导的粮食供应链整合对抑制粮食供应链网络风险传播的影响。王登清(2017)尝试利用模糊综合评判法初步构建了一个粮食供应链网络脆弱性评价模型;以网络安全性和网络平均效率为测度指标,对粮食供应链网络进行抗毁性仿真实验,结果表明,粮食供应链网络点随机攻击要比边随机攻击对网络安全的影响大,粮食供应链网络对蓄意攻击表现脆弱,而对随机攻击具有鲁棒性。

徐文超(2018)分析了在"一带一路"沿线国家进行粮食供应链整合的风险问题,结果表明,稳定的外部环境是粮食供应链整合的首要条件,需求风险与供应风险对粮食供应链整合有重要影响,而操作风险对其影响并不显著。丁冬和杨印生(2019)将中国粮食供应链风险分为供应链内部风险、供应链节点之间衔接风险、供应链外部风险三类,并归纳出物资配置水平、现代化信息平台、合同恶意违约、税制变动、政府干预、国际格局、新贸易环境限制和产业结构调整八个关键风险点。

# 第4章
# 粮食供应链脆弱性的定性研究

随着脆弱性研究领域的拓展和理论方法的不断丰富,脆弱性研究正在向一门基础性的科学知识体系方向发展。供应链脆弱性研究起步较晚,是供应链管理中一个新兴研究领域,目前尚未形成成熟的理论框架。具体到粮食供应链脆弱性研究领域,正如第3章中有关粮食供应链管理文献综述部分所述,目前仅有的几篇有关粮食供应链脆弱性研究文献仅涉及概念阐述和影响因素分析,对粮食供应链脆弱性的关键领域缺乏深入的专题研究,因而,构建一个系统的粮食供应链脆弱性理论研究框架显得十分有必要。

## 4.1 粮食供应链的特征

### 4.1.1 粮食供应链的运作特点

粮食生产的脆弱性、粮食的特殊商品性以及粮食行业的弱质性,使得粮食供应链的运作存在区别于一般行业供应链的特征,下面从粮食生产、粮食流通以及粮食政策三个层面分析总结粮食供应链运作的特点。

首先,从粮食生产环节看,我国粮食生产具有区域性、季节性、对自然条件的依赖性、生产周期长等特征,这些特征使得粮食供应链面临的不确定性比一般供应链更大。粮食种植主体主要为个体农户,他们具有分散性、小规模性、存储能力有限的特点,这些使得他们在面临各种风险时能够做出的调整和应对非常有限。同时,粮食集中上市,进一步使得粮食交易价格具有明显的波动性,相较于其他类型的市场主体,个体农户几乎不具备议价能力。从我国实际情况来看,正如第 2 章提到的,改革开放以来我国粮食供需关系出现过 7 次重大波动,也随之带来粮食价格的大幅波动,在小周期内更是会形成频繁剧烈的价格涨跌,这些都与粮食生产主体规模小而分散密切相关。此外,由于个体农户不具备跨区域销售的能力,也使得我国粮食交易价格在局部市场内的波动更为明显。

其次,从粮食流通环节看,我国粮食流通渠道主要由区域性经销商、国有储备库构成,粮食加工企业也会直接向农户收购粮食。粮食经销商在粮食上市阶段,会到田间地头向农户采购粮食,然后集中运输、短暂储存,最终销售给粮食加工企业,粮食经销商承担了区域内粮食的归集功能。粮食加工企业也会设置粮食收购点,农户可以将粮食短距离运到收购点,直接销售给粮食加工企业。为保护农户收益,国有储备库针对质量达标粮食,不设收购量上限敞开收购;后期在满足国家战略储备的前提下,采用顺价拍卖方式有计划地将储备粮销售给粮食加工企业。

再次,从粮食政策层面看,在分析粮食供应链系统时,政策因素的影响无法忽略。我国粮食市场上存在大量规模小、分散的农户,他们提供具有同质性、可替代性的粮食产品。粮食种植有固定的周期,需要耗费较长的时间才能形成有效产出,并且受限于粮食生长对气候条件的要求,种植规模无法在周期内改变。因此,根据蛛网理论,本期市场粮食交易价格由本期粮食供应量决定,而本期粮食供应量受到上期市场交易价格影响,这将导致价格上涨而无法为供给方带来当期收益显著增加,而价格下跌则会因后续供应量下降而无法为需求方带来明显好处的状况。国家出于保护农户利益以及保障粮食安全的目标,会出台一系列措施进行调控,例如规定最低收购价以及收储政策,这就使得粮食供应链运作会明显受到粮食政策因素的影响。

综上分析,我国粮食供应链中"小农户"和"大市场"矛盾突出,信息不对称问题导致粮食生产和消费需求严重脱节,而政策层面的干预又进一步加剧了粮食供应链上的信息失真。因此,我国粮食供应链除了具有一般供应链所共有的复杂性、动态性、面向用户需求和交叉性特点外,还具有以下两方面特征:

一是自然因素的不可抗性导致粮食供应链的"供给驱动"特征。鉴于粮食种植的特殊性,自然因素直接影响当期粮食产量,并且较长的种植周期决定了粮食供应量在短期内难以根据需求进行调整,粮食供应链体现出"供给驱动"的特点。当出现供过于求时,出于粮食安全考虑,部分粮食将被储存起来以备粮食供不应求时用于满足需求。粮食供需间的匹配由于供给缺乏柔性而依赖于在供应链内设置的库存,一旦出现连年丰收,供应链内粮食库存水平必然高企;而在接连歉收时,又将考验供应链内库存持有节点的供应能力。鉴于这一特征,针对粮食供应链系统的分析,需要特别考虑受自然因素影响而导致的供应链网络内各节点流入和流出粮食量的变化情况,以及各节点库存水平的变化情况,以全面描述粮食供应链应对供应波动的能力。

二是政策因素对粮食供应链运行的干扰明显。目前我国粮食种植主体以个体农户为主,流通环节以个体经销商为主,并且存在大量小微规模的粮食加工企业,粮食供应链运作远未达到规模化、高效率的程度。由于粮食供应链内各主体抗风险能力弱,国家需要动用大量财政资金进行保底收购新粮,并维持较高的库存水平。现行的粮食调控政策导致粮食供应链中存在"国有储备库"这一类似"蓄水池"作用的特殊关键节点,并且由于最低收购价的存在,在一定程度上扭曲了市场信息,使得位于供应链上游的农户难以及时准确地掌握市场需求信息,也导致农户缺乏充分的积极性调整其种植品种和种植规模,进而加剧了粮食供需的不匹配,导致粮食供应链运作效率低下。因此,在构建粮食供应链分析模型时,一方面需要考虑国有储备库这一特殊节点对粮食供应链弹性的积极作用;另一方面也需要充分暴露其对粮食供应链效率水平的负面影响。此外,鉴于自2012年以来出现的国产粮食价格高于进口粮食到岸税后价的情况,国家采取进口配额制度对国内农户和粮食企业进行保护,这类进口管制政策也将长期影响粮食供应链的市场化运作。

## 4.1.2　粮食供应链的网链结构特点

粮食供应链与其他行业供应链系统一样,也可以抽象成一个复杂网络,把粮食供应链中各个成员(农户、经销商、加工企业、国有储备库等)抽象成节点,把各节点之间的相互联结(物流、资金流、信息流)抽象成节点之间的边,通过构建复杂网络模型来分析粮食供应链的结构特征和运作规律。依据参与主体的规模及其相互之间的联结关系,粮食供应链是一个典型的具备网链结构的复杂巨系统,除具有一般复杂系统的集合性、相关性、目的性和整体性等基本特征,[①]以及一般供应链网络的层次性、动态性、双向性和跨区域等一般特征[②]以外,还具有以下突出特点。

(1)开放性

粮食供应链网络中既存在着大量农户、经纪人/经销商、加工企业、国有储备库相互之间的直接或间接关联,也存在着网络全局和局部与其外部的自然、社会、经济等环境的物资、能量与信息交换,相互作用,特别是粮食生产的脆弱性与粮食产品的公共物品属性使得这个开放性特点更显重要,其典型表现就是如上小节所述的粮食供应链运行受自然因素、政策因素影响较大。换句话说,粮食供应链更容易"暴露"在自然因素、政策因素的影响之中。

---

[①]集合性是指系统是由许多相互区别的要素组成;相关性是指系统要素之间相互影响、相互依存,它们的相互作用决定了系统的绩效;目的性是指系统有着明确的目标和任务,这是系统存在和发展的目的;整体性是指系统整体大于各要素之和。

[②]层次性是指供应链网络成员可以通过不同的组织边界体现出来;动态性是指供应链网络成员之间的关系会由于客户需求的变化而做出适应性的调整;双向性是指从横向看,供应链网络内使用某一共同资源的成员之间存在竞合关系,从纵向看,供应链网络结构反映从原材料供应商到制造商、分销商直至客户的过程;跨区域性是指供应链网络成员之间业务超越了空间的限制(栗东生等,2000)。

### (2)异构性

粮食供应链是由巨量的、在地理上分散的异质节点组成的异构网络,[①]与其他复杂网络相比,粮食供应链网络中存在着极少数值非常高的节点(如国有储备库),且不会随网络规模的增加而增加,网络的通信效率极低;[②]同时,还存在大量度值非常接近且非常低的节点(如农户),使得网络在抵御随机故障时会表现出类似于随机网络的特性,一旦随机故障影响到度值高的节点时,将严重影响网络结构与功能。与此同时,网络在应对特定突发事件(如关键节点受到目标攻击发生故障)时还表现出极高的脆弱性(如网络崩溃)。依据图论原理,这样的网络结构属于极不稳定且效率极低的网络形态。

### (3)松散耦合性

粮食供应链上各节点主体之间以短期、非合约方式合作,决策行为短视,主要考虑当期获利,导致粮食供应链内存在复杂的竞争与合作关系。节点主体之间的供需关系具有弱联结性,受认知能力、信息传递、心理因素、管理水平等多方面限制,节点主体之间行为的非理性尤为明显,典型的表现就是订单违约、毁约弃耕等,这些在粮食供需关系中比较常见。在各主体间复杂竞合关系的作用下,粮食供应链上各节点主体之间既存在"农户—经销商—加工企业"这种链式结构,也存在农户和加工企业、国有储备库之间的直接交易关系。因此,从网络全局来看,粮食供应链网络明显表现出松散耦合的"网链结构"特征。

### (4)模块化结构

粮食供应链的生产、收购、仓储、运输、流通加工等各个环节都分散存在着众多的参与主体。由于粮食生产的地域性和消费的全域性特征,粮食供应链中不仅包括较小范围内的粮食集并,同时也存在例如"北粮南运"这种长距离、高成本的运输需求。受制于自身规模限制,粮食集并阶段的各参与主体(农户、经销商和产

---

[①] 农户、经纪人/经销商、加工企业、国有储备库分属不同的决策群体,可以看作是粮食供应链网络中的异质节点;这些节点群体在度值上的差别特别大,在图论中称为异构网络。

[②] 因为度值很高的关键节点(HUB)非常罕见,即通信枢纽奇缺。

区加工企业)一般会就近选择交易对象,持有库存时间一般不超过一个种植周期。小农具有的鲜明社区属性(张红宇,2019)、粮食供应链的跨时空特性及其内部成员由于交易能力限制而导致的就近交易行为,使得粮食供应链网络存在着类似社区结构,或称为网络模块。网络的模块化结构使得模块之间的联结在网络全局稳定方面显得尤为重要,从我国粮食供应链运作的实际来看,跨区域(跨省)的粮食现代物流系统建设是粮食供应链去脆弱性的重要内容。

基于以上分析,粮食供应链是一个由众多地域分布明显、具有不同特征的异质节点主体组成的复杂网络,各参与主体一般基于短期交易而形成供应链网络内复杂的竞合关系,粮食政策、自然环境等外部因素显著影响粮食供应链的运作。粮食供应链网络属于具有开放性和异构性的松散耦合网链结构和模块化结构。

## 4.2 粮食供应链脆弱性的内涵

### 4.2.1 粮食供应链脆弱性的概念

王登清(2015)在其发表的综述文章中,通过对目前相关研究文献的总结,发现针对粮食供应链系统/物流网络的脆弱性及安全的理论与实证研究非常缺乏,并提到笔者较早将脆弱性概念引入粮食供应链研究中。笔者较早将粮食供应链脆弱性定义为由系统内部和外部风险影响而造成的供应链不稳定性和可能的破坏性,提出供应链整合是降低粮食供应链脆弱性的有效途径(李凤廷和侯云先,2014)。

结合自然、人文社会系统以及供应链、复杂网络研究领域有关脆弱性的定义,我们将粮食供应链脆弱性进一步定义为:受系统内外部扰动和压力影响而使粮食供应链所暴露的严重功能障碍、对扰动和压力的敏感性,以及应对扰动和压力影响的能力。这个定义包括三个关键词:暴露、敏感性和能力。另外,与把粮食供应链系统理解为一般承灾体的观点不同,这个定义认为引发粮食供应链脆弱性表现的因素不仅指所谓的危险(导致粮食供应链故障的风险事件),还包括尚不能构成危险的因素(会形成粮食供应链干扰的潜在风险事件),这些因素统称为"扰动";

而且，在没有明确扰动的正常状态，一些内外部条件的变化也会对粮食供应链的运行和效率产生"压力"，比如粮食价格上涨、气候变化，同样能引起粮食供应链系统的改变。因此，粮食供应链脆弱性体现在结构和能力两个方面，前者是指粮食供应链暴露在扰动和压力中所表现出的结构缺陷，后者是指粮食供应链在应对供应链故障时缺乏弹性的能力。这一定义综合了自然科学界和社会科学界对脆弱性的研究成果，体现出对粮食供应链脆弱性概念的完整认识和准确表达，如图4-1所示。

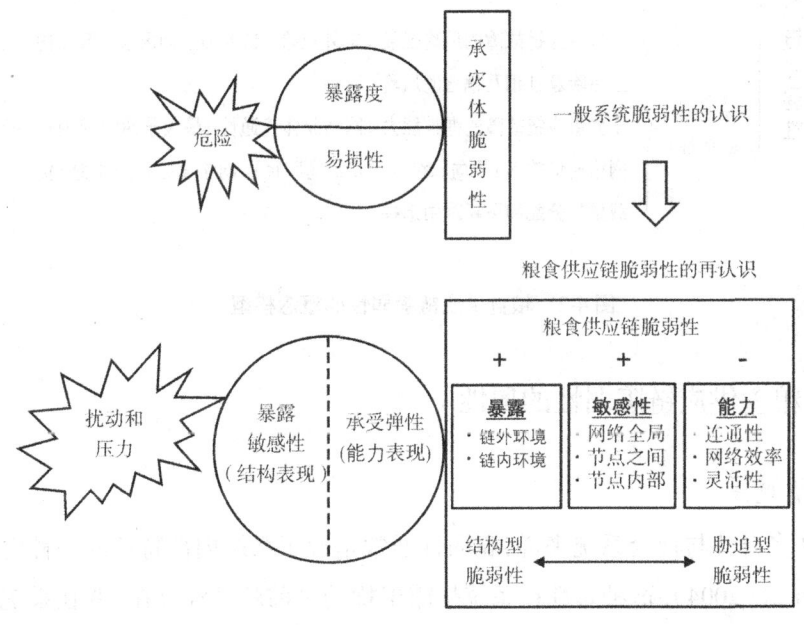

**图 4-1　粮食供应链脆弱性概念的再认识**

综上所述，从粮食供应链脆弱性的整体表现来看，其概念包括两个方面的内容：一方面，由于粮食供应链网络存在内部结构缺陷，会导致粮食供应链网络结构的不稳定性，可定义为结构型脆弱性；不同的粮食供应链网络结构，暴露在内外扰动和压力下的敏感性有所不同，其结构型脆弱性会有强弱之分。另一方面，粮食供应链网络内外部环境变化带来的扰动和压力，会导致网络节点或连边故障，干扰粮食供应链网络的正常运作,甚至导致其中断,这种应对供应链故障时缺乏弹性的能力,可以定义为胁迫型脆弱性。因此,我们构建如图4-2所示的粮食供应链脆弱性概念模型。

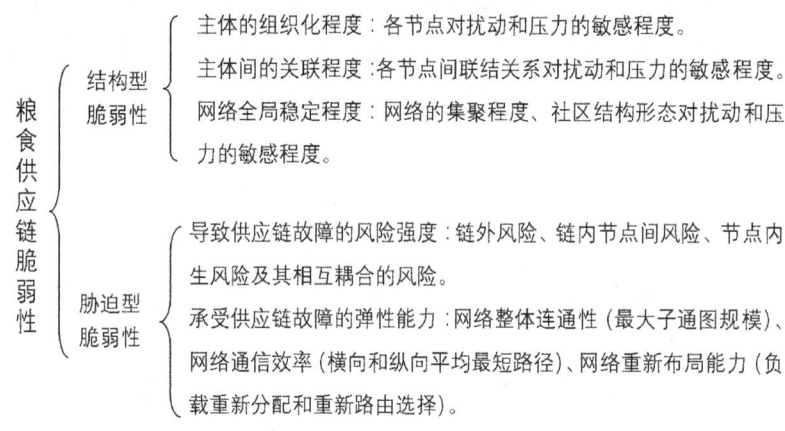

**图 4-2　粮食供应链脆弱性的概念模型**

## 4.2.2　粮食供应链脆弱性的属性

(1)客观性

对许多自然与社会系统来说,脆弱性通常是源于系统内部特征的一种内在属性(Adger等,2004),这种属性在系统暴露于扰动之前就已经存在,并在系统受到扰动时显现出来(Gallopin,2006)。粮食供应链脆弱性也应该是源于粮食供应链系统内部固有的一种属性,并在粮食供应链系统与扰动因素相互作用的过程中得以体现。粮食供应链对扰动因素的暴露过程是其脆弱性得以表现的前提,也是加剧或减缓其脆弱性的驱动因素。同时,粮食供应链脆弱性是针对特定的扰动因素而言的,并不是对所有扰动的暴露都会表现出脆弱性,其表现出脆弱性的必要条件是系统在某种扰动的作用下具有敏感性,如果系统对这种扰动不敏感,则系统对这种扰动就不脆弱。因此,粮食供应链脆弱性指的是其网络系统对某种扰动的暴露程度、敏感性和缺乏弹性的一种属性,即

$$V=f(E,S,R)$$

式中:$V$为粮食供应链脆弱性;$E$和$S$分别为粮食供应链对某种扰动的暴露程度和敏感性,与扰动的性质和粮食供应链系统的内部结构有关;$R$为粮食供应链系统应对扰动影响的弹性能力,包括承受能力、恢复能力、适应能力和重构能力等,与扰动产生的风险强度和粮食供应链系统能够利用的应对资源丰富程度有关。

(2)动态性

粮食供应链的内部结构和功能及其所面临的扰动是不断发展变化的,由此导致粮食供应链面对扰动的暴露程度、响应程度(敏感性)及应对能力(弹性)的强弱也处在动态演化的状态,即粮食供应链所表现出的脆弱性是动态变化的。具体来讲,一是在空间尺度上,粮食供应链系统在某一尺度上暴露单元(网络局部)脆弱性的缓解,可能会导致更大尺度上系统(网络全局)脆弱性的增加;二是在时间维度上,粮食供应链在当前时刻脆弱性的降低,可能会通过某些反馈回路造成未来时刻脆弱性的提高。因此,对粮食供应链脆弱性的分析,不应仅停留在特定空间尺度或某一时间截面上,而更应从动态变化的角度把握外部环境胁迫和系统内部未来可能变化的趋势,科学处理脆弱性评估和调控中的时空协调问题,进而科学揭示粮食供应链脆弱性的演化机理。

(3)相对性

绝对稳定的系统是不存在的,即便是相对稳定的系统,当扰动带来的影响超过系统阈值限度时也会产生系统危机。然而确定系统脆弱性的阈值却是一项非常困难的工作,尤其是对受制度性因素影响较大的粮食供应链系统而言,不同人或组织在不同时期对于粮食安全的理解具有主观性和相对性,其阈值的确定不仅是一个科学难题,而且还涉及人文价值判断,在实践中很难找到一个广为接受的标准。一方面,粮食供应链脆弱性体现了系统面对扰动时所表现出来的敏感性,当系统具有的适应能力发生增减时,其脆弱性程度也随之发生变化;另一方面,从系统环境及系统发展演变来看,随着时间、地域空间和社会空间的推移,粮食供应链系统外部环境和内部结构都将发生变化,判断粮食供应链脆弱性的程度只能相对而言。

(4)可控性

脆弱性的成因包括外在因素和内在因素,但内在因素是主因。粮食供应链的内部结构和组织特征是其脆弱性的前因,决定着粮食供应链运作受扰动影响的严重程度和发生中断的概率。粮食供应链脆弱性不仅可以通过链内资源和能力的积累及有效运用得以改善,而且还可以通过供应链管理行为对其内外部环境中的扰动因素进行调节,在一定程度上抵御内外部环境中的扰动而保持系统的稳定。因此,在不同的管理方式及行为的影响下,粮食供应链脆弱性会有不同的表现,或脆弱性增加导致系统发生危机甚至中断、解散,或脆弱性减少促使系统持续稳定发展,即粮食供应链脆弱性是可以调控的。

### 4.2.3 粮食供应链脆弱性的表征

(1)粮食供应链暴露于众多的扰动因素之中

从产业角度看,粮食供应链横跨了农业、加工业、流通业等一二三产业,其中的风险因素呈全方位性,自然、社会、制度、市场、组织、价格、行为等风险因子交互发生影响和作用,呈现出很强的扰动性和破坏性。粮食供应链面临的风险或不确定性来源可以界定为以下三类:一是粮食供应链外部的风险源,主要涉及自然、社会、市场三方面因素。其中,自然因素指水灾、旱灾、火灾、气象灾害、地质灾害、生物灾害等自然灾变;社会因素指环境污染、生态破坏事件、动植物疫情、食品安全事件等人为灾变;市场因素指国内政策、国际贸易环境等因素导致粮食市场行情的短期和长期波动。二是粮食供应链内部节点间的不确定性,主要涉及供应链运作中的供给不确定性和需求不确定性。前者指农户或经销商无法按事前约定的时间、地点向加工企业交付指定数量和质量的粮食,造成加工企业无法正常生产运营;后者指由于消费者对粮食价格、品质、品牌、服务等日益敏感,容易引起加工订单的不规则变动,从而造成需求的不稳定。三是粮食供应链节点内部的不确定性,主要涉及各个节点主体的行为模式和风格,例如,农户、经销商作为粮食生产的主体和加工企业的供应商,具有多重身份属性:自然人、法人、管理者、决策者、劳动者等,其行为模式非常复杂,决策的理性与非理性并存,并受个人的文化素养、偏好、心理状态、经济状况等因素影响而波动,在对市场信号和政策信息的认知、判断、反应上,既可能理性定夺,也可能盲目跟风,还可能受到行情大起大落打击后而感到心灰意冷、放弃务农。在粮食供应链面临的这三类风险或不确定性来源中,有些是完全不可控的,有些是完全可控的,有些是部分可控的,如图4-3所示。

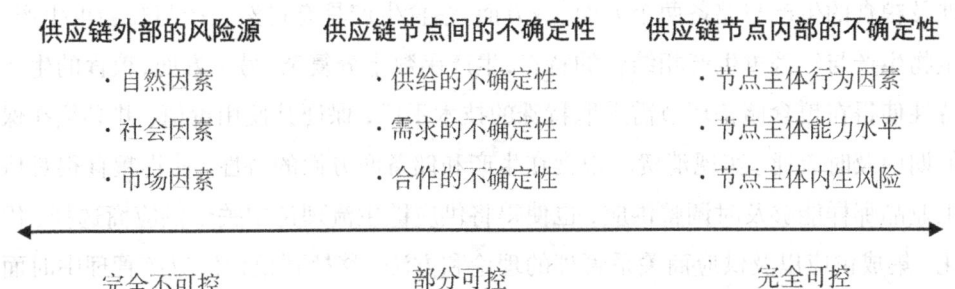

图4-3 粮食供应链面临的扰动因素来源示意图

(2)粮食供应链对扰动因素的敏感性高

敏感性可理解为单位扰动施加在系统上所产生的影响,是系统脆弱性的重要表现之一。敏感性程度会随系统所受扰动强度和类型的变化而有所差异,还与系统内部结构密切相关。与制造业供应链相比,粮食供应链网络结构更具节点连接上的随机性与不稳定性,面对扰动影响的敏感性更高。一是节点连接的随机性大。粮食供应链组成节点多变,农户行为方式变化、价格信号作用、自然灾害等因素常常导致粮食供应链内部频繁重组,进而改变粮食供应链的层级和宽度。二是节点连接的稳定性差。粮食供应链横跨三大产业,各参与主体在产业环境、组织文化、技术能力、信息传递、物流模式等诸多层面所涉及的标准、规则、惯例上存在广泛的不一致性,即使粮食供应链内部能做到局部最优,但在协调和集成为一体结构时常常困难重重,稍有风险冲击,供应链容易中断瓦解,甚至很长时间难以重接。三是粮食供应链"可视性"和"可管理性"差。这与粮食产业中农户组织化与专业化程度低、分工粗糙、深加工缺乏等因素有关,加上缺乏具有领导能力和权威性的核心企业,加剧了粮食供应链的弱组织性和弱集成性,导致从一体化角度看,粮食供应链具有"可视性"差和"可管理性"差的特点。

(3)粮食供应链应对扰动影响的能力弱

粮食供应链应对扰动影响的能力在很大程度上取决于"供给调整"和"需求驱

动"两方面所做出的决策及其所能利用的各种应对资源。一是在供给调整方面，涉及粮食的生产与储备两个方面。一方面，粮食生产具有自然生产与社会再生产、生物生产与经济再生产相结合的特点，生产函数十分复杂；另一方面，粮食的生化特性使得在粮食储备环节需采取特殊的技术手段，保证其使用价值，并必须在保值期内及时流通、实现消费。粮食在生产和储备两方面的特性，使得粮食很难像工业品那样能够及时调整供应，也使得将供应链主流理论中关于供应商选择、优化、集成供应以及供应商关系管理的理论和方法，移植到粮食供应链管理中时面临很大的适用障碍，这些会增加粮食供应调整的难度。二是在需求驱动方面，粮食供应链中既有普通粮油等日常需求大众化的功能型产品，也有优质粮油、特色粮油等创新型产品，两类产品对应的供应链分别为效率敏感型供应链和市场敏感型供应链，两者的需求驱动模式不同，相应的供应链管理战略也不同，前者侧重于成本和速度，后者侧重于质量和品牌。然而粮食供应链上的组织和企业一般规模较小，供应链管理能力弱，在供应链上对需求驱动的"推""拉"作用有限，难以应对来自需求侧的扰动影响。

## 4.3 粮食供应链脆弱性的形成与演化机理

### 4.3.1 粮食供应链脆弱性的形成机理

由粮食供应链脆弱性的客观性可知，脆弱性作为源于粮食供应链系统内部特征的一种内在属性，供应链结构和组织特征是粮食供应链脆弱性的前因，即粮食供应链系统中的薄弱环节是其脆弱性产生的根本原因，并决定粮食供应链的脆弱性程度；而粮食供应链系统内外部的扰动因素，即供应链外部的风险源、供应链节点间的不确定性和节点内部的不确定性，只是粮食供应链脆弱性的驱动因素，是诱发脆弱性得以表现的前提；粮食供应链运作受到干扰（如供应链绩效下降）、中断，甚至解散，是粮食供应链脆弱性得以表现后的呈现方式（结果），如图4-4所示。

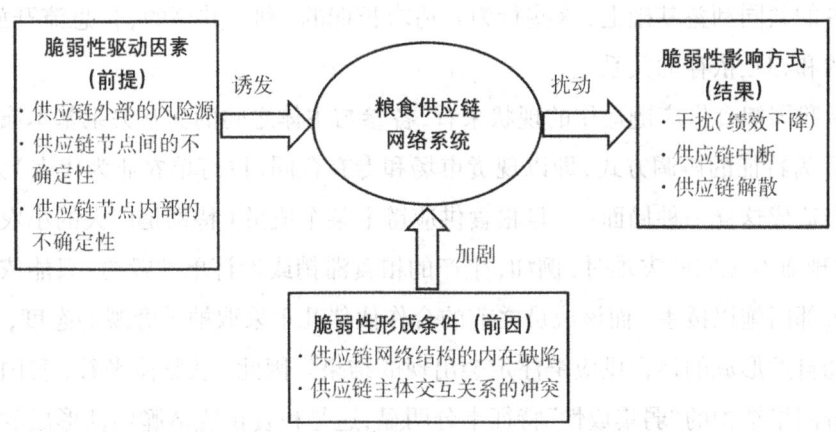

图 4-4 粮食供应链脆弱性形成机理示意图

粮食供应链最主要的特征表现为整体上呈现出"弱集成""粗放集成"的网络形态,集聚程度低,可以说这是粮食供应链网络结构最重要的内在缺陷,也体现出粮食供应链内部主体间交互关系的松散联结性。具体来看,一方面正如第 2 章所述,粮食供应链网络基本是由巨量的弱、小、散状态的节点构成,即存在大量的分散弱小农户、经销商和加工企业,组织化、专业化程度低。另一方面,粮食供应链网络节点主体之间的合作关系松散,缺乏信任机制和信息交流,交易方式传统,农户基本以自产自销、自销自运为主,不签合同的情况较为普遍,或者即使是订单交易,毁约现象也时常发生。供应链上各成员基本以商品所有者的身份参与供应链运行,造成商流与物流难以有效分离,其结果就是供应链各成员在利益关系上出现的分离性与在运作联系上所需的紧密性之间产生了矛盾,加剧了粮食供应链脆弱性的形成。

Peterson 等(2001)提出了供应链主体之间纵向协调(上下游主体之间的合作关系)的五种策略,从现货市场、专有合同、以关系为基础的联盟、以股权为基础的联盟到纵向一体化,从以"市场"为特征(无形之手)的协调到以"管理"为特征(有形之手)的协调。正如亚当·斯密所言,市场的协调(无形之手)允许个体经济行为者遵循自身利益,追求短期的、机会主义的、有限信息共享的、灵活的和保持行为者独立性的交换关系;而在另一个极端,有管理的协调(有形之手)建立在交换行为者的共同利益基础上,这些行为者追求长期的、利益共享的、信息流开放的、稳定的和相互依存的关系。

从我国粮食供应链运作的现状来看,各参与主体之间的交互关系基本属于以"市场"为特征的协调方式,即以现货市场和专有合同(以订单农业为代表)为主,由此会造成这样一种局面:一旦粮食供应链上某个成员(特别是广大的小农户群体)出现血本无归的灾难时,例如,生产的粮食滞销或者订单被毁约,只能依赖政府相关部门施以援手,而该成员之前的合作伙伴几乎采取袖手旁观的态度,这是由市场自发形成的粮食供应链注定会出现的结果。因此,从整体来看,我国粮食供应链网络结构的"弱集成性"特征十分明显,这是粮食供应链脆弱性形成的重要原因。

随着农户以多种形式融入粮食供应链,粮食供应链上的纵向协调开始转向以"管理"为特征的方式。农民专业合作组织类似于联盟的形式,但大多也是以关系为基础的联盟(如"龙头企业+合作社+农户"的模式[①]),以股权为基础的联盟(如"龙头企业+农民持股公司+农户"的模式)较为少见。协调的最高形式——纵向一体化,只出现在少数大型粮食加工或贸易企业内部的一些创新探索中,例如,租赁或流转农户土地自己来种植粮食的方式。通过比较纵向一体化方式和市场方式的协调成本,可以发现纵向一体化方式的主要优点在于协调成本低,能够快速适应环境的变化或做出迅速的反应。因此,当一个行业的环境缺乏变化时,企业很难有纵向一体化的动机(施涛,2008)。对于粮食行业来说,除了像北大荒这样的由于历史特殊原因而形成的纵向一体化经营以外,粮食需求缺乏弹性(需求较为稳定)可能是粮食企业缺乏一体化动力的一个重要原因(洪岚,2009)。

---

[①] 笔者曾调研过我国著名地理标志产品"五常大米"的所在地,在五常市杜家镇幸福村,2017年6月全村共有5个自然屯、557农户、2385人。根据全体村民的共同意愿,与五常市金福泰农业股份有限公司多次商议,形成"龙头企业+农民持股公司+农户"的新型经营方式,成立五常市旺龙农业科技有限责任公司,按照"利益共享、风险共担、按劳取酬、按股分红"的原则进行运营。

## 4.3.2 粮食供应链脆弱性的演化机理

粮食供应链的脆弱性是动态变化的,我们通过各自引入两个影响变量的方式来简单定性描述粮食供应链结构型脆弱性和胁迫型脆弱性的演化,进而对粮食供应链脆弱性做出整体评判。

(1)粮食供应链结构型脆弱性的演化

粮食供应链结构型脆弱性,主要受到供应链主体的组织化程度和供应链主体间的关联程度两个变量的影响。

粮食供应链主体的组织化程度是指粮食供应链上各个节点主体的组织化程度,体现为农户、经销商和加工企业生产和经营的组织化程度,它决定了粮食供应链网络形成紧密链条的可能性。粮食供应链节点主体组织化程度指标的选取,应能反映出各个节点成员的强健程度,例如,可以用土地适度规模经营比重、新型农业经营主体(包括专业大户、家庭农场和农民专业合作社)的市场份额等指标来反映农户的组织化程度;可以用年交易量、年资金量及资金周转率等指标来反映经销商的组织化程度;可以用年产能及其利用率、年销售收入、市场占有率等指标来反映加工企业的组织化程度。

粮食供应链主体间的关联程度是指粮食供应链各节点主体之间的联结关系程度,体现为将原本分离的供给、流通、需求等供应链各个环节紧密联系起来的程度,它决定了粮食供应链网络的聚集程度以及模块之间的连接强度,也决定了粮食供应链网络优化的空间。粮食供应链主体间关联程度指标的选取,应能反映出供应链节点主体之间联结的紧密程度,主要包括:透明性(信息共享)、协作性(服务支持)、同步性(并行工程)、智能性(群体决策)、柔性与敏捷性等,应能体现出节点主体之间交易成本的减少和供应链绩效的增加。

粮食供应链结构型脆弱性的程度,取决于上述供应链主体组织化程度和供应链主体间关联程度两个变量所达到的水平和结合的程度。在这两个变量的共同影响下,会演化成高、中、低等不同程度的结构型脆弱性,如图4-5所示。常态下的粮食供应链管理目标就是降低供应链结构型脆弱性,形成具备运作效率高、关系协调的粮食供应链网络结构。

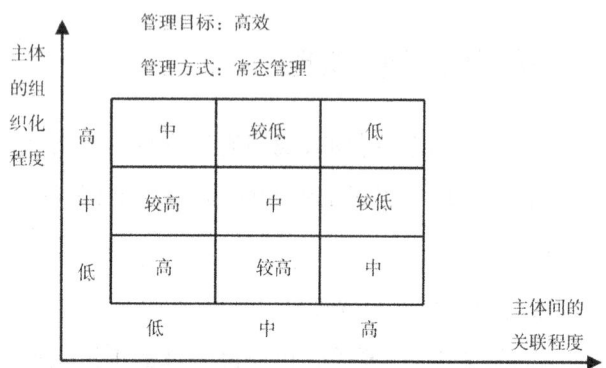

图 4-5　粮食供应链结构型脆弱性的演化

(2)粮食供应链胁迫型脆弱性的演化

粮食供应链胁迫型脆弱性主要受到供应链的风险承受能力和风险强度两个变量的影响。

粮食供应链的风险承受能力主要由粮食供应链的自适应能力、风险预警能力和应急能力决定的,风险承受能力的变化是粮食供应链整合优化、协调发展的结果。如果把粮食供应链各个参与主体抽象成节点,把各个主体之间的相互关系(物流、资金流、信息流)抽象成节点之间的边,则粮食供应链可以看作是一个复杂网络,可以用网络弹性(network resilience)来解释粮食供应链的风险承受能力,以及用节点连通度和链路连通度两个指标来衡量网络弹性。

节点连通度又称为网络连接度(connectivity),是使网络不连通所应去掉的最少节点数。对于一个连通网络 $G$,设 $CN_{ij}$ 为断开节点对 $(i,j)$ 所有通路所需去掉的最少节点数,那么网络的连接度为:

$$CN = Min\{CN_{ij}\}$$

链路连通度又称为网络黏聚度(Cohesion),是使网络不连通所应去掉的最少链路数。对于一个连通网络 $G$,设 $CH_{ij}$ 为断开节点对 $(i,j)$ 所有通路所需去掉的最少链路数,那么网络的黏聚度为:

$$CH = Min\{CH_{ij}\}$$

风险强度则是粮食供应链内外部风险因子相互耦合的结果,可以下列公式来描述:

$$\sigma^2 = \sum_{i=1}^{n}\sum_{j=1}^{n} k_i k_j \sigma_i \sigma_j \rho_{ij}$$

其中,$\sigma^2$ 表示粮食供应链所处风险的强度,$\sigma_i$、$\sigma_j$ 分别为风险事件 $i$、$j$ 的风险值,$k_i$、$k_j$ 分别为风险事件 $i$、$j$ 在风险事件组合中的权重,$\rho_{ij}$ 为风险事件 $i$ 和 $j$ 的相关度,$-1 \leqslant \rho_{ij} \leqslant 1$。当 $0 \leqslant \rho_{ij} \leqslant 1$ 时,两种风险之间存在正相关,相互叠加后风险放大,产生 "1+1>2" 的耦合效果。当耦合达到一定阈值时,会产生突变并变异为另一种性质的风险,这种耦合效应称为"强耦合",它会使得新风险的扩散速度更快、强度更大、影响范围更广。

粮食供应链胁迫型脆弱性的程度,取决于上述供应链风险承受能力和风险强度两个变量所达到的水平和结合的程度,会演化成高、中、低等不同程度的胁迫型脆弱性,如图 4-6 所示。对于粮食供应链胁迫型脆弱性的控制,属于非常态管理的范畴,管理目标是保障粮食供应链的安全、稳定运行。

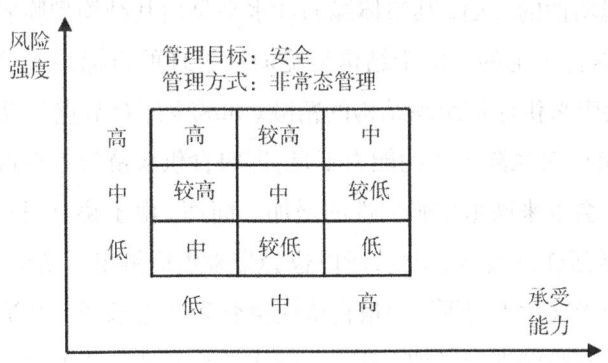

图 4-6　粮食供应链胁迫型脆弱性的演化

## 4.4 粮食供应链脆弱性的评估

### 4.4.1 粮食供应链脆弱性的适度区间

供应链的治理机制有别于市场机制下的治理,通过组建供应链,形成长期合作伙伴关系,各参与成员通过沟通与合作,增加彼此之间的信任,可以减少交易风险,克服人的有限理性,避免因过多的讨价还价而引起交易费用上升,从而带来交易成本的节约和供应链绩效的上升。当今,供应链管理的理念已深入到各行各业,但是在追求供应链精细化管理模式的同时,随着自然、社会和市场环境的变化,现代供应链显得比以往任何时候都更加脆弱(Wagner 和 Neshat,2010),即供应链管理在追求绩效的同时,使得供应链更加精简、缓冲空间更少(如实施 JIT、VMI、外包制造等战略),从而导致供应链正常运行时所容许的误差幅度更小,供应链运作更易受到干扰而中断,并且中断后的代价更加高昂(Hauser,2003;Lee,2004)。

与所有的供应链一样,粮食供应链也是一个由组织和人组成的社会经济子系统,存在着其脆弱性的一面,其整体脆弱性水平是由其结构型脆弱性程度和胁迫型脆弱性程度综合决定的。由于结构型脆弱性管理的目标是追求供应链运作的高效率,所以会带来供应链组织结构的精减(如减少库存节点),从而不可避免地造成粮食供应链应对风险干扰的能力不足,即粮食供应链管理在追求降低结构型脆弱性的同时,会带来胁迫型脆弱性的增加。同理,由于胁迫型脆弱性管理的目标是追求供应链运作的稳定、安全,所以也会带来供应链组织结构的冗余,从而造成粮食供应链运作效率的下降,即粮食供应链管理在追求降低胁迫型脆弱性的同时,会带来结构型脆弱性的增加。因此,结构型脆弱性与胁迫型脆弱性之间存在一种类似"悖反"的效应,粮食供应链管理过程就是一个在结构型脆弱性与胁迫型脆弱性之间进行适度平衡的过程,通过常态管理降低结构型脆弱性,通过非常态管理降低胁迫型脆弱性,保障粮食供应链运作既相对高效又相对安全、稳定,如图4-7所示。

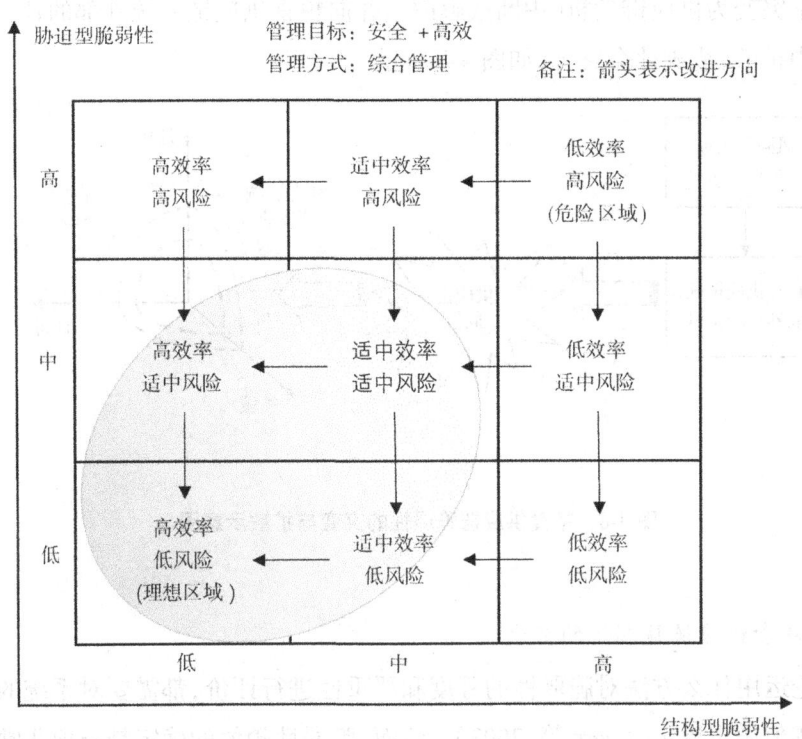

图 4-7 粮食供应链脆弱性整体评价与改进方向示意图

备注：图中灰色区域可以理解为粮食供应链脆弱性的适度区间。由于"悖反"效应,同时实现低结构型脆弱性和低胁迫型脆弱性的目标是困难的,因此,把该区域称为脆弱性改进的理想区域。

## 4.4.2 粮食供应链脆弱性的致灾影响

当前研究一般认为供应链脆弱性是由风险因素引发的使供应链暴露的一种严重功能障碍,或对供应链可能造成的破坏性,主要从"风险水平→脆弱性程度"的角度进行分析。笔者认为脆弱性作为粮食供应链中固有的一种属性,即粮食供应链脆弱性具有客观性的特征,也需要从"脆弱性程度→风险水平"的角度分析供应链脆弱性与风险之间的关系,认为内外部扰动因素的变化会引发粮食供应链脆弱性的表现,同时粮食供应链脆弱性在形成和积聚后,如果控制不当,会在突发事件的刺激下突变为供应链危机(中断或解散),并向粮食供应链系统外部的社会和经济环境中扩散,造成社会灾害,如图4-8所示。

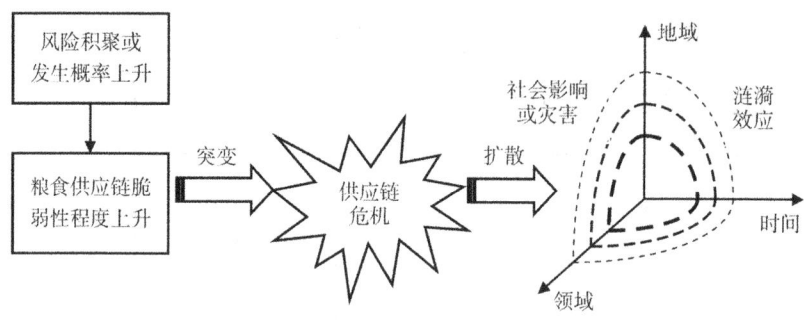

**图4-8 粮食供应链脆弱性的突变与扩散示意图**

(1)粮食供应链脆弱性的突变

无论运用什么方法对脆弱性的程度和严重性进行评价,都需要对系统的临界状态或阈值做出界定(Luers等,2003)。然而,脆弱性阈值的确定是一项非常棘手的工作,不同扰动背景、不同时期、不同状态的研究对象,其脆弱性阈值的时空差异性可能会很明显,衡量方式也会不同。由于本书的研究局限性,我们只是将突变论的观点引入粮食供应链脆弱性研究中,并不能对其脆弱性阈值的确定做定量计算,这也将是笔者未来研究的方向之一。

法国数学家勒内·托姆(Rene Thom)提出的突变论(catastrophe theory)是以系统结构稳定性作为出发点,运用拓扑学等数学工具,研究连续发展过程中出现突然变化的现象,以及连续变化与突然变化之间关系的理论。突变论认为,一个突变包含两个最基本的参数:控制变量和状态变量,可以用势函数来描述。势函数表示系统的任一状态是控制变量与状态变量的统一,当控制变量不变时,状态变量处于稳定态;当控制变量变化时,状态变量随之变化。勒内·托姆(1989)经过严格数学推导发现,在控制变量不多于4个时,会出现7种基本形式的突变,可以求出每种突变的势函数、分歧集和平衡曲面的方程,并可以画出直观的数学模型图,但这些模型基本属于描述性的,真正突变区域的确定尚属一个世界难题。

我们将粮食供应链运行的稳定性作为状态变量(用 $x$ 表示),将粮食供应链结构型脆弱性和胁迫型脆弱性分别作为两个控制变量(分别用 $u$ 和 $v$ 表示)。依据突变论,研究只有一个状态变量时的突变属于尖点类型突变,在尖点类型突变中有两个控制变量的模型称为尖角突变模型,因此我们尝试利用尖角突变模型来解释粮食供应链危机的产生,如图 4-9 所示。

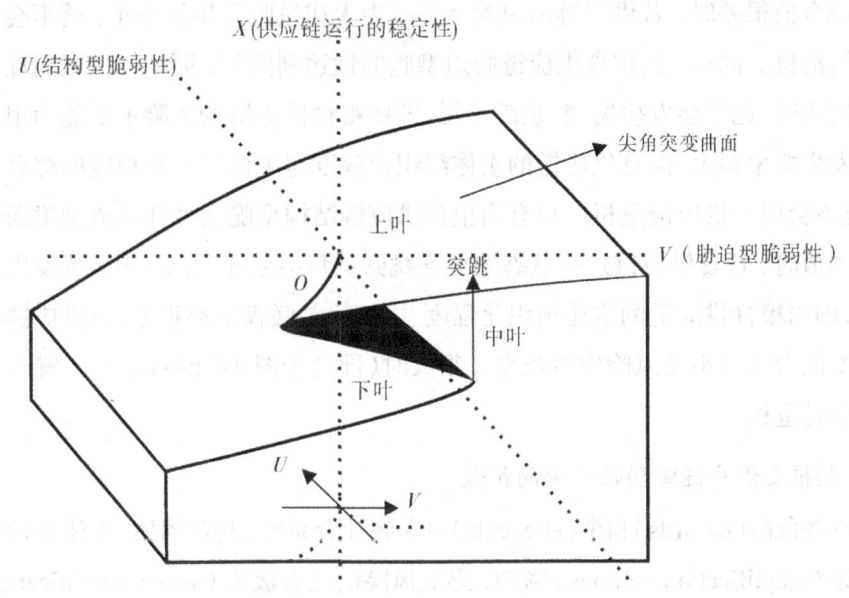

图 4-9　粮食供应链危机的尖角突变模型示意图

从图 4-9 中可以看到,尖角突变曲面是由控制变量 $u$、$v$ 确定的平面,当控制变量 $u$、$v$ 发生变化时,状态变量 $x$ 随之发生变化。尖角突变曲面的上叶和下叶表示粮食供应链运行状态稳定,中叶表示粮食供应链运行状态产生突变,如供应链中断或解体,即发生供应链危机。折叠处投影在平面上的尖角区域称为尖角突变模型的分歧集,当控制变量在该分歧集范围内就会产生突变,导致供应链危机。因此只要控制变量在阈值范围内,状态变量的变化就会在稳定范围内,即状态维持在一个稳定平面。但当控制变量在分歧集范围内时,供应链的运行状态就会发生突变,这种情况就是控制变量都已达到各自阈值,它们之间相互作用导致突变发生,即状态变量稳定性遭到破坏。

粮食供应链结构型脆弱性和胁迫型脆弱性各有一个阈值,分歧集的边界即临界状态。当粮食供应链结构型脆弱性和胁迫型脆弱性都没有达到阈值时,粮食供应链不会发生危机,即保持在尖角突变曲面的上、下叶区域。如果只是粮食供应链结构型脆弱性达到阈值,而胁迫型脆弱性没有达到阈值时,粮食供应链运行的稳定态不会被破坏,也就是说,当粮食供应链的主体组织化程度和主体间关联程度的综合值很差时,若供应链的风险承受能力大或风险发生概率小,就不会产生供应链危机。同理,当粮食供应链胁迫型脆弱性达到阈值,而结构型脆弱性没有达到阈值时,也不会发生突变,也就是说,即使粮食供应链的风险承受能力很小或风险发生概率很大,但是供应链的主体组织化程度与主体间关联程度的综合值很强,也不会引发供应链危机。只有当粮食供应链结构型脆弱性和胁迫型脆弱性都达到阈值时,粮食供应链运行状态才会突跳到尖角突变曲面的中叶,爆发供应链危机,即当粮食供应链的主体组织化程度、主体间关联程度都很差,且供应链的风险承受能力又很小及风险发生概率又很大时(即处于图4-9的右上角区域),会引发供应链危机。

(2)粮食供应链脆弱性影响的扩散

有些危险(hazards)和事件(events)会受到社会系统、利益团体、媒体等构成的放大站(amplification stations)影响,形成风险的社会放大(social amplification of risk),导致超出其本身影响范围的次生"涟漪效应"(ripple efforts)(Kasperson等,1988)。由于粮食行业的特殊性,粮食供应链脆弱性如果控制不当,会使得突变后引发的危机在空间和时间维度上快速扩散,变异为国民经济风险、社会风险甚至政治风险。

首先,粮食供应链危机在地域和行业领域存在空间溢出效应。粮食供应链危机发生后,会在空间上迅速扩散,使得更大范围的人群和其他行业受到影响。一方面,一个地区的粮食供应链发生危机,不仅会影响本地区居民的消费行为,而且还会引起其他地区居民的心理恐慌,出现更大范围的社会影响甚至灾害。另一方面,粮食行业在国民经济中处于基础地位,粮食供应链发生危机,出现中断甚至解散的现象,会导致国民经济中的众多行业出现问题,例如,粮价上涨会导致下游产品价格的上涨,最终导致社会整体物价水平的上涨。

其次,粮食供应链危机在时间上存在递延效应。一方面,由于粮食生产的季节性和粮食消费的基础性,粮食供应链系统一旦发生危机,其影响很难在短时间内消除,而是会延续很长一段时间。同时粮食供应链危机也会滞后地影响到下游的相关产业,并形成连锁反应,对国民经济运行产生"延后"影响。另一方面,虽然影响程度会随着时间的推移而淡化,但是粮食供应链危机的影响会在代际间延续,在危机过后的很长时间内影响人们的思维和行动。这些可理解为粮食供应链危机在时间层面上的"溢出"。

风险在粮食供应链网络中传导时,如果风险因子与脆弱性的"耦合"强度接近粮食供应链的承受能力,此时若不能得到有效控制,就会引发供应链危机,造成粮食供应链的中断或解散,并进一步由粮食供应链的内部危机演变为系统外部其他性质的风险,如国民经济风险、社会风险甚至是政治风险。反之,如果能通过"去脆弱性"建设,一方面提高粮食供应链的自组织、自适应、自调节等风险释放能力;另一方面减弱甚至阻断粮食供应链中风险与脆弱性的耦合,使之处于"弱耦合"或"零耦合",则粮食供应链将处于安全稳定的状态,如图4-10所示。

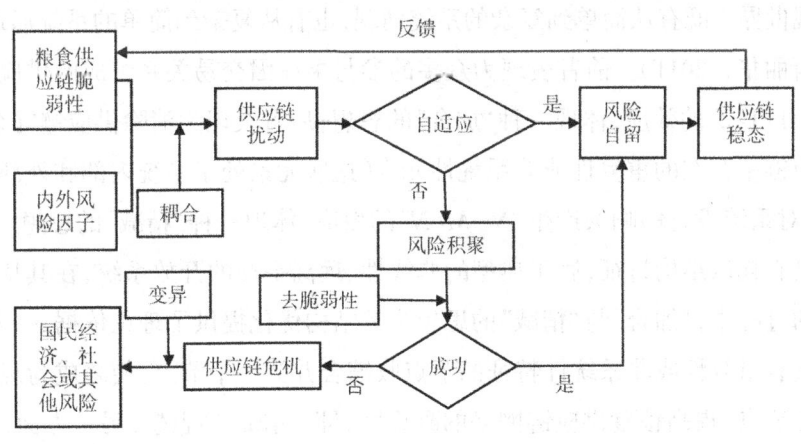

图4-10 粮食供应链"脆弱性→风险"的分析示意

## 4.5 粮食供应链去脆弱性

### 4.5.1 优化网络结构：降低粮食供应链结构型脆弱性

由第4.3节可知，降低供应链结构型脆弱性作为常态下粮食供应链的管理目标，就是通过提高节点主体的组织化程度和节点间的关联程度，改善粮食供应链的运作效率。粮食供应链作为一个由巨量节点主体（农户、经销商、加工企业和国有储备库）因供需关系而组成的复杂网络系统，一方面，与一般复杂系统一样，会在一定程度上表现出"整体大于部分之和"的涌现特征；另一方面，相较于一般复杂系统，粮食供应链系统的冗余现象更为明显，例如，存在数量极多的小农群体、大量产能落后的小微型加工企业、管理粗放的国有储备系统，以及流程重叠、库存高企等现象，这些都是构建高效粮食供应链的障碍。

客观世界里既有从简单到复杂的系统涌现，也有从复杂到简单的系统涌现（张英华和蒋丽华，2011）。前者表现为众多的参与主体因交易关系组成的供应链系统，产生"1+1>2"的效应，体现一种"加合"的思想；后者表现为消除供应链冗余，即精减供应链中存在的重复性或非系统性元素（这些元素处于系统内部和外部时是一样的，对系统没有影响），产生"$N-M>N$"的效应，体现一种"精减"的思想。粮食供应链具有耗散结构特征，属于典型的非线性、远离平衡的开放系统，在其从无序到有序的过程中，"加合"与"精减"的思想为其结构优化提供了理论依据。一方面，将一些具有重复性或非系统性特征的节点收缩合并为一个节点，使之成为规模化的系统性节点，提高粮食供应链网络的凝聚度，即"精减"的思想；另一方面，加强节点之间的联系纽带，建立信息和利益的共享机制，提高粮食供应链网络的一体化程度，即"加合"的思想，从而涌现出更高的粮食供应链运作绩效。

(1) 提高节点主体的组织化程度

一是通过农业适度规模经营，推进小农户、个体粮贩融入现代粮食供应链。农户作为粮食生产的基本单位，在粮食供应链中处于基础性地位。正如第2章所述，当前我国农户"小规模、大群体"的特征明显,分散经营,势单力薄,加上整体文化素质比较低,是粮食供应链上最弱势的群体,也是粮食供应链网络中最易松散脱节的节点。培育新型农业经营主体,提高农户群体的组织化程度,走适度规模经营之路,是帮助小农融入现代粮食供应链的有效途径:首先,在当前和今后很长一段时期,小农生产和家庭经营仍将是我国粮食生产和农业经营的主要方式,"大国小农"的特征将长期存续,而家庭经营内生的灵活决策机制以及自觉的行为响应和自我激励机制,使得家庭经营方式在粮食生产活动中具有天然的合理性和组织优势(罗必良,2017),因此,发展家庭农场是提高农户组织化程度的重要途径,也是2013年中央一号文件里首次提出的新思路。其次,鼓励农户就近加入或组建农民专业合作社,合作社作为一种聚合性的市场主体,起着组织协调各分散经营农户的作用,解决一家一户农民在粮食生产与流通过程中共性的问题,或者农户做不好、做不了的事情,实践证明,农民专业合作社在提高农户组织化程度、维护农户权益方面发挥了重要作用,是把小农引入现代粮食供应链的重要力量。再次,随着粮食生产经营方式向以规模化、专业化、市场化为特征的现代粮食供应链运作方式演变,使得一家一户式的农户——这一传统的、基本的粮食生产经营单元越来越不适应粮食生产经营的职业化要求,组建新型的粮食生产经营社会化服务组织,如农民专业合作社联合社,是进一步提高农户组织化程度、促进小农融入现代粮食供应链的有力手段和创新方向。

二是培育具备现代供应链管理理念的粮食加工产业化龙头企业。粮食加工企业一头连着粮食生产、牵动农户,另一头连接城乡居民的餐桌,是粮食初级产品的第一和主要销售对象,也是粮食生产结构调整的引导和带动力量,处于粮食供应链上最具产品价值增值的环节,还是提高我国粮食产业竞争力的关键环节,属于粮食供应链网络系统中的重要节点。正如第2章所述,当前我国粮食加工企业"多、散、小"格局明显,急需提高其组织化程度:首先,以资产、资源、市场、品牌为纽带,引导和推动粮食企业强强联合,跨地区跨所有制的兼并、重组、收购、控股等,打造具有现代供应链管理理念的产业化龙头企业,使之成为粮食供应链的核心企业;其次,从分散无序的企业布局向有序集中的产业化聚集模式发展,支持主产区发展粮食精深加工转化,形成辐射范围大、带动能力强的粮食加工企业集群,通过相关主体在地理上的集中,促进粮食产业在区域内的分工与合作,提升粮食供应链的协作效率;再次,支持有条件的粮食企业"走出去",在粮食生产、加工、仓储和港口等环节开展国际供应链布局,成为具有国际竞争力的粮食集团和大粮商。

三是提高粮食储备系统的组织化程度。粮食储备节点是粮食供应链网络中一类非常特殊的节点,对保障粮食安全起着至关重要的作用。我国现有的粮食储备系统已形成由中央、省级、市级和县级储备并存、分级管理的格局,首先,从功能上看,上一级储备对下一级储备具有覆盖性,容易出现下一级政府"搭便车"的现象,导致上一级储备特别是中央储备粮规模不断扩大,造成财政资金沉淀、使用效率低下,形成上下级储备之间运行的脱节;其次,由于各地粮源情况和财政状况不一,也会造成各地粮食储备在时空和力度上难以协调一致,形成同级地方储备之间运行的脱节;再次,在企业运作方面,承担储备任务的企业既是自主经营、自负盈亏的市场主体,又须按照政府下达的收储和轮换计划在规定的时间内进行收购和实施轮换,承担保障粮食安全的政策性任务,虽然这些操作基本是在粮食市场上开展的,但是企业在应对市场行情变化时的灵活性会受到影响,形成承储企业运营与市场的脱节。因此,要加快粮食储备系统的改革步伐,正确认识和区分收购、轮换与宏观调控、企业正常经营的关系,解决上述"三个脱节"问题,形成高效的粮食储备运行机制。

(2)提高节点间的关联程度

一是促进粮食供应链合作伙伴全面协同。如果说提高节点主体的组织化程度是"精减"思想在粮食供应链网络结构优化中的体现,那么提高节点间的关联程度体现出的是"加合"思想。粮食供应链运作的效率和稳定性依赖于各节点主体之间建立起以信任、合作、共赢为基础的联结机制,合作伙伴全面协同是粮食供应链网络全局稳定和高效运作的组织保障。首先,全面协同是从个体价值到局部价值再到整体价值不断增长的过程,是节点成员突破自身发展极限、获取持续成长能力的过程;其次,全面协同还是从作业层到管理层再到战略层的业务流程协同、管理职能协同和利益目标协同;再次,全面协同也是节点成员之间从短期合作到中期紧密合作再到长期战略联盟的过程。

二是建立粮食供应链信息共享平台。信息共享是粮食供应链网络全局稳定和高效运作的技术基础。通过信息共享平台,将粮食的生产、流通、消费等环节结合起来,形成"产购储加销"一体化运作,各个环节之间无缝链接,实现粮食供应链全程的可视性,使粮食供需信息准确及时地送达供应链中的相关节点主体,提高粮食供应链的柔性。粮食供应链各环节的信息化建设是实现信息共享的基础。与合作伙伴全面协同的阶段相适应,粮食供应链信息化建设过程也应该由里而外,由供应链核心业务活动信息化向整体业务活动信息化发展,分为作业信息共享层、管理信息共享层和战略信息共享层三个层面。

三是建立粮食供应链利益分配机制。利益分配机制是粮食供应链网络全局稳定和高效运作的制度保障。因为节点成员追求的目标是自身利益的最大化,这可能和供应链追求的是系统整体利益最大化的目标相违背。因此有必要建立一种利益分配机制,对为了实现系统目标而使个体目标受损的成员给予一定的补偿,这种补偿来自从供应链系统优化中获益较大的那些节点成员。但是这样的分配并不是此消彼长的过程,要体现"1+1>2"的效应,即先把蛋糕做大,再按照收益与风险相匹配的原则进行分配、实现共赢。例如,"加工企业+合作社+农户"模式不再是加工企业与农户之间单一的契约关系,两者之间的利益关系随着合作深度的不同可以进一步细分:加工企业领办合作社与农户对接(两者间建立起长期契约),加工企业与农户合办合作社(两者间通过股权联结成新的联合体),农户自办合作社与加工企业对接(农户由被动地位转为主动地位),农户自办合作社、合作社自办加工企业(以农户为主体的纵向一体化)。

### 4.5.2 控制风险传染:降低粮食供应链胁迫型脆弱性

由第 4.3 节可知,降低供应链胁迫型脆弱性作为非常态下粮食供应链的管理目标,就是通过提高粮食供应链的自适应能力、风险预警能力和应急能力,保障粮食供应链运作的安全、稳定。如何采取有效措施控制突发风险在粮食供应链中的传染,以降低或减少突发风险给粮食供应链带来的破坏性或效率方面的损失,是粮食供应链风险传染控制的重要内容和目标,应贯穿于突发风险产生、扩散和响应的全过程。

一方面,突发风险的传染既与粮食供应链复杂网络的宏观结构特征有关,又与粮食供应链复杂网络的微观主体行为相关。因此，粮食供应链风险传染控制既需要从宏观管理层面提高粮食供应链网络结构的风险承受能力，并构建科学的风险处置决策机制；又需要从微观操作层面提升粮食供应链节点成员之间的风险预警能力和应急联动能力。另一方面，按照突发风险的传染过程，粮食供应链风险传染控制，既需要从事前预控的角度增强粮食供应链风险传染的免疫系统和预警系统，以防止突发风险的爆发和传播，又需要从事发响应的角度建立粮食供应链风险的处置决策机制和应急联动机制，以防止突发风险的蔓延而导致供应链运作中断甚至解散。

为此，从两个维度展开对粮食供应链风险传染的控制：一个是粮食供应链风险传染控制的行为层面，包括宏观管理层面和微观操作层面；另一个是粮食供应链风险传染控制的时间序列，包括事前预控和事发响应，如图 4-11 所示。

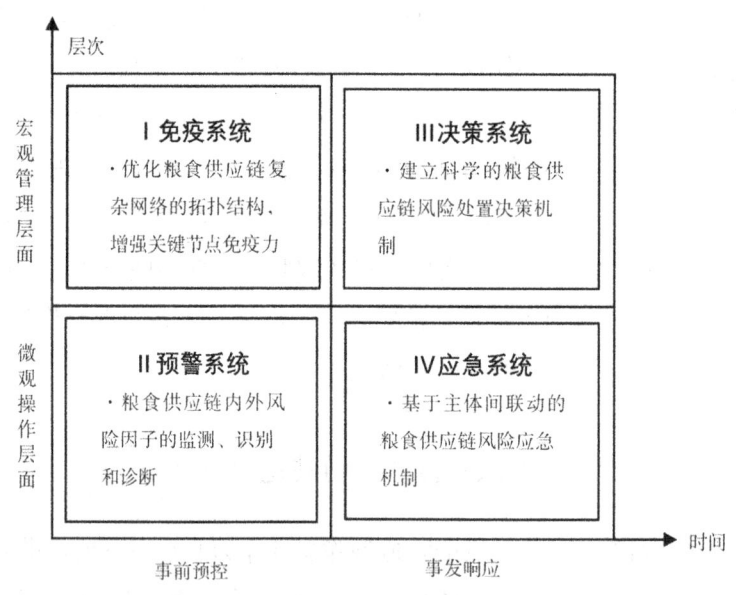

图 4-11 粮食供应链风险传染控制体系的概念框架

（1）提高网络的风险承受弹性

粮食供应链网络的风险承受弹性是指粮食供应链系统受到突发事件冲击时，

仍然能维持其系统功能和原有状态稳定性的能力(鲁棒性),以及快速恢复到正常运行状态的能力(敏捷性)。根据复杂网络理论,可以从网络节点、路径和全局结构三个方面提出提高粮食供应链风险承受弹性的策略:一是增强关键节点的免疫力。节点的重要性可以用节点度值来度量,一个节点的度值越高,表明与它联结的节点越多,该节点越重要,其失效后对网络的影响越大,提高该类节点的风险免疫能力,使其尽可能地维持正常运营,能够有效控制突发风险的传染效应。二是增加网络的敏捷性。敏捷性可以用网络的平均最短路径长度来度量,具有较短平均最短路径长度的网络具备更好的敏捷性,能够使得网络在遭受突发事件干扰后较快恢复到正常状态。三是提高网络的鲁棒性。鲁棒性可以用网络的凝聚度来度量,网络凝聚度越高,说明网络的备选路径越多,在遭受突发事件干扰后网络节点间联结关系重构越容易,即从网络中移走某些节点及与这些节点相连的所有边后,仍然可以维持剩余节点间的连通性,粮食供应链运作不会出现中断。

(2)建立风险的日常监测机制

粮食供应链风险的监测分析,是对诱发粮食供应链运作失控的内外扰动因素进行监测、识别与诊断并做出预警的管理行为。监测、识别与诊断是有前后因果关系的三个环节:首先,监测是对粮食供应链运作绩效的全过程、全方位监视,监测信息为整个预警管理系统所共享,监测的关键点包括:供应链运作状态分割点(供应链运作由最佳状态开始滑落的点)、绩效波动下转点(供应链绩效由正转为负的点)、绩效波动转折点(供应链绩效失常的最低点,也是危机状态的发生点)和绩效波动上转点(供应链绩效由负转为正的点)。其次,识别是对粮食供应链运作面临的各种风险因子进行归类、辨识的分析过程,需要解决好三个问题:一是供应链运作中存在哪些风险;二是这些风险产生的原因;三是这些风险的性质与特征。再次,诊断是对粮食供应链风险发生的可能性、可能损失的范围与程度进行估计与度量,不仅要考虑风险带来的经济损失,而且还要考虑诸如信任危机、声誉下降等无形的非经济损失,为后续做出有效的风险处置方案提供决策依据。

(3)建立风险的处置决策机制

风险处置是对粮食供应链突发风险事件进行及时矫正、避防和控制的管理活动,降低供应链风险向供应链危机转化的概率,避免或减少由此造成的损失。经典的 4T 风险处理方法可以为此提供思路。一是供应链风险规避(terminate),即中断供应链风险源,使其不致发生或遏制其发展,从根本上排除风险因素干扰粮食供应链运作,例如,在社会信用普遍较差的环境下采取现款现货交易方式,或在对未来行情无法判断的情况下选择期货交易方式等。二是供应链风险控制(treatment),即在供应链风险发生之前降低其发生的概率,在供应链风险发生之后降低其造成的损失,这种方法主要针对诸如企业内部管理失误等节点内生风险(这类风险可控性强),以及诸如供给或需求的不确定性等供应链节点间的风险(这类风险可以通过合作伙伴评价、需求预测等手段达到部分可控)。三是供应链风险转移(transfer),即对某些无法控制的供应链外部风险(如自然灾害、市场波动)采取农业保险的方式转嫁风险成本,而对某些难以控制的供应链节点间的风险则采取非保险转移风险的方式(如业务外包、信用担保等)。四是供应链风险承担(tolerate),即因为可能会获得高回报而甘愿冒险承担风险,或者面对无法回避的供应链外部风险(如粮食政策调整)而只能吸纳接受,风险承担的方式分为分担和自担两种,前者需遵循风险与收益相平衡的原则。

(4)建立风险的应急联动机制

应急联动是当粮食供应链风险无法有效规避、控制、转移、承担而将陷入供应链危机时采取的一种非常态管理方式,通过成立应急指挥与协调机构,提出应急对策方案并组织实施,直至危机化解。具体来讲,粮食供应链危机的应急联动机制包括制度层、数据层、决策层和操作层四个层次,如图 4-12 所示。其中,建立应急预案对策库是一项先期性工作,也是一项进攻性的行动,而不是防御性的措施,它要求编制者能预见危机发生的各种可能性,并能给出切实可行的解决方案与流程,还要具备危机模拟的功能,进一步检验粮食供应链各环节的应急响应能力以及完善应急预案对策库。

第4章　粮食供应链脆弱性的定性研究

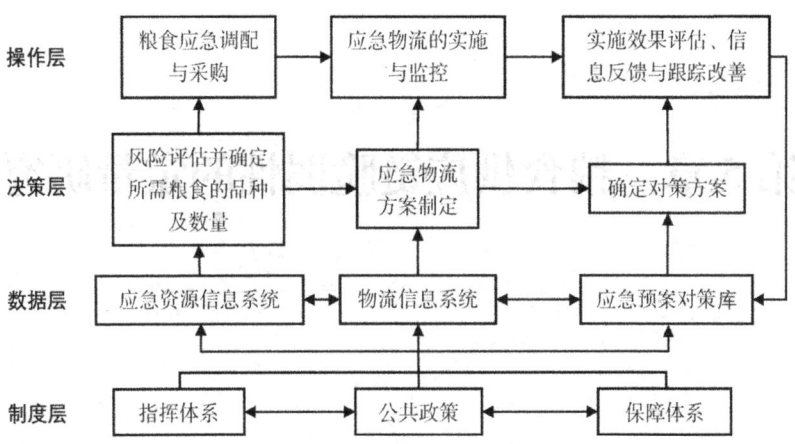

图 4-12　粮食供应链危机的应急联动机制示意图

# 第 5 章　粮食供应链脆弱性的定量研究

粮食供应链是由大量具备不同特征、地域分布明显的参与粮食交易主体联结而成的复杂社会经济系统,各参与主体承担相应的功能并基于一定的交易规则相互协调形成有序的"网链结构",自然、政策、市场等环境因素不断影响着各主体间复杂的相互关系。除具有一般复杂系统、一般供应链网络的基本特征之外,粮食供应链还具有其独特的复杂网络特性。为了准确刻画其网链结构,并对其网链结构的局部及全局性能进行分析和判断,需要选择合适的理论与方法来定量分析粮食供应链脆弱性问题。

## 5.1　粮食供应链复杂网络模型的构建

复杂网络作为研究复杂系统的工具,已经成功地应用于多个领域,该方法的优势在于能够揭示系统结构和功能之间的联系,全面描述复杂系统的动力学特征。粮食供应链由大量自治主体构成,主体间存在复杂的相互关系,在供应链内部和外部存在大量不确定性因素的影响,进一步使其局部与整体功能呈现出动态变化的特性。因此,本书选择复杂网络理论作为建模分析的基础,描述粮食供应链脆弱性产生的机理与特征。

## 5.1.1 建模思路

(1)建模拟解决的关键问题

① 粮食供应链结构的多周期演化过程。

粮食生产特性所造成的粮食供应链"供给驱动"特征,导致粮食政策因素、自然环境因素等的影响作用通常会滞后体现在粮食供应链运作中,并对粮食生产、流通的多个周期造成影响。因此,本书所构建的仿真模型,需要合理设置供应链各参与主体的决策函数,全面刻画参与主体间交易关系的形成及变化,继而分析粮食供应链网络结构及相关性能在多周期内的演化机理及过程。

② 国有储备库的作用。

国有储备库"蓄水池"的作用,既为粮食供应链网络增加弹性,又会因库存占用大量财政资金而影响效率。现代供应链管理强调基于能力和效率的合理匹配,本书用仿真方法描述国有储备库在匹配粮食供需、实现国家粮食调控目标、应对环境因素变化等方面的作用,通过计算国有储备库持有库存占用的资金额,力图找到粮食供应链效率和能力匹配的合理区间。

③ 粮食政策因素的影响。

为保障粮食安全,国家制定的有关粮食生产、价格、流通、贸易和储备方面的政策,会直接或间接影响粮食供应链网络上各节点主体的决策及收益,并且这种影响是非线性的。仿真模型中需要引入系统动力学方程来进行合理描述,以便准确刻画这些因素对粮食供应链网络局部的影响以及整体涌现出的变化。

④ 随机因素的影响。

虽然粮食政策因素对于粮食供应链中各节点主体的影响具有一定的随机性,但是从供应链整体来看是置于国家粮食调控体系之中,具有较强的确定性。而自然灾害、节点主体内部出现的例外事件等则具有很大程度上的随机性。本书所构建的仿真模型,需要在刻画粮食供应链网络运行机理的同时,通过引入离散事件来描述这些随机因素,并对其作用进行分析。

## （2）基本假设

本书通过合理设置粮食供应链各参与主体的特性及决策函数，构建包括六个周期的粮食供应链复杂网络仿真模型，其中第三个周期和第六个周期，国有储备库按照国家储备管理规定进行库存粮食轮换，轮出的粮食以顺价拍卖方式进行交易。该仿真模型根据粮食供应链中各参与主体状态的变化规律、最低收购价、进口价格、市场平均交易价格等外生环境变量的变化，以新粮上市为每个周期的起点，并将每个周期再设置为6个阶段，在每个阶段设置各相关参数，模拟主体间的交易过程。

表5-1为单个周期内的仿真概念模型及基本假设。仿真模型将环境设置为一类特殊主体，最低收购价、进口价格、进口量等环境因素通过该类型主体属性参数的方式引入仿真模型中。农户在第1阶段出售新粮，并在该阶段出清所有库存，退出后续阶段。经销商在第1阶段向农户收购粮食，后续阶段出售粮食，在本周期结束时出清所有库存。加工企业在整个周期内进行粮食收购，交易对象为农户、经销商和国有储备库。国有储备库在第1-3阶段收购粮食，交易对象为农户、经销商，在第2-6阶段进行库存粮食拍卖。

### 表5-1 仿真概念模型及假设

| 周期 | 参与主体 | 状态 | 交易流程 |
|---|---|---|---|
| 第1阶段 | 环境 | | |
| | 农户 | 出售粮食 | |
| | 经销商 | 收购粮食 | |
| | 加工企业 | 收购粮食 | |
| | 国有储备库 | 收购粮食 | |
| 第2-3阶段 | 环境 | | |
| | 农户 | 离场（前一阶段出清粮食） | |
| | 经销商 | 出售粮食 | |
| | 加工企业 | 收购粮食 | |
| | 国有储备库 | 收购粮食、拍卖库存粮食 | |

续表

| 周期 | 参与主体 | 状态 | 交易流程 |
|---|---|---|---|
| 第4-6阶段 | 环境 | | 售出给收益最高者 → 经销商 ← 出价 → 加工企业 ← 拍卖 ← 国有储备企业 |
| | 农户 | 离场 | |
| | 经销商 | 出售粮食 | |
| | 加工企业 | 收购粮食 | |
| | 国有储备库 | 拍卖库存粮食 | |
| 说明 | 1.六个周期分别重复以上6个阶段流程；<br>2.每个阶段将对相关参数按照一定的规则进行赋值。 | | |

## 5.1.2 建模方法及软件选择

（1）建模方法选择

本书研究重点在于探讨国家粮食供应链体系长期规划中所要注意的粮食安全问题，所构建的模型复杂程度高，需要进行多阶段模拟分析，涉及的因素类型众多并且不确定性强，因此本书选择采用仿真方法来构建粮食供应链网络模型，分析其脆弱性的形成机理和演化过程。

粮食供应链网络是一个多主体、多影响因素、非线性、非确定性的复杂动态系统，其中包含大量离散事件和连续流程，单一的仿真方法并不适用，需要结合系统动力学、离散事件和Multi-agent三种仿真方法，构建混合仿真系统。即将粮食供应链网络中的农户、经销商、加工企业以及国有储备库抽象为Agent，并将各Agent看作一个子系统，利用离散事件仿真方法建立各子系统的状态流程图，基于统一的仿真时间标准确定各子系统内部的事件发生时间，各Agent在离散事件触发后属性的变化则采用系统动力学方程进行描述，各环境影响因素按照既定的因果关系引入系统动力学方程中，形成对各Agent完整决策规则的描述。

（2）仿真软件选择

本书选择AnyLogic软件，因为它是一个可以满足系统动力学、离散事件和Multi-agent三种仿真方法混合建模的仿真平台。它是由XJ Technologies公司开发的、以Java语言作为开发基础的软件,运用领域包括金融、医疗、交通、制造、供应链、IT、行为动力学、生态动力学等。该软件是第一个将UML语言引入仿真领域的工具,将以往那些需要用程序来完成的模型图形化,用户友好性强,允许使用者通过Java语言来扩充模型以满足更复杂的仿真需要,并且通过网络浏览器来开启模型,方便远程交互。

### 5.1.3 模型构建

(1)Agent类型划分及功能属性

模型中各类Agent群体均有多个节点,各类Agent的各个节点之间基于交易关系构成一个相互交织、复杂的分布式供应链,具有异质异构和弱耦合的特点,各节点主体具有决策和行动的相对独立性。

① 农户(Farmer)。

粮食生产者,主要承担粮食种植职能,以出售粮食获利为目标,其属性参数包括亩产量、单位种植成本、种植面积、位置。"亩产量"由农户种植水平决定,模型不考虑不同农户在该属性上的差异。"单位种植成本"与"种植面积"直接相关,属性值的设定表达为种植面积和平均种植成本的函数。"位置"直接影响粮食交易的成本,间接决定了农户可涉及的交易范围。农户在每个阶段决定所投入的种植面积。

② 经销商(Dealer)。

粮食交易中间商,现阶段以个体经纪人为主要形式。该类Agent在粮食上市阶段,主要从农户处收购,后期销售给加工企业或国有储备库,以粮食转售赚取差价为目标,其属性参数包括资金规模、交易范围、位置。"资金规模"指经销商可用于收购粮食的资金额度,决定经销商可收购粮食的数量上限。"交易范围"指收购粮食的地域范围,从现状看,个体经纪人一般服务于周边区域,超出范围的农户不作为其潜在交易对象,并且范围大小与经销商资金规模有关,该属性值的设定表达为资金规模和平均交易范围的函数。"位置"直接影响粮食交易的成本,间接决定了经销商潜在的交易对象。

③ 加工企业(Producer)。

作为粮食需求方,加工企业购入粮食作为原材料,加工处理后产出成品粮,其属性参数包括加工规模、交易范围、位置、成品粮需求量。"加工规模"确定加工企业粮食收购的上限,用该属性说明加工企业的经营规模。"交易范围"指加工企业收购粮食的地域范围,超出该范围的农户、经销商不作为其潜在交易对象,并且范围大小和加工规模有关,该属性值设定为加工规模和平均交易范围的函数。"位置"直接影响交易成本,间接决定了其潜在交易对象。"成品粮需求量"决定了加工企业的粮食收购规模。

④ 国有储备库(CountryStock)。

承担粮食收储功能,具体执行国家粮食收储的相关政策。按照现行政策,国有储备库不设置收购上限。模型中将设置国有储备库的位置,该属性参数影响交易成本。

⑤ 环境(Main)。

按照AnyLogic的仿真规则,运行环境作为一类特殊的Agent,根据需要设置该Agent的属性参数,包括最低收购价、进口价格、进口量、成品粮总需求量、粮食总库存量。环境Agent包含的各属性参数相对其他Agent而言是外生给定的,这些因素也影响他们的决策变量。通过合理设置环境Agent的各属性参数,可以更全面地描述政策、市场及其他外部环境因素对粮食供应链网络的影响。

各类Agent及其属性参数见表5-2。

表5-2 各类Agent及其属性参数

| Agent | 属性参数 | 说明 |
| --- | --- | --- |
| 农户<br>(Farmer) | 亩产量(productionF)<br>每亩种植成本(costF)<br>种植面积(rawcapability)<br>位置(distanceXF, distanceYF) | ①costF=rawcostF*(averagecapacityF/capacityF)*productionF;<br>②(distanceXF, distanceYF)为农户的横坐标和纵坐标;<br>③distanceXF=distanceXD+disFX,其中disFX为取值范围为[-10,10]的随机变量,distanceXD为对应经销商横坐标;<br>④distanceYF=distanceYD+disFY;其中disFY为取值范围为[-10,10]的随机变量,distanceYD为对应经销商纵坐标 |

续表

| Agent | 属性参数 | 说明 |
|---|---|---|
| 经销商（Dealer） | 资金规模(capabilityD)<br>交易范围(distanceMD)<br>位置(distanceXD,distanceYD) | ①distanceMD=rawdistanceMD*(capacityD/averagecapacityD);<br>②(distanceXD,distanceYD)为经销商的横坐标和纵坐标 |
| 加工企业（Producer） | 加工规模(capabilityP)<br>交易范围(distanceMP)<br>位置(distanceXP,distanceYP)<br>成品粮需求量(demandP) | ①distanceMP=rawistanceMP*(capacityP/averagecapacityP);<br>②(distanceXP,distanceYP)为加工企业的横坐标和纵坐标;<br>③demandP=(capabilityP/capabilityP)*demandTotal |
| 国有储备库 | 位置(distanceXG,distanceYG)<br>初始库存量(rawinventoryG) | (distanceXG,distanceYG)为国有储备库的横坐标和纵坐标 |
| 环境(Main) | 最低收购价(priceG)<br>进口价格(priceImport)<br>进口量(quantityImport)<br>成品粮总需求量(demandTotal)<br>粮食库存总量(inventoryTotal)<br>平均交易价格(priceAverage) | |

说明：

capacityF：表示农户的种植面积，为该类 Agent 的决策变量，其初始值为 rawcapacityF，在仿真运行前根据农户种植面积的实际赋值情况进行设置。

averagecapacityF：表示农户的平均种植面积，仿真运行过程中将根据设置分阶段赋值。

averagecapacityD：表示经销商的平均资金规模，仿真运行过程中赋值。

rawcostF：表示每亩种植成本的平均值，每期期初进行赋值。

priceAverage：表示市场平均交易价格，仿真运行过程中赋值。

inventoryTotal：在每个周期内的各交易阶段起始时刻进行计算并赋值。

(2) Agent 的决策过程

四类 Agent 间交易关系是否发生,主要根据收益情况进行决策。每个周期交易过程划分为 6 个阶段,各阶段参与主体的行为准则存在差异。

① 农户的决策过程。

新粮上市,农户等待经销商和加工企业的出价以及国家最低收购价的发布。根据收购方出价和运输成本,计算交易获利,选择获利最大者为交易对象。其交易行为由接收收购方实际出价触发,按图 5-1 所示流程完成交易。

② 经销商的决策过程。

新粮上市时,经销商对市场供需和最低收购价格进行判断,确定自己的收购价,并在固定区域内向农户收购新粮。经销商会将收购的新粮转售给加工企业,根据收购方出价和运输成本,计算获利,选择获利最大者为交易对象。经销商分别按图 5-2、图 5-3 所示流程完成粮食收购和出售。

③ 加工企业的决策过程。

在新粮上市阶段,加工企业设置收购点,按图 5-4 流程直接向农户收购。后期补充粮食库存则按图 5-5 流程向经销商收购;同时也参与国有储备库拍卖,按图 5-6 流程竞价收购轮换粮。

④ 国有储备库的决策过程。

新粮上市阶段,国有储备库根据国家发布的最低收购价格及质量标准,按图 5-7 流程不设上限收粮。后期根据轮换需要以及调控市场供需的指令,按图 5-8 流程以拍卖方式按顺价销售规则出售储备粮。

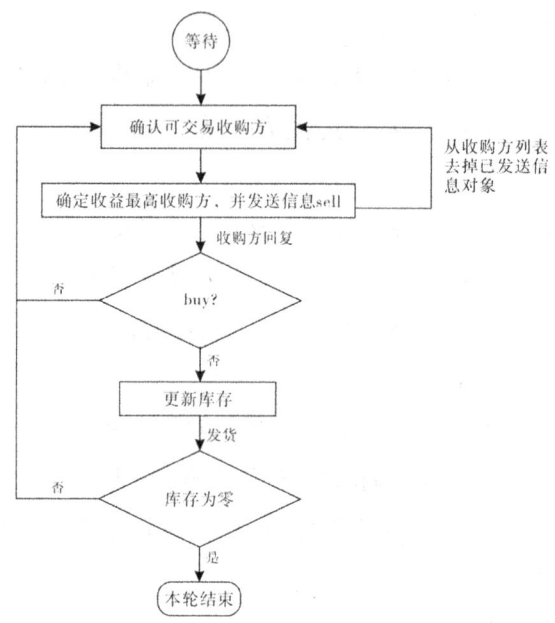

图 5-1　农户交易流程图

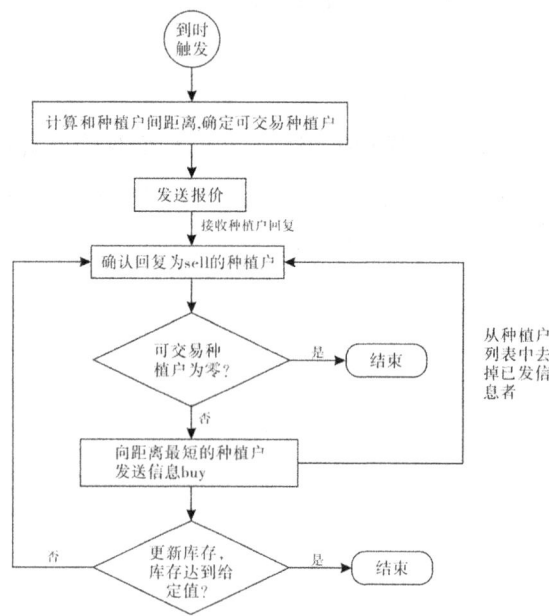

图 5-2　经销商收粮流程图

# 第 5 章 粮食供应链脆弱性的定量研究

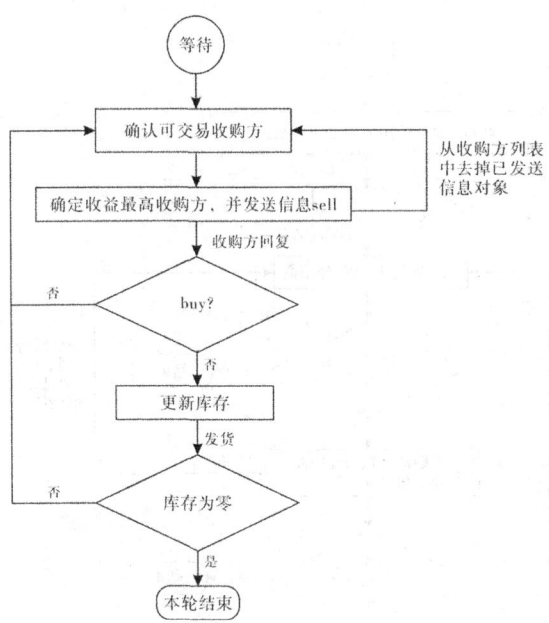

**图 5-3** 经销商售粮流程图

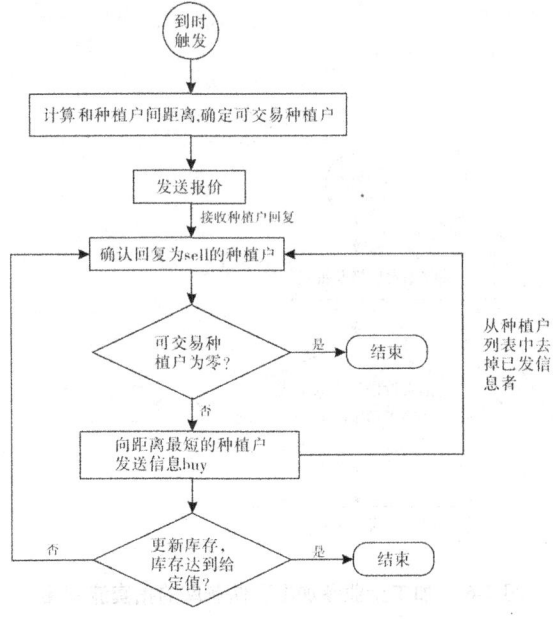

**图 5-4** 加工企业向农户收粮流程图

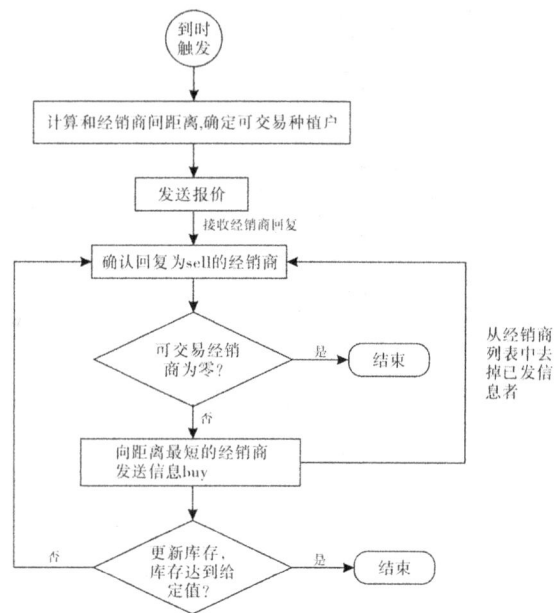

图 5-5　加工企业向经销商收粮流程图

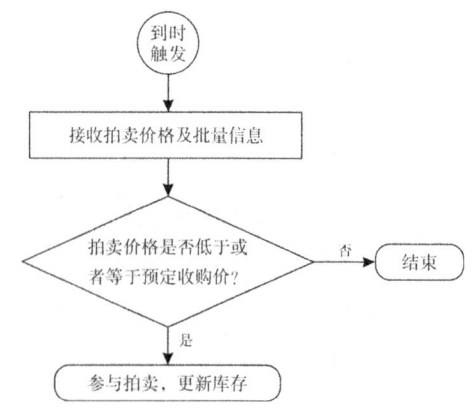

图 5-6　加工企业参加国有储备库的拍卖流程图

# 第 5 章 粮食供应链脆弱性的定量研究

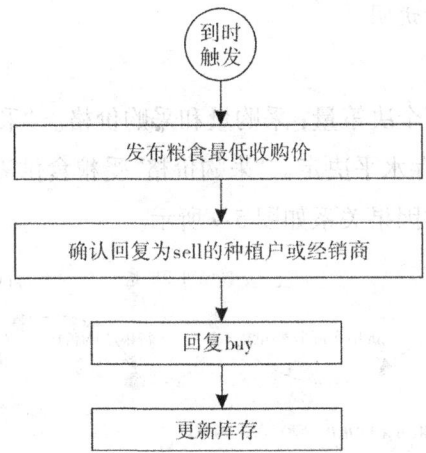

图 5-7 国有储备库收粮流程图

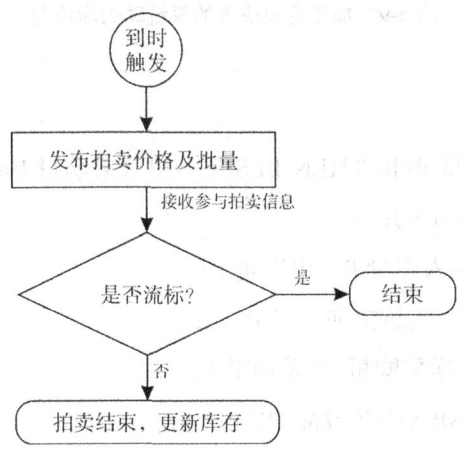

图 5-8 国有储备库拍卖储备粮流程图

(3)Agent 决策变量说明

① 加工企业。

其决策函数包括两个决策量：采购量和采购价格。"采购量"由实际在库量、资金使用上限、最低库存水平决定。"采购价格"受粮食供需、进口价格、最低收购价格的影响。其决策的因果关系如图5-9所示。

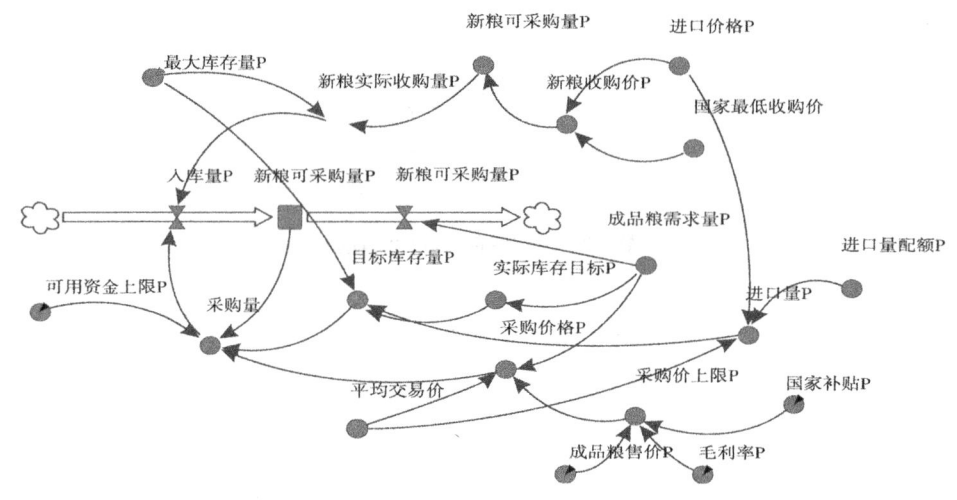

图 5-9 加工企业决策的系统动力学模型

其中：

·新粮实际采购量 P=IF THEN ELSE(新粮可采购量 P≤最大库存量 P,新粮可采购量 P,最大库存量 P)；

库存量 P 变化值=入库量 P—出库量 P；

出库量 P=DELAY(成品粮加工量 P,1)；

入库量 P=新粮实际采购量 P+采购量 P；

实际库存目标=SMOOTH(成品粮需求量,2)；

目标库存量 P=IF ELSE THEN((实际库存目标 P-进口量 P)≤最大库存量 P,(实际库存目标 P-进口量 P),最大库存量 P)；

进口量=IF ELSE THEN(进口价格≤平均交易价,进口配额,0)；

采购量 P=IF ELSE THEN((目标库存量 P—库存量 P)*采购价格 P≤可用资金上限 P,(目标库存量 P—库存量 P),可用资金上限 P/采购价格 P);

成品粮加工量 P=SMOOTH(成品粮需求量 P,2);

采购价格 P=IF ELSE THEN(上一期平均交易价*(0.9+0.1*成品粮需求量 P/上一期成品粮需求量 P)≤采购价上限 P,上一期平均交易价*(0.9+0.1*成品粮需求量 P/上一期成品粮需求量 P),采购价上限 P);

采购价上限 P=成品粮售价 P*(1-毛利率 P)+国家补贴 P;

新粮实际收购量受到市场内各主体间竞争、新粮采购价格影响,由多 Agent 间交易流程仿真结果确定。

新粮采购价格 P 围绕国家最低收购价上下波动,并受到进口价格的影响,设置为随机数,其表达式为:

新粮采购价格 P=0.9*国家最低收购价+0.1*进口价格+n*0.05*国家最低收购价,其中 n 为取值范围(-1,1)的随机变量。

平均交易价格为环境变量,对于各 Agent 而言,其为外生变量,平均交易价格为模型运行的全局控制变量,每阶段输入。

② 经销商。

在新粮上市阶段采购,其他阶段仅售出,主要对采购量、采购价格、预期收益做出决策。其决策的因果关系如图 5-10 所示。

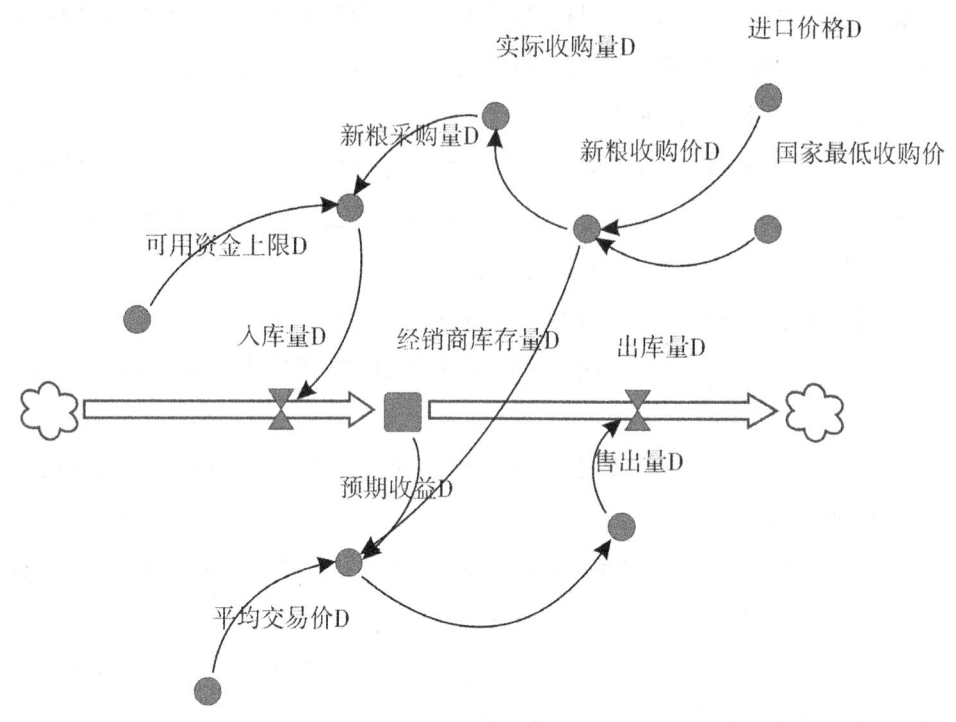

**图 5-10 经销商决策的系统动力学模型**

其中：

·新粮采购价格 D 围绕国家最低收购价上下波动，并受到进口价格的影响，设置为随机数，其表达式为：

新粮采购价格 D=0.95*国家最低收购价+0.05*进口价格+n*0.095*国家最低收购价，其中 n 为取值范围(-1,1)的随机变量。

新粮采购量 D=IF THEN ELSE(实际收购量 D≤可用资金上限 D/新粮采购价格 D,实际收购量 D,可用资金上限 D/新粮采购价格 D)；

新粮实际收购量受到市场内各主体间竞争、新粮采购价格影响，由多 Agent 间交易流程仿真结果确定。

经销商库存量 D 变化值=入库量 D－出库量 D；

经销商库存量初始值=0；

预期收益 D=IF THEN ELSE( SMOOTH( 平均交易价,2 )*( 1/1.52t)≥新粮采购

价D,(SMOOTH(平均交易价,2)*(1/1.52t)-新粮收购价格),0),其中t为模型时间。

③农户。

在每一个周期的期末计算当期收益,并确定下一期该品种的种植面积、种植品种,其决策变量为种植面积,决策函数为:

· 种植面积capabilityF=IF THEN ELSE(前一期成本*0.1≤前一期损失,0,前一期种植面积)。

### 5.1.4 参数设置

为尽可能真实、全面地反映研究对象的特征、属性,本书以公布的2016年全国粮食行业相关统计数据为基础,[①]通过合理推定,构建一个近似于真实世界的粮食供应链网络模型。为了既体现出各类Agent的统计分布特征,又兼顾模型运行的工作量与计算的可行性,将模型中的农户、经销商、加工企业三类Agent的数量比例设置为10000:100:20,并将国有储备库看作一个统一的决策主体(即单一节点)。

(1)农户属性参数[②]

① 种植面积rawcapacity$F$。

根据第三次全国农业普查数据,全国约有2.3亿户农户,其中普通农户约2.26亿户,占比98%以上;全国农户平均经营规模7.8亩/户,经营耕地在10亩/户以下的农户就有2.1亿户;户均经营面积还存在明显的区域分布不均特征,除了黑龙江、吉林、内蒙古、宁夏、新疆以外,其他省份户均经营面积都在10亩以下,如江苏户均3.8亩、广东户均2.6亩、浙江户均仅1.3亩;"大国小农"成为我国的基本国情,小农户占到农业经营主体98%以上,小农户从业人员占农业从业人员90%,小农

---

[①]之所以选取2016年的数据,是基于第三次全国农业普查数据的标准时点为2016年12月31日。

[②]位置参数已在表5-2中做出说明。

户经营耕地面积占总耕地面积 70%。①这些统计数据是对仿真模型中 10000 个农户种植面积进行赋值的基础。

我国种植的粮食品种繁多，不同粮食品种的种植方式和要求各不相同，国家针对不同粮食品种的调控政策也存在差异，构建一个符合所有粮食品种统计要求的粮食供应链通用模型是不可能的。因此，本书在现有数据基础上，选择小麦这个有代表性的粮食品种，针对该品种的农户种植面积分布特征进行合理推定，以期能较好反映出全国农户粮食种植面积的分布特征。本书对全国农户小麦种植规模作如下假设：均值设为 3 亩，15 亩以下农户数量占比设为 98%，他们的种植面积之和设为总种植面积的 70%，按照表 5-3 作为赋值依据。

表 5-3　全国农户小麦种植面积分布假设②

| 种植面积 | 2 亩以下 | 2~5 亩 | 5~10 亩 | 10~15 亩 | 15~30 亩 | 30 亩以上 |
| --- | --- | --- | --- | --- | --- | --- |
| 农户占比 | 60% | 30% | 6% | 2% | 1.2% | 0.8% |

基于以上假设，设定农户种植面积服从分布 Pareto(1.45,1)，对模型中 10000 个农户进行赋值，得到仿真模型的农户种植面积分布情况（见表 5-4）。经计算，仿真模型中种植面积平均值为 3.1 亩，10000 个农户的总种植面积为 30939.7 亩，其中 15 亩以下农户数量占比为 98.07%，其种植面积之和达到总种植面积的 73.7%，与上面的假设基本吻合，差值在可接受的范围内。

表 5-4　仿真模型中农户小麦种植面积实际赋值分布

| 种植面积 | 2 亩以下 | 2~5 亩 | 5~10 亩 | 10~15 亩 | 15~30 亩 | 30 亩以上 |
| --- | --- | --- | --- | --- | --- | --- |
| 农户占比 | 62.6% | 27.3% | 6.7% | 1.3% | 1.2% | 0.9% |

---

①中国政府网.国务院新闻办就《关于促进小农户和现代农业发展有机衔接的意见》情况举行发布会[EB/OL].[2019-03-01].http://www.gov.cn/xinwen/2019-03/01/content_5369578.htm#1.

②为了便于后续对小农户融入现代粮食供应链进行探讨，需要在仿真模型构建阶段对小农户进行划分。从目前研究现状来看，划分标准不一，在此本书采取世界银行对小农户的划分标准，即户均耕地面积 30 亩以下。

② 单位亩产量 productionF。

为简化仿真过程，本模型不考虑单位亩产量随规模变化的问题，将农户收益随规模变化的情况以设置单位种植成本差异的方式来体现。根据《全国农产品成本收益资料汇编2017》数据统计，2016年全国小麦每亩主产品产量为406.34公斤/亩。①鉴于全国各地小麦亩产量不均衡，模型中将此参数设置为400公斤/亩。

③ 单位种植成本(元/亩)costF。

根据《全国农产品成本收益资料汇编2017》数据推算，2016年小麦平均种植成本约为600元/亩(不计入人工成本)，②以此作为模型中普通品种的种植成本基数。模型将各个农户的单位种植成本设置为种植规模的函数，普通品种种植成本的表达式为：

$$costF = rawcostF * (averagecapacityF/capacityF) * productionF$$

其中：averagecapacityF 在模型中农户种植面积赋值后进行计算。

(2)经销商属性参数

① 资金规模 inventorycapabilityD。

根据目前针对粮食经纪人的调查，可知其年净收益平均为5万元左右，收益率为2%左右，考虑到近几年小麦市场行情较差，据此将模型中经销商资金规模均值设置为35万元。如前所述，仿真模型中农户种植面积赋值后，总种植面积为30939.7亩，按照平均亩产量400公斤来测算，结合考虑国家公布的最低收购价(2.36元/公斤)以及2016年小麦平均收购价格(2.34元/公斤③)，设定模型中收购资金规模以3000万元为基准，从而将模型中经销商设置为100个。目前粮食经销商基本为中小型，可以推定模型中经销商资金规模服从正态分布Normal(35,3)。对模型中经销商资金规模赋值后，分布情况见表5-5。

---

① 根据国家统计局数据中心提供的2016年全国小麦单位面积产量为5396.88公斤/公顷，约为360公斤/亩。考虑到与种植成本数据的一致性，我们采取《全国农产品成本收益资料汇编2017》里的小麦主产品亩产数据。

② 2016年全国小麦平均种植总成本为1012.51元/亩，其中人工成本为370.99元/亩，考虑到当前农户自己种植的情况，将人工成本计为农户的预期收益。

③ 数据来源：《2017中国粮食年鉴》。

表 5-5 仿真模型中经销商资金规模分布

| 资金规模 | 10 万元以下 | 10~30 万元 | 30~50 万元 | 50 万元以上 |
|---|---|---|---|---|
| 经销商占比 | 10% | 33% | 28% | 29% |

② 位置(distance$XD$, distance$YD$)。

经销商由于规模所限,一般服务于固定区域的农户。为简化模型分析过程,将经销商位置坐标用(distance$XD$, distance$YD$)来表示,将横坐标 distance$XD$ 固定为 10,并考虑经销商服务范围的重叠,将经销商之间的距离设置为 20 个模型单位。

③ 交易范围。

为更好地模拟实际情况,模型中设置每个经销商的收购范围,以 10 个模型单位距离为基础。考虑规模因素,规模越大的经销商,其收购范围越大,可以表示为:

$$distanceMD = rawdistanceMD * (capacityD/averagecapacityD)$$

(3) 加工企业属性参数

① 加工规模 inventorycapability$P$。

按《2017 中国粮食年鉴》数据统计,2016 年全国规模以上小麦粉加工企业只有 2479 家。根据农业部农产品加工局组织的一项调查,其有效样本中包括规模以上粮食加工企业 2213 家,调查结果显示即使是规模以上的粮食加工企业,仍以小型和微型企业为主,两者相加占比接近 90%,规模分布见表 5-6。

表 5-6 我国粮食加工企业规模的分布情况

| 项目 | 大型企业 | 中型企业 | 小型企业 | 微型企业 |
|---|---|---|---|---|
| 数量 | 53 家 | 210 家 | 1791 家 | 159 家 |
| 占比 | 2.4% | 9.5% | 80.9% | 7.2% |

数据来源:《2017 中国农产品加工业年鉴》。

据此,对模型中的 20 家加工企业,设置大型企业 1 家、中型企业 2 家、小型企业 15 家和微型企业 2 家。由于加工企业普遍开工不足(见表 2-9),模型仅对加工企业收购规模上限按其资金规模进行设置。结合 Anylogic 软件特性,选择正态分布作为拟合基础,设置 150 吨为最小值,设定加工企业加工规模服从 Normal(150,100)。

② 位置(distance$XP$,distance$YP$)。

模型中,加工企业一般与固定区域内的经销商交易,运输成本与其位置属性有关,设置(distance$XP$,distance$YP$)来表示。

③ 交易范围。

为模拟实际情况,设置每个加工企业的收购范围,超出范围的 Agent 不作为潜在交易对象。以 100 个模型单位距离为基础,考虑规模因素,将其表示为:

distance$MP$=rawistance$MP$*(capacity$P$/averagecapacity$P$)

(4)环境参数

① 最低收购价(price$G$)。

模型涉及六个种植周期,每期设置一个最低收购价。为拟合实际情况,引入 2012—2017 年小麦最低收购价作为模型中小麦最低交易价格的设定值。国家公布的小麦最低收购价见表 5-7。

表 5-7　历年小麦最低收购价及模型最低交易价格设定值

单位:元/公斤

| 年份 | 小麦(三等) | | | 模型设定值 |
|---|---|---|---|---|
|  | 白小麦 | 红小麦 | 混合麦 | 小麦 |
| 2009 | 1.74 | 1.66 | 1.66 |  |
| 2010 | 1.80 | 1.72 | 1.72 |  |
| 2011 | 1.90 | 1.86 | 1.86 |  |
| 2012 | 2.04 | 2.04 | 2.04 | 2.04 |
| 2013 | 2.24 | 2.24 | 2.24 | 2.24 |
| 2014 | 2.36 | 2.36 | 2.36 | 2.36 |
| 2015 | 2.36 | 2.36 | 2.36 | 2.36 |
| 2016 | 2.36 | 2.36 | 2.36 | 2.36 |
| 2017 | 2.36 | 2.36 | 2.36 | 2.36 |

数据来源:国家发展和改革委员会网站。

备注:按照国有储备粮一般三年一轮换的规则,模型中的交易需要考虑2012年前三年的储备粮投放市场进行拍卖的情况。

② 进口价格(priceImport)/进口量(quantityImport)。

粮食进口价格和进口量的波动较大,并且受到国家政策因素的影响,该模型将人为设置进口价格、进口量来分析这两个因素对粮食供应链网络的影响。按照目前的数据(详见第2.1.3小节),自2012年以来进口粮食价格明显低于国产粮食价格,因此模型中将根据需要设定进口价格低于国内价格的比例。另外,近年来粮食进口数量波动较大,模型将根据分析需要设定粮食进口量占粮食总产量的比例。

③ 成品粮总需求量(demandTotal)。

根据《中国统计年鉴》数据统计(见表2-7),模型不考虑人均粮食消费量的逐年变化,设置模型中人均粮食消费量为138公斤/期,模型中涉及消费者约9万人,每期消费粮约1.25万吨。

## 5.2 粮食供应链网络拓扑结构分析:结构型脆弱性研究

粮食供应链结构型脆弱性取决于节点主体的组织化程度、节点间的关联程度和网络全局的稳定程度,需要分别从网络节点、网络路径和网络结构三类指标对粮食供应链网络的拓扑结构进行分析和判断,从而描绘出粮食供应链结构型脆弱性的基本特征。

### 5.2.1 粮食供应链网络仿真结果

如图5-11为仿真主界面,模型仿真运行六个周期,结果发现,六个周期仿真得到的网络拓扑结构基本一致。

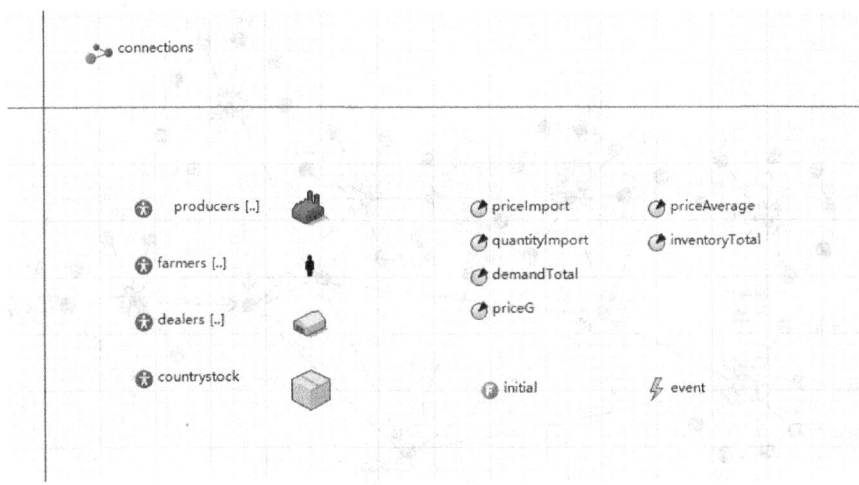

图 5-11　仿真主界面

（1）网络结构特点

图 5-12 为粮食供应链网络结构的示意图。①由图可以看出，粮食供应链网络拓扑结构在局部上呈现出典型的星型结构：以某一经销商为中心，多个农户仅同该经销商建立交易关系，形成星型拓扑结构；同时，该经销商又和其他经销商一起，同某一加工企业建立交易关系，形成另一个层级上的星型结构。从全局来看，经由经销商、加工企业以及国有储备库三类节点之间的关联，形成了全局具有多层级嵌套的星型结构形态：农户和经销商之间构成的第一层星型结构，被嵌入到由经销商和加工企业之间构成的第二层星型结构中，最终由国有储备库将第二层以加工企业为核心的星型结构关联在一起，构成整个粮食供应链网络全局结构。

---

①原始网络图由于节点数过多，导致局部结构特性从图上难以显示出来，因此采用示意图的方式说明。

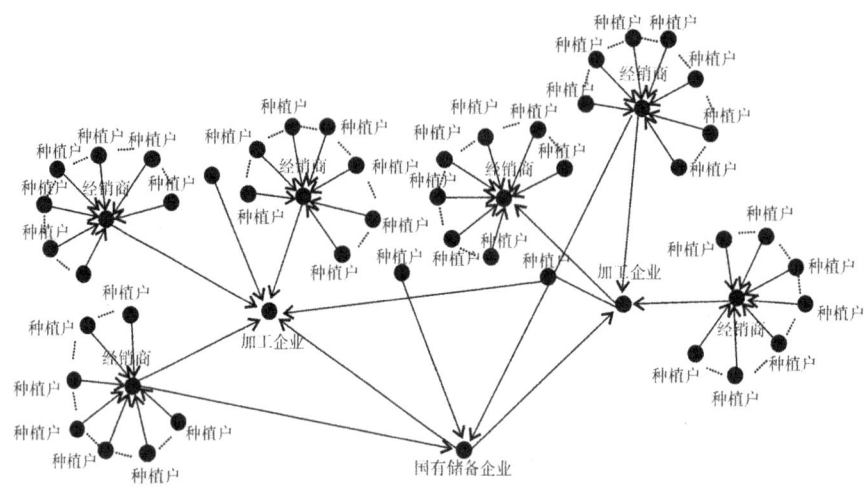

图 5-12　粮食供应链网络结构示意图

(2)邻接矩阵分析

将粮食供应链网络抽象为有向图,用 $G=(V,E)$ 来表示,$G$ 共有 10121 个顶点,其中 $V$ 表示顶点的集合,$E$ 表示边的集合,$G$ 的邻接矩阵 $A$ 是具有如下性质的 10121 阶方阵:

$$A[i,j]=\begin{cases} 1, & 若(v_i,v_j)是E(G)中的边 \\ 0, & 若(v_i,v_j)不是E(G)中的边 \end{cases}$$

其中 $(V_i,V_j)$ 为节点对,分析邻接矩阵发现,矩阵中非零元素的个数远低于零元素个数,说明粮食供应链网络具有明显的稀疏性特点。邻接矩阵的这一特性还反映出网络节点度分布的不均匀性,网络的异构性较强。

综合考虑六个周期的粮食供应链网络仿真结果,粮食最低收购价是网络中各主体决策的重要依据,第四个周期的最低收购价和前后两个周期相同,[①]其环境变量的设置最具有代表性,本书选择该周期的数据作为后续分析的主要依据。

---

①第四个周期对应 2015 年,2012—2017 年六个周期的最低收购价数据见表 5-7。

## 5.2.2 粮食供应链网络拓扑结构主要特性指标

粮食供应链网络参与主体包括大量农户、经销商、加工企业和国有储备库,各类主体功能上存在差异的同时也存在重叠,例如,经销商、加工企业以及国有储备库都在新粮上市阶段直接向农户采购,这一特征使得各类节点对于网络功能的影响发生在不同的层级,并且作用机制多样化。此外,国有储备库是区别于一般市场主体的特殊存在,其所具备的粮食"蓄水池"作用必然使得它成为粮食供应链网络的一类特殊节点。基于以上考虑,本节构建关于节点、路径和结构特征的三类指标,以全面描述粮食供应链网络体现出来的总体特征。

(1)节点相关指标

① 度值、度分布、度度相关性。

度值是一个节点与其他节点连接的边的数量。针对粮食供应链网络中不同主体类型节点平均度的分析,能够直接反映出在粮食供应过程中占中心地位的节点类型,帮助我们更好地理解粮食供应链各参与主体在链式结构中产生的影响。

度分布是对一个节点拥有一定数量边的概率的量化,反映节点对网络整体运行影响的相对重要程度。针对粮食供应链网络中不同主体类型节点度分布的分析,可以反映出在当前粮食种植现状及自然、政策条件下,对粮食供应产生影响较大的节点所具备的属性。

度度相关性描述边的两端点度之间的关系,如不存在相关性、存在正相关(度值大的节点之间更容易产生联结)或者负相关(度值大的节点倾向于和度值小的节点关联)。度正相关的网络被称为同配网络,度负相关的网络被称为异配网络,它们在可控程度、协同性方面存在差异。异配网络通常需要同时控制更多的节点才能达到网络运行的功能目标,并且节点间的协同性较差,风险扩散速度快。进行度度相关性分析,能够更好地刻画粮食供应链网络结构对其功能的影响,并有助于理解外部干扰的作用机制。

② 节点介数。

介数是一个全局变量,分为点介和边介,本处仅讨论点介。点介反映节点对其他节点连接性的贡献。假设一个节点对之间共有 $B$ 条不同的最短路径,其中 $b$ 条通过某一节点,那么该节点对这一节点对的介数贡献为$b/B$,按照这种方式计算该节点对所有节点对的介数贡献,然后求和即为该节点的介数。

基于交易关系,"农户—经销商—加工企业"形成了粮食供应链网络内典型的链式关系结构,"农户—加工企业"节点对之间的最短路径通过经销商节点的情况将直接反应经销商在粮食供应过程中的重要性。此外,国有储备库在粮食价格大跌情况下,会执行最低收购价从农户或者经销商处采购粮食;在粮食供不应求、价格上扬时,国有储备库向市场供应储备粮,因此国有储备库存在和农户、经销商、加工企业之间的联结,分析国有储备库节点的介数将有助于正确界定其对网络整体的影响。

③ 节点强度。

节点强度用来描述与某节点相连的所有边的权重和。粮食供应链网络是有向网络,因此进一步将节点强度分为入强度和出强度。节点强度高的节点,将对网络整体功能产生更大的影响。农户只有出强度,加工企业仅有入强度,对这两类节点强度的计算,将表征出在粮食供应端和粮食需求端的影响。经销商同时存在入强度和出强度,其强度大小反映出在粮食供需匹配过程中经销商所起到的作用;在仿真周期结束时,经销商不滞留粮食库存,因此经销商节点的入强度和出强度相等。由于政策性储备目标的要求,国有储备库可能存在某一个仿真周期内入强度和出强度不相等的情况,对其入强度和出强度差值的计算有利于深入分析国有储备库的作用。

(2)路径相关指标

① 纵向最短路径及纵向网络直径。

最短路径是指两个节点之间所经历的边的最小数目,所有节点对之间的最大边数称为网络直径。本书将粮食供应链网络中纵向层级节点之间(农户和加工企业之间)的最短路径平均值定义为纵向最短路径,以测度网络中粮食的供应效率,如图5-13所示。

一般情况下,短渠道会有效率方面的优势,如农户与加工企业之间直接交易。但在现实粮食供应链网络中,由于农户种植规模小,不具备应对运输成本高、市场价格波动大的能力,更多采用"农户—经销商—加工企业"这种非短渠道,经销商一般会上门收购,解决农户卖粮问题。此外,在新粮上市阶段国有储备库按最低收购价敞开收粮,还会出现"农户—经销商—国有储备库—加工企业"这种更长的路径。

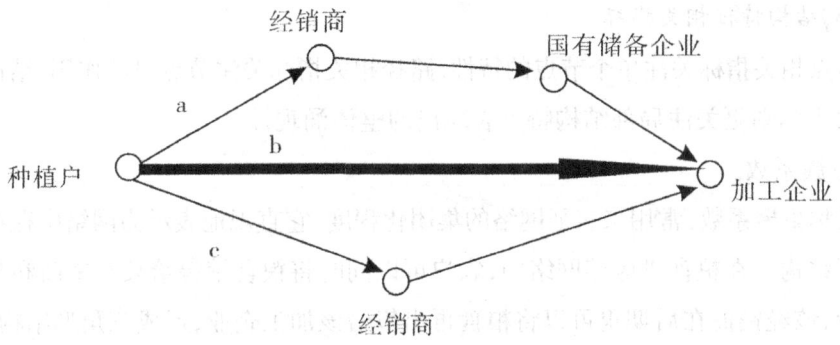

图 5-13 纵向节点路径示意图

② 横向最短路径及横向网络直径。

由于粮食供应链网络中不同类型主体功能存在差异的同时,也存在重叠。如果按照功能进行粮食供应链层级划分,会造成同一功能层级上主体间的关联,称为横向关联。横向关联形成的粮食流动,有助于实现粮食供需匹配。供过于求时,粮食流向国有储备库进行储备;供不应求时,则由国有储备库流出供给加工企业(如图 5-14 所示)。本节引入横向最短路径指标,计算经销商和加工企业之间的最短路径长度,以测度粮食供应链网络在匹配供需方面的效率以及对国有储备库的依赖程度。

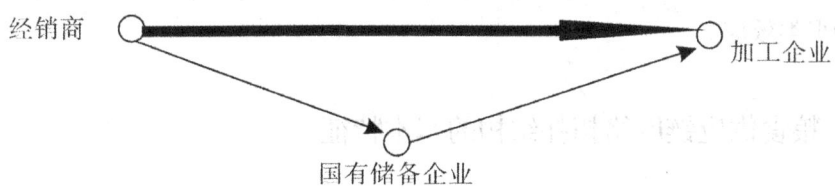

图 5-14 横向节点路径示意图

③ 边介数。

边介数表示所有节点对的最短路径经过某边的数量占比。边介数高的边在网络中的连接作用更强,其属性的变化将影响网络整体功能。对粮食供应链网络的边介数分析,有助于确定起核心作用的边。例如,农户与加工企业之间的联结,如果主要依靠经销商来完成,那么经销商与加工企业之间形成的边,其介数较高,一旦此类边出现属性的变化,将对粮食供应链网络整体功能形成较大影响。

(3)结构特征相关指标

节点相关指标关注单个节点的特性,路径相关指标关注节点对的作用,结构特征相关指标则更关注局部结构特点表现出的整体涌现性。

① 簇系数。

又称集聚系数,常用来表征网络的集团化程度,它直观地表示为网络中存在的三角形结构。在粮食供应链网络中,农户可以同时将粮食销售给某经销商和某加工企业,该经销商在后期也可以将粮食再出售给该加工企业,形成三角形结构。同样,在经销商、加工企业、国有储备库之间,农户、国有储备库、加工企业之间,均可能产生这种三角形结构。针对簇系数的分析,有助于发现各主体间关系特点,从而对粮食供应链网络结构进行全局性刻画。

② 模块度。

依据第4章的分析,农户由于成本原因会就近选择经销商或者加工企业进行交易,形成了大量低度值节点(农户)围绕少量高度值节点(经销商或者加工企业)产生节点组的结构特征,并且在节点组内存在的边数较多,而在节点组之间存在的边数较少,这一特点类似于社会网络具有的社区结构特性。这一社区结构刻画了粮食供应链网络中连边关系的局部聚集特性,也体现了网络中连边的局部分布不均匀性。因此,本节引入模块度指标来进一步刻画粮食供应链网络结构中存在的这种聚类效应。

## 5.2.3 粮食供应链网络拓扑结构的基本特征

(1)度值及度分布分析

① 度值分析。

将粮食供应链网络看作无向网络,计算节点的平均度值,得到该网络的六个周期的平均度值为2.015,并且每个周期平均度值变化极小。将粮食供应链网络看作有向网络,得到该网络六个周期的平均度值为1.008,并且每个周期变化极小,尽管每个节点的入度和出度不相同,但网络总体的入度和出度相等。如图 5-15a 为六个周期各类型节点的平均度,图 5-15b 为六个周期经销商、加工企业、国有储备库邻接农户的概率。以上分析说明,在目前设定的参数下,交易关系建立主要受制于运输成本。在当前各交易主体经营规模有限的情况下,交易对象的可选择范围受限,六个周期内粮食供应链网络结构趋于稳定。因此,有关度分布特征的分析将选择运行完全稳定后的第四个周期仿真数据。

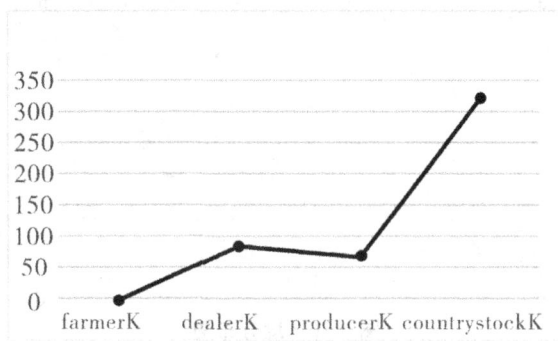

图 5-15a  各类型节点的平均度

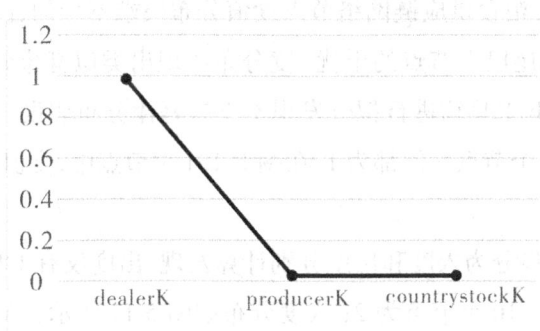

图 5-15b  农户与其他类型节点的邻接概率

② 度分布分析。

如图 5-16 所示,a、b、c、d 四个子图分别绘制的是粮食供应链网络度分布双线性、线性—对数、对数—线性和双对数坐标图。可以看到,右下方这些出现概率较小的点出现了很大的统计涨落,每个点仅包含 1 个 Agent;而左上方度值为 1 的点则出现的概率极大,达到了 0.987,图上该点包含了大量的 Agent。

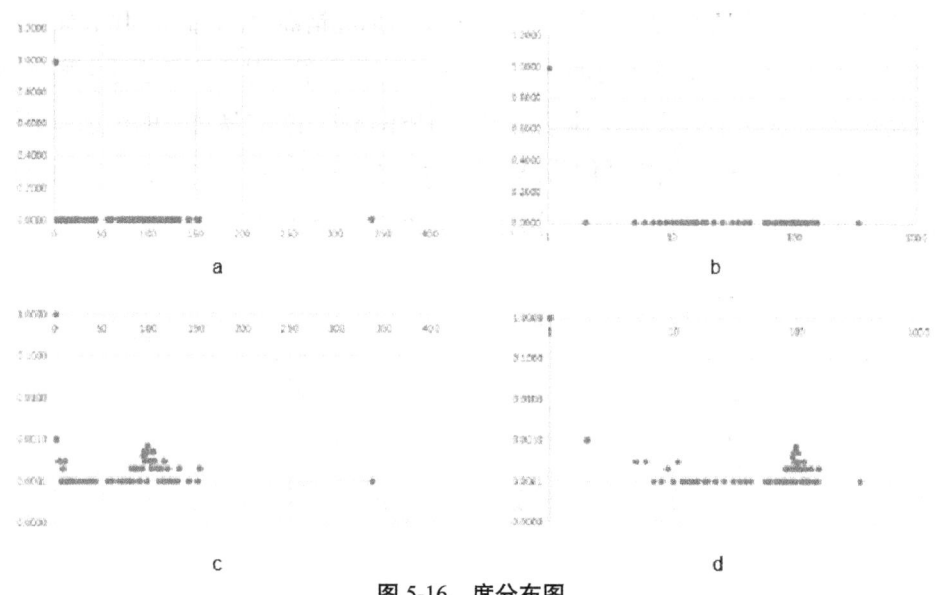

图 5-16　度分布图

从度分布图看,粮食供应链网络节点度值分布极端不均匀,图 5-16d 出现明显的"胖尾"。不考虑尾巴上节点的干扰,度分布体现出类似幂律分布的特性,但并不典型,采用 Matlab 工具箱进行拟合发现不支持幂律分布假设。造成这种情况的原因在于其中 9990 个节点度值都为 1,在剩下 131 个节点中,度值最大的达到 338,并且分布不集中。

将节点度进一步分为入度和出度分别计算发现,出度仅有 1 和 2 两个值,并且 9990 个节点为 1,仅 10 个节点为 2;入度分布如图 5-17 所示,从该图可以看出图 5-16d 中胖尾正是由入度分布形成,度值分布没有明显的规律。

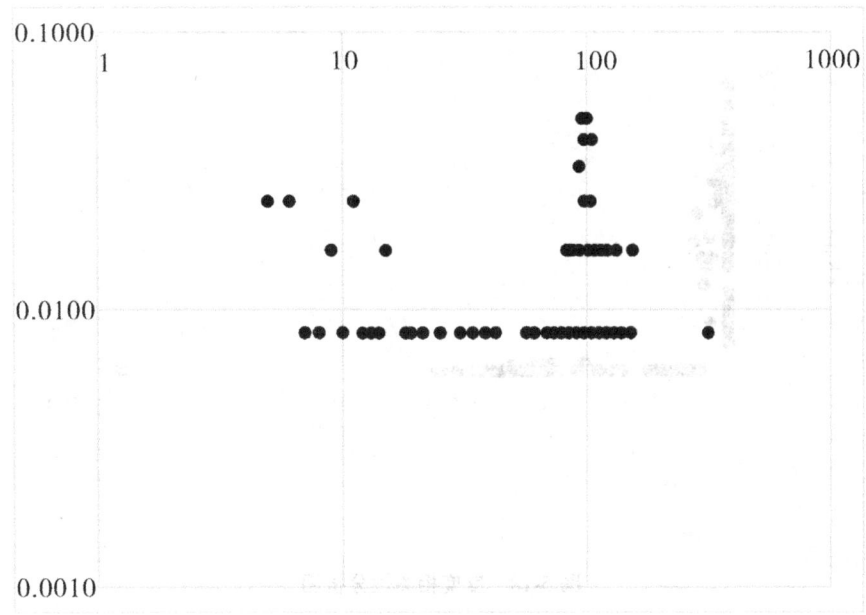

图 5-17 入度分布图

以上结果表明,粮食供应链网络在抵御随机故障时会表现出类似于随机网络的特性;但网络的稳定性在某种程度上很差,一旦随机故障影响到度值高的节点时将严重影响网络结构与功能。另外,由于度值高的节点极少,导致网络内通信效率极低。

(2)度度相关性分析

图 5-18 显示了第四个周期中各节点的邻接节点的平均度分布,边两端节点的度值表现出明显的负相关性,说明粮食供应链网络上度值大的节点倾向于联结度值小的节点,网络的异配程度较高。按照仿真第四个周期的数据,网络中共计 10140 条边,代入每条边两端节点的度值,计算得到异配系数为-0.87,进一步证明了粮食供应链网络的异配性。

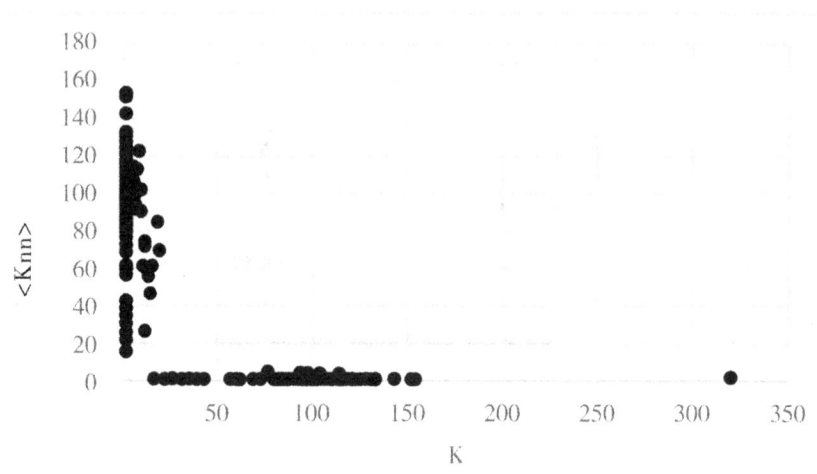

图 5-18　度度相关性分析图

粮食供应链网络的异配程度高表明,网络各节点间协同能力差,网络整体可控程度低,无法以控制少数节点的方式来实现网络整体功能目标,或者难以通过对网络局部的调控来实现对网络全局的控制,系统抗风险能力弱。

(3)最短路径分析

① 横向最短路径分析。

分析"经销商—加工企业"之间的关联路径类型以及连通性,发现有12种形式的最短路径,平均最短路径长度为2.95,见表5-8。

由表5-8可知,经销商和加工企业之间的连通不畅,仅4.6%的最短路径长度为1,83.7%的最短路径长度大于2。进一步搜索"经销商—加工企业—国有储备库—加工企业"这种路径类型(即类型⑤)有1442条,占比72.1%。由此表明,经销商和大多数加工企业之间需要通过国有储备库的间接协调,这将导致经销商和加工企业之间的信息沟通效率低,市场信息传递滞后,粮食无法经由经销商在多个加工企业之间进行合理的按需配置,粮食供应链网络横向效率低。

表 5-8 "经销商—加工企业"之间的联结路径类型统计结果

| 路径类型序号 | 路径类型 | 最短路径长度 | 数量 | 占比 |
|---|---|---|---|---|
| ① | 经销商-加工企业 | 1 | 92 | 4.6% |
| ② | 经销商-国有储备库-加工企业 | 2 | 234 | 11.7% |
| ③ | 经销商-国有储备库-经销商-加工企业 | | | |
| ④ | 经销商-加工企业-经销商-加工企业 | 3 | 1454 | 72.7% |
| ⑤ | 经销商-加工企业-国有储备库-加工企业 | | | |
| ⑥ | 经销商-国有储备库-加工企业-经销商-加工企业 | 4 | 116 | 5.8% |
| ⑦ | 经销商-加工企业-国有储备库-经销商-加工企业 | | | |
| ⑧ | 经销商-加工企业-经销商-国有储备库-加工企业 | | | |
| ⑨ | 经销商-加工企业-国有储备库-加工企业-经销商-加工企业 | 5 | 102 | 5.1% |
| ⑩ | 经销商-加工企业-经销商-加工企业-国有储备库-加工企业 | | | |
| ⑪ | 经销商-加工企业-经销商-国有储备库-加工企业-经销商-加工企业 | 6 | 2 | 0.1% |
| ⑫ | 经销商-加工企业-经销商-加工企业-国有储备库-经销商-加工企业 | | | |

② 纵向最短路径分析。

分析"农户—加工企业"之间的关联路径类型以及连通性,得到 20 种形式的最短路径,平均最短路径为 3.88,见表 5-9。

由表 5-9 可知,最短路径长度为 1 的节点对占比仅 0.05%,说明农户和加工企业之间实物和信息的直接流动情况很少。一般来说,农户经由经销商将粮食出售给加工企业是最常见的联结形式,但最短路径长度为 2 的路径类型(包括"农户—经销商—加工企业"、"农户—国有储备库—加工企业"两种)占比仅 7.56%。然而"农户—经销商—加工企业—国有储备库—加工企业"这种路径类型(类型⑩)却搜索出 138344 条,占比 69.17%,因此会出现这样一种情况:当网络上局部农户供应量减少时,其他农户即使有未出售的粮食也无法直接供应给受农户减产影响的加工企业,粮食供应链网络纵向效率低。

表 5-9 "农户—加工企业"之间的联结路径类型统计结果

| 路径类型序号 | 路径类型 | 最短路径长度 | 数量 | 占比 |
|---|---|---|---|---|
| ① | 农户-加工企业 | 1 | 98 | 0.05% |
| ② | 农户-国有储备库-加工企业 | 2 | 15110 | 7.56% |
| ③ | 农户-经销商-加工企业 | | | |
| ④ | 农户-加工企业-国有储备库-加工企业 | 3 | 23646 | 11.82% |
| ⑤ | 农户-国有储备库-经销商-加工企业 | | | |
| ⑥ | 农户-经销商-国有储备库-加工企业 | | | |
| ⑦ | 农户-加工企业-经销商-国有储备库-加工企业 | 4 | 139955 | 69.98% |
| ⑧ | 农户-加工企业-国有储备库-经销商-加工企业 | | | |
| ⑨ | 农户-国有储备库-加工企业-经销商-加工企业 | | | |
| ⑩ | 农户-经销商-加工企业-国有储备库-加工企业 | | | |
| ⑪ | 农户-加工企业-经销商-加工企业-国有储备库-加工企业 | 5 | 11388 | 5.69% |
| ⑫ | 农户-加工企业-国有储备库-加工企业-经销商-加工企业 | | | |
| ⑬ | 农户-经销商-国有储备库-加工企业-经销商-加工企业 | | | |
| ⑭ | 农户-经销商-加工企业-经销商-国有储备库-加工企业 | | | |
| ⑮ | 农户-加工企业-经销商-加工企业-国有储备库-经销商-加工企业 | 6 | 9615 | 4.81% |
| ⑯ | 农户-加工企业-经销商-国有储备库-加工企业-经销商-加工企业 | | | |
| ⑰ | 农户-经销商-加工企业-经销商-加工企业-国有储备库-加工企业 | | | |
| ⑱ | 农户-经销商-加工企业-国有储备库-加工企业-经销商-加工企业 | | | |
| ⑲ | 农户-经销商-加工企业-经销商-加工企业-国有储备库-经销商-加工企业 | 7 | 188 | 0.09% |
| ⑳ | 农户-经销商-加工企业-经销商-国有储备库-加工企业-经销商-加工企业 | | | |

另有 10.59%的路径长度超过 4,主要是由于编号为 P2 和 P11 的两个加工企业没有和国有储备库建立交易关系,导致大量农户和这两个加工企业之间的联结需要再经由经销商 D7 和 D52,以及加工企业 P12 来中转实现。从表 5-9 可以看出,第⑪到⑳这 10 种联结路径类型复杂,不仅需要国有储备库和经销商的中介作用,还需要其他加工企业参与其中,纵向效率极低。

需要说明的是,这里所做的最短路径分析,是将粮食供应链网络视为无向网络,反映的是网络上节点之间直接或者间接的关联。在诸如"农户—经销商—加工企业—国有储备库—加工企业""农户—经销商—加工企业—国有储备库—加工企业—经销商—加工企业"等路径类型中,虽然在现实中不可能出现加工企业将粮食销售给国有储备库的情况,但如果农户增加供应量,它经由经销商卖给加工企业的粮食更多,那么该加工企业从国有储备企业通过拍卖购入的粮食量就会减少,这样国有储备库的粮食库存可以满足其他加工企业更大的需求。反过来,如果农户减少供应量,该加工企业就需要加大从国有储备库购入的粮食量,间接影响了其他加工企业从国有储备库可获得的粮食量。

综上所述,网络内农户和加工企业之间的联结需要经由国有储备库和经销商的多级调配,网络整体在纵向结构上体现出低的连通效率,市场信息传递不畅,粮食无法在网络内部高效流动以匹配供需。根据横向最短路径分析结果,经销商无法和更多加工企业建立直接联结,是导致这种结果的重要原因,也使得国有储备库需要持有较高粮食库存来应对农户供应量减少,以及具备较大存储能力来应对农户供应量增加。

(4)点介数和边介数分析

由于粮食供应链的特殊性,本书在分析点介和边介时,仅分析"农户—加工企业"节点对最短路径经过点和边的情况,以更好地描述经销商和国有储备库在粮食供应链网络纵向链式结构上的作用。

点介数的计算结果表明,经销商节点的平均介数为 0.0011,除 D7、D52 两个节点介数较大外,其他节点介数差异不大,说明各经销商对粮食供应链网络纵向连通性的影响无显著差异。D7 和 D52 节点介数较大的原因,是因为加工企业 P2 和 P11 没有直接和国有储备库关联,需要这两个经销商来完成中介功能。国有储备库节点的介数为147918.1,说明国有储备库在粮食供应链网络纵向结构中起到非常重要的联结作用。

经销商、国有储备库和加工企业之间连边的边介数计算结果表明,国有储备库和加工企业连边的边介数明显大于其他连边,说明农户和大多数加工企业的联结需要经由国有储备库完成,再次印证了上述最短路径分析中关于国有储备库重要作用的分析结论。此外,"D7—P2""D52—P11""D7—G""D52—P12"四条边的介数较大,同样是因为P2和P11没有和国有储备库直接关联,需要这四条边起桥接作用。

综上分析,国有储备库在粮食供应链网络纵向结构中起着重要作用,作为重要节点,一旦国有储备库发生异常,将给整体网络带来重大影响;而经销商由于规模相对分散,针对经销商层级的随机干扰影响明显,但各经销商对整体网络的影响比较均衡,少数经销商功能的损失对网络整体功能的影响有限。

(5)簇系数分析

粮食供应链网络中,农户由于规模普遍较小,主要和经销商进行交易,直接和加工企业交易占比很小;同样,经销商一般也仅与加工企业交易,较少同时出售粮食给国有储备库,难以形成网络内节点间连线的"三角形"结构,导致计算得到的簇系数仅为0.00038,非常低。该结果说明粮食供应链网络内节点间联结的紧密程度很低,难以形成有效沟通,信息无法有效传递,抗干扰能力弱。

(6)模块度分析

图5-19为粮食供应链网络社区结构分析示意图。国有储备库和加工企业断开后,网络将分成以加工企业为核心的一个个节点组,进一步断开加工企业和经销商之间的连边后,网络进一步瓦解为一个个以经销商为核心的节点组,农户围绕在经销商周围,形成星型结构。由于粮食供应链网络中存在基于交易关系形成的纵向链式结构,在进行社区划分时,需要判断这种内置链式结构的存在对社区划分的影响,本书使用社区发现中较常用的GN算法作为分析工具。

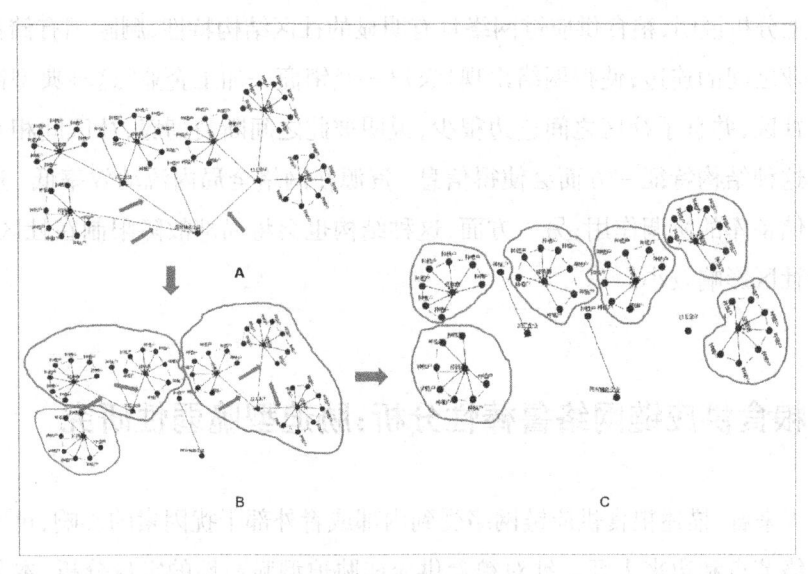

图 5-19　粮食供应链网络社区结构分析示意图

由于网络中最主要的节点类型"农户"仅有出度,并且绝大多数农户(9990 个)出度仅为 1,"农户—经销商""农户—加工企业""农户—国有储备库"三种边的边介数较低,因此仅分析边介数较高的 130 条边(经销商、国有储备库和加工企业之间的连边)。

根据边介数的排序,首先去掉"G→P14",计算得到模块度为 0.8015,说明获得了较好划分效果。[①]网络被划分为边界清楚的两个社区,其中以 P14 为核心联结 11 个经销商以及 1212 个农户构成一个节点组,网络其他节点构成另外一个节点组,两个节点组之间仅存在两条边,社区边界清楚。

重新计算之后的边的介数并排序,接下来删除"G→P4",计算得到模块度为 0.8029。进一步删除边后,网络划分为三个社区,边界清晰。以 P4、P14 分别为核心构成两个节点组,网络剩余节点构成第三个节点组,以 P4 为核心的节点组和其他两个节点组之间无连边。

---

① 模块度取值在(0,1)区间,值越大说明划分效果越好。

以上分析说明,粮食供应链网络具有明显的社区结构特性,删除国有储备库和加工企业之间的连边,使得网络出现"农户—经销商—加工企业"这种典型链式结构的子社区,并且子社区之间连边很少,说明彼此之间断裂彻底,社区间相互作用较少。这种结构特征一方面会使得信息、资源在网络全局内流动效率低,过度依赖国有储备库的协调作用;另一方面,这种结构也会将局部故障限制在社区内部,对其他社区影响较小。

## 5.3 粮食供应链网络鲁棒性分析:胁迫型脆弱性研究

直观来看,描述粮食供应链网络受到内部或者外部干扰因素的影响,可以通过删除网络节点和边来表征。针对粮食供应链胁迫型脆弱性的定量分析,本节引入最大子通图规模(即最大子通图的节点数量)和初始网络规模的比值 R、删点或边后网络效率和初始网络效率的比值 T 两个指标,以测度网络静态结构变化;引入节点负载动态变化分析,进一步剖析节点或者边故障后导致的供应中断风险。

### 5.3.1 节点内部随机故障模拟

本小节以随机方式选择扰动因素影响的节点,使该节点脱离网络,模拟诸如自然因素等扰动造成节点内部随机故障的情景。

以第四周期仿真结果为基础,网络初始规模为 10121 个节点。首先,进行统一排序,前 10000 个节点为农户,序号 10001~10100 节点为经销商,序号 10101~10120 节点为加工企业,序号 10121 为国有储备库;然后,利用 Java 产生随机数的方式指定被删除的节点序号,在 Anylogic 中调用函数 main.remove_Agent( this )删除指定节点,依次随机删除 10%、20%、30%、40%、50%、60%、70%的节点,计算剩余节点构成的网络最大子通图规模、网络效率和各节点流入流出粮食量,得到 R、T 指标值和节点负载的变化情况。

(1)最大子通图分析

随机删除节点后的 R 指标值计算结果如图 5-20 所示。在删除 10%和 20%的节点时,由于删除节点仅为农户,剩余节点仍联结在一起,网络结构受到的影响较小。在删除30%、50%、60%和70%的节点时,被删除节点类型包括农户、经销商和加工企业,由于粮食供应链网络中农户大多仅同1个经销商联结,经销商也大多仅同1个加工企业联结,存在明显的由纵向联结关系形成的块状结构(社区结构),因此当删除经销商和加工企业时,就出现关联节点的块状脱落,进一步缩减最大子通图规模,当删除70%的节点时,最大子通图规模缩减到初始网络的6%。需要特别指出的是,当删除40%的节点时,国有储备库脱离网络,导致留存节点构成的网络出现分解成多块的情况,最大子通图规模仅为初始网络的12%。

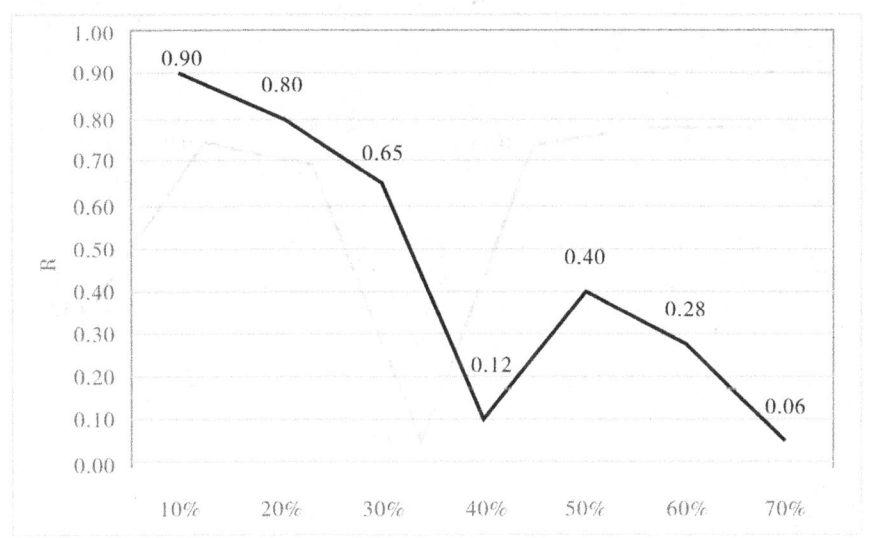

**图 5-20　节点内部随机故障 R 值分析**

图 5-20 中曲线并未出现无标度网络和小世界网络中相对平滑、近似线性的下降曲线,主要是因为粮食供应链网络的异构性非常明显,占比 98.8% 农户节点的度值基本为1,而占比非常少的经销商和加工企业节点的度值则非常高。如果随机故障仅发生于农户节点,影响不会扩散,对整体结构没有明显影响;一旦随机故障发生于度值高的经销商和加工企业节点,形成节点的块状脱离对网络结构形成明显影响。撇开删除 40% 节点(国有储备库故障)的情况来看,图 5-20 上的其他各点基本呈一条直线,说明节点的块状脱离影响被限制在局部范围内,并未扩散至全

局。删除40%节点时,由于国有储备库是粮食供应链网络联结的核心,其度值和点介数最大,这一节点出现故障导致网络节点联结基本断裂失效,分裂成多个块状结构。该现象进一步说明,当前粮食供应链网络由于度值分布的不均,导致面对节点内部随机故障时,表现出明显的不稳定性,并且存在的社区结构特征加剧了这种不稳定性。

(2)横向网络效率分析

这里分析"经销商—加工企业"2000个节点对在节点内部随机故障时的网络连通情况,图5-21为T指标值计算结果。

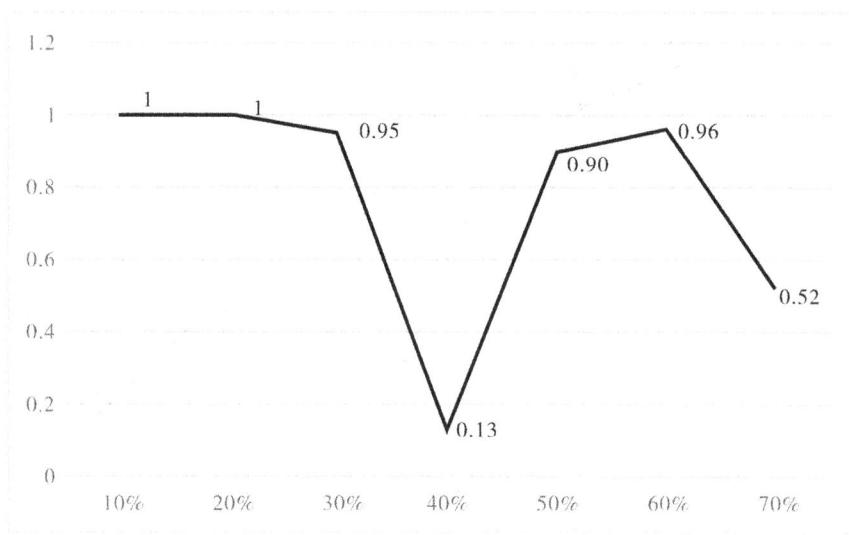

图5-21 节点内部随机故障时横向网络效率分析(T值)

仿真结果表明,在随机删除10%和20%节点(仅包含农户)时,横向网络效率不变,说明农户节点内部随机故障导致的节点脱离网络不会影响横向网络效率。删除30%的节点时,包含3个经销商和1个加工企业,占经销商和加工企业数量的3%,横向网络效率下降为初始值的95%,下降幅度和这两类节点数量下降幅度基本一致。当删除40%的节点(国有储备库故障)时,留存网络的横向网络效率出现大幅下降,说明国有储备库是联结经销商和加工企业的关键节点。

删除 50%的节点包含 12 个经销商和 2 个加工企业,占这两类节点的 12%;删除 60%的节点包含 22 个经销商和 5 个加工企业,占这两类节点的 22.5%。分析结果表明,前者留存网络横向效率下降为初始值的 90%,而后者留存网络横向效率下降为初始值的 96%,其结果反而优于前者。进一步分析该现象产生的原因发现,删除 50%的节点时包含了经销商 D7 和加工企业 P12,他们是网络中承担重要联结作用的节点。其中,D7 同时和国有储备库及加工企业 P2 联结,一旦 D7 故障后脱离网络,将导致加工企业 P2 以及与其直接关联的其他经销商和农户脱离网络。加工企业 P12 和加工企业 P11 同时和经销商 D52 关联,由于加工企业 P11 和国有储备库之间没有直接相连,P11 和网络主体的关联路径是"P11—D52—P12—G",一旦 P12 脱离网络,P11 及其相关节点均受到影响。

从图 5-21 的曲线形状可以看出,横向网络效率受到节点内部随机故障影响体现出明显的不确定性,国有储备库的故障直接导致网络效率仅剩 13%,造成这种结果的主要原因是大部分经销商仅同 1 个加工企业交易,导致网络横向流通过度依赖国有储备库中转。删除 30%、50%、60%节点,横向网络效率基本无变化,这是因为大部分经销商和加工企业联结的路径类型结构相同,删点后留存网络节点对横向各路径类型占比基本保持不变。

(3)纵向网络效率分析

这里分析"农户—加工企业"200000 个节点对在节点内部随机故障时的网络连通情况,图 5-22 为 T 指标值计算结果。

仿真结果表明,在随机删除 10%和 20%的节点时,内部随机故障导致的节点脱离网络并没有带来显著的效率降低,甚至在删除 10%的节点后纵向网络效率反而出现略微的上升。究其原因,删除节点类型仅为农户,度值大多为 1,且仅有出度,对于网络上其他节点之间的连通性影响非常小。如上节分析,农户和加工企业之间的最短路径类型比例较高的是"农户—经销商—加工企业""农户—经销商—加工企业—国有储备库—加工企业",节点间最短路径较长。进一步分析发现,删除 10%节点时,随机删除的节点对中以上两种路径类型节点对占比较大,使得当删除 10%的节点时,粮食供应链网络的纵向效率反而上升。

随机删除 30%、50%、60%节点时,纵向网络效率分别下降为初始值的 94%、

83%和81%,下降幅度不明显。进一步分析发现,删除的30%、50%和60%节点中包含的经销商数量分别占初始网络中经销商数量的3%、12%和22%,留存网络纵向效率的下降程度基本和经销商被删除比例一致。一方面,说明经销商在农户与加工企业的有效连通中起到重要作用;另一方面,也说明粮食供应链网络的社区结构特征使得局部故障限制在社区范围内,没有扩散到全局。

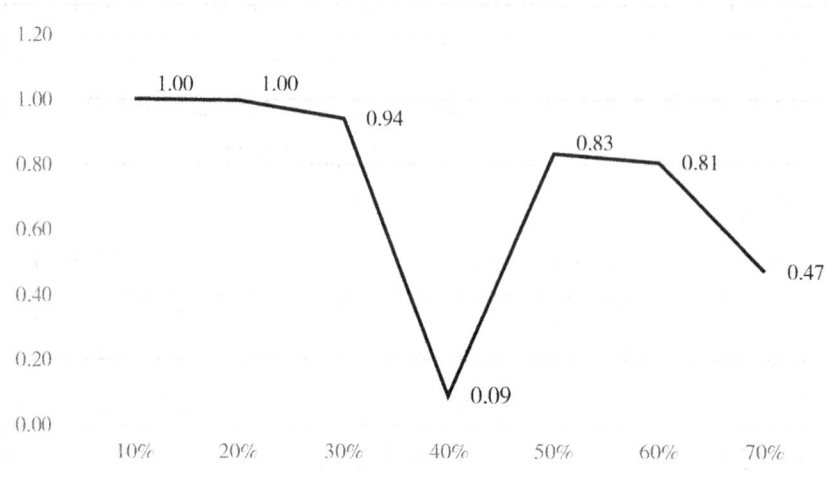

图5-22 节点内部随机故障时纵向网络效率分析(T值)

删除40%节点时,国有储备库脱离网络,直接导致大量节点对断开,纵向网络效率大幅下降,仅为初始值的9%。这个分析结果表明,国有储备库在"农户—加工企业"节点对的有效连通中起着决定性作用,一旦国有储备库失效,粮食供应链网络基本陷入完全断裂的状态。

(4)网络负载变化分析

这里分析在节点内部随机故障时,经销商、国有储备库和加工企业的粮食流入和流出情况。[①]仿真结果表明,在删除农户节点后,经销商各节点粮食的收购量减

---

① 本处所做负载以粮食交易金额来表示,单位为万元。

少。进一步分析发现,在初始网络中,由于经销商收购能力受限而售粮给国有储备库的部分农户,在原本和经销商交易的那部分农户因故障停止供应后,转而售出给经销商,但由于农户整体供应减少,经销商收购量仍然减少。部分加工企业故障脱离网络后,原本和它交易的经销商根据收益最大化原则,选择销售给其他加工企业或者国有储备库。

国有储备库的粮食流入量变化明显,删除10%、20%的节点时,由于仅删除农户,流入量明显减少。删除30%的节点时,虽然农户直接供应的流入量减少,但3个经销商节点故障后,原本和他们交易的农户转而售粮给国有储备库,国有储备库的粮食流入量的减少幅度降低。删除50%、60%和70%节点时,由于故障的经销商数量增多,原本和他们交易的农户所供应粮食流入国有储备库,使得国有储备库的流入粮食量增大;同时,随着节点删除比例的增大,更多农户脱离网络,加工企业从国有储备库采购粮食的总量增加,导致国有储备库的流出量增加。进一步分析发现,在删除节点后,部分加工企业并未从国有储备库采购补充供货,分析原因发现,第四周期拍卖价格不低于2.04元/公斤,且所拍卖粮食是库龄3年的轮出粮,该价格偏高,部分加工企业购入后将难以获利,因而选择不参加拍卖。删除40%节点时,国有储备库故障脱离网络,加工企业无法从国有储备库补足,流入量减少明显。

(5)小结

节点内部随机故障时,粮食供应链网络体现出较为明显的不稳定性。由于网络内大量节点度值为1,度值较大节点数量极少,当故障发生于度值较大点时(如国有储备库、加工企业、经销商),供应链网络将出现明显的变化,否则变化并不明显。此外,粮食供应链网络的社区结构,使得在度值较大的经销商、加工企业节点内部故障时,出现块状断裂,块内节点均脱离网络,并且由于块与块之间的节点较少联结,这种故障影响被限制在局部块状结构内部,没有扩散至网络全局。在纵向和横向网络效率的分析中发现,节点对之间连通路径类型单一,各块内部结构基本一致。局部块状结构的一致性使得全局形成一种简单、有序的结构特征,这种特征反而使得网络整体僵化和缺乏柔性。当扰动因素影响局部节点时,无法通过和其他社区块节点的直接相互作用来吸收这种影响。从负载分析可以看出,节点内部随机故障带来的网络内节点负载的变化,基本由国有储备库单一节点来进行均衡,局部区域内的经销商失效,该区域农户粮食涌入国有储备库,然后再经由国有储备库流动到其他需要粮食的区域。农户节点失效,加工企业所需粮食也需要国有储备库的储备粮来补充供应。整体来看,粮食供应链网络内部节点负载的动态均衡完全由国有储备库一个节点完成,效率低,并且给国有储备库的库存控制带来极大压力。

### 5.3.2 节点外部随机故障模拟

本小节以随机方式选择扰动因素影响的边,使该边断裂,模拟诸如自然因素等扰动造成节点间联结随机破坏的情景。

在 Anylogic 中调用函数 Agent getConnectedAgent( int index )列出所有节点对,共 10140 条边,按照以"农户—经销商""农户—加工企业""农户—国有储备库""经销商—加工企业""经销商—国有储备库""国有储备库—加工企业"的顺序重新统一编号。①然后利用 Java 产生随机数的方式指定被删除的边序号,在 Anylogic 中调用函数 disconnect()断开指定的边。

(1)最大子通图分析

随机删除边后的 R 指标值计算结果如图 5-23 所示。图中曲线平滑,近似为一条直线,删除边所导致的脱离网络的节点数比例和删除边的比例基本一致。进一步分析发现,由于大量农户节点度值为 1,删除农户为端点的连边直接导致农户脱离网络,但对其他节点没有影响。虽然经销商节点度值高,但是较高比例的经销商的出度为 1,即仅同 1 个加工企业连接,当经销商和加工企业之间的连边被删除时,将导致该经销商以及仅同该经销商连接的农户脱离网络,断裂会在纵向上扩散,出现块状断裂的现象,明显降低了留存网络的最大子通图规模。

---

①边的端点为农户的,按照当前农户顺序编号;一个农户同时有几条边的,按照经销商、国有储备库、加工企业顺序编号;经销商到国有储备库和加工企业的,按照先排国有储备库,再排加工企业的顺序编号。

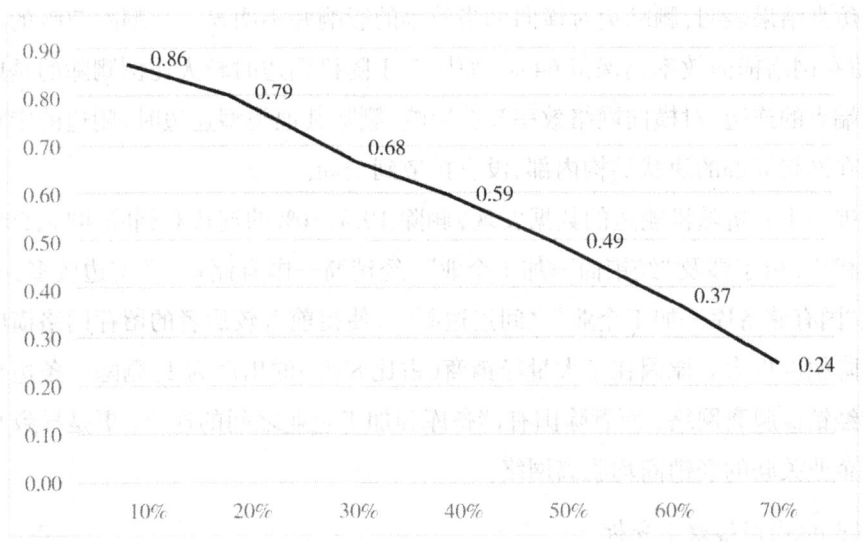

图 5-23 节点外部随机故障 R 值分析

(2) 横向网络效率分析

这里分析"经销商—加工企业"2000 个节点对在随机删边时的网络连通情况,图 5-24 为 T 指标值计算结果。

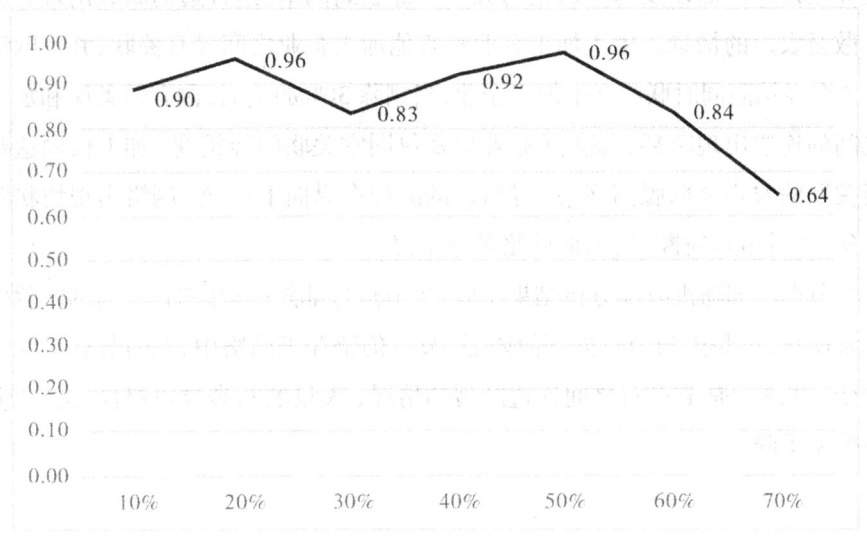

图 5-24 节点外部随机故障时横向网络效率分析(T 值)

仿真结果表明,删除边对横向网络效率的影响并不明显。当删除70%的连边时,留存网络横向效率仍保留64%。原因在于随机删边时较大比例删除的是以农户为端点的连边,对横向网络效率没有影响;删除其他类型连边时,删边的影响被限制在网络局部的块状结构内部,没有扩散到全局。

进一步分析随机删边的数据发现,删除10%、30%的连边和删除40%、50%的连边相比,由于涉及"经销商—加工企业""经销商—国有储备库"连边较多,并且出现"国有储备库—加工企业"之间连边断裂,使得前者较后者的留存网络横向效率下降幅度更大。原因在于大量经销商(占比83%)的出度为1,删除一条边直接导致经销商脱离网络,而删除国有储备库和加工企业之间的连边,更是导致与该加工企业关联的经销商均脱离网络。

(3)纵向网络效率分析

这里分析"农户—加工企业"200000个节点对在随机删边时的网络连通情况,图5-25为T指标值计算结果。图中曲线平滑,近似为一条直线,删除边导致纵向网络效率出现明显下降。网络中大量农户度值仅为1,当以农户为端点的边出现断裂时,导致该农户直接脱离网络,其与加工企业之间的联结断开。当经销商与加工企业之间的边出现断裂时,由于较大比例(83%)的经销商出度仅为1,这类边断裂导致该经销商以及与其联结的农户全部脱离网络,这种边的断裂出现在纵向上扩散至农户的情景。由于加工企业和其他加工企业之间没有关联,并且网络内仅有4个经销商同时联结2个加工企业,当删除30%的边时,国有储备库和加工企业之间的连边出现断裂,该加工企业以及仅同它关联的经销商、加上仅同这些经销商关联的农户全部脱离网络,导致边的断裂在纵向上扩散,网络出现块状断裂的现象,大量节点对断开,纵向网络效率下降。

与节点内部随机故障分析结果不同,当节点外部随机故障时,纵向网络效率下降非常明显,这是因为节点外部故障后,节点仍留存于网络中,总的节点对数量没有改变,体现的是节点对之间连边断裂的情况,大量的断裂导致粮食供应链纵向网络效率下降。

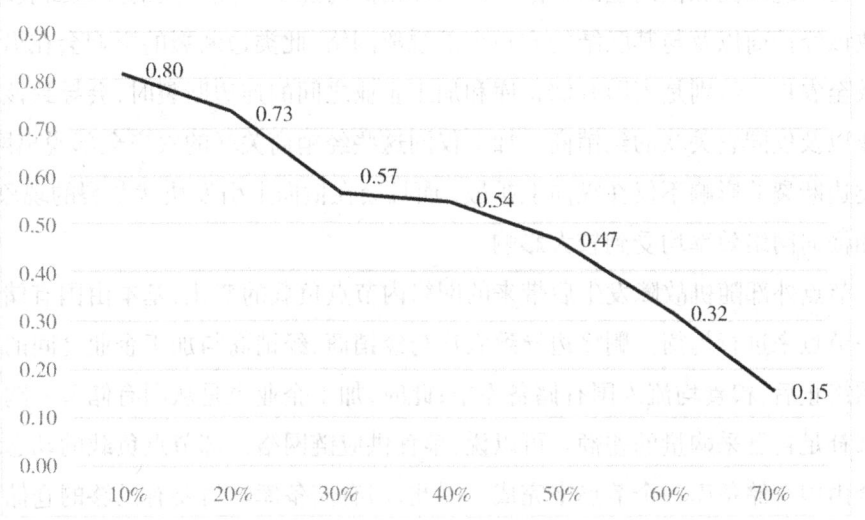

图 5-25　节点外部随机故障时纵向网络效率分析(T 值)

(4)网络负载变化分析

当节点外部故障时,边的断裂意味着节点间原有交易关系的中断。按照仿真模型设定,农户和经销商可直接售粮给国有储备库。当农户和经销商之间连边断裂后,农户转而重新寻找交易对象。网络中承担中介作用的节点主要是经销商和国有储备库,当节点外部随机故障时,对节点负载变化的分析主要针对经销商、国有储备库和加工企业的粮食流入和流出情况变化。

仿真结果表明,删除连边并没有让经销商、加工企业完全脱离网络,当删除经销商和加工企业之间的连边时,按照模型设定的经销商必须在期末售出所有粮食的规则,经销商会将粮食售出给国有储备库,随着更多边删除,国有储备库流入的粮食量出现增加。当删除 60%和 70%的边时,国有储备库和加工企业之间的连边出现断裂,国有储备库流出的粮食量减少。

(5)小结

节点外部随机故障时,粮食供应链网络表现出明显的脆弱性。仅当以农户为端点的边断裂时,不会影响其他节点,只是导致该农户脱离网络,此类边断裂的影响不会出现纵向和横向上的扩散。但当经销商与加工企业之间的连边断裂时,会导致该经销商以及与其联结的农户全部脱离网络,此类边断裂的影响会在纵向上扩散至农户。特别是当国有储备库和加工企业之间的连边断裂时,会导致该加工企业以及仅同它关联的经销商、加上仅同这些经销商关联的农户全部脱离网络,此类边断裂的影响不仅在纵向上扩散,而且会在横向上引发块状断裂的现象,纵向和横向网络效率均受到较大影响。

节点外部随机故障发生后带来的网络内节点负载的变化,基本由国有储备库单一节点来进行均衡。删除边导致农户与经销商、经销商与加工企业之间的交易关系终止后,粮食均流入国有储备库中;此时,加工企业也是从国有储备库购入粮食来补足自己采购量的差额。可以说,粮食供应链网络内部节点负载的动态均衡完全由国有储备库一个节点来完成。因此,国有储备库既需要有足够的仓储空间解决来自农户、经销商处大量流入的粮食存储问题,又需要有足够的库存粮食满足来自加工企业的应急需求。

### 5.3.3 节点内部目标攻击模拟

基于网络中度值大的节点联结的节点数量多、对网络影响大的特征,本小节按照节点度值降序排列,依次删除节点,模拟核心节点故障时对整个网络的影响。

国有储备库的度值最大,是网络的核心,一旦出现问题,会导致网络整体瓦解,这在前文随机故障分析中也进行了论证,故对国有储备库攻击造成的影响,不再做重复分析。本小节对其他度值较高节点受到目标攻击时粮食供应链网络的变化进行分析,由于经销商节点度值整体高于加工企业,因此节点内部目标攻击模拟以经销商节点度值排序为依据。

(1)最大子通图分析

按照经销商度值降序排列,依次删除 10%、20%、30%、40%、50%、60%、70%的经销商节点,R 值计算结果如图 5-26 所示。

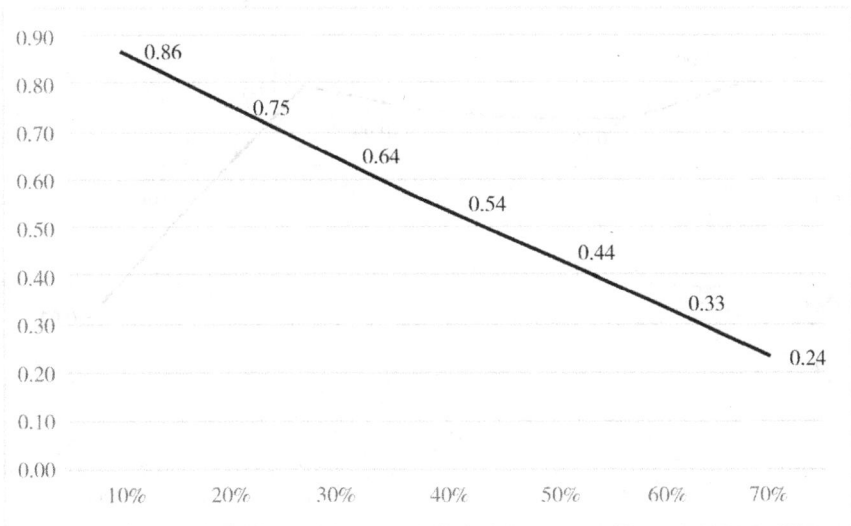

图 5-26　节点内部目标攻击 R 值分析

图 5-26 显示,针对经销商的攻击导致最大子通图规模明显缩减。度值大的经销商联结的农户数量多,由于大多数农户节点的出度为 1,即仅同 1 个经销商关联,因此,如果该经销商受到攻击,与之关联的农户受到直接影响。前 70 个经销商度值最小的为 93,最大的为 153,分布相对均匀,因此,图中曲线近似为一条直线。

(2)横向网络效率分析

这里分析经销商节点遭到目标攻击失效后,留存网络中"经销商—加工企业"2000 个节点对的连通效率,计算结果如图 5-27 所示。

图 5-27 显示,经销商受到目标攻击时,横向网络效率出现不稳定的变化。在度值排序前 50% 的经销商节点中,大部分出度为 1,即仅和 1 个加工企业直接关联,和其他加工企业的联结依靠国有储备库的中介作用来实现,这类经销商节点和加工企业之间的连接路径类型结构基本相同,并且平均最短路径较长,删除此类节点对横向网络效率基本无影响。

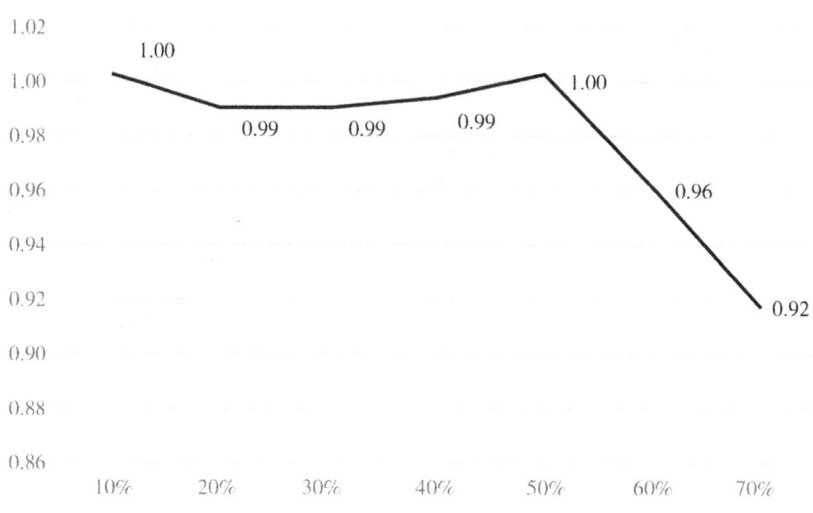

图 5-27　节点内部目标攻击横向网络效率分析（T 值）

进一步分析发现,当删除排序第 41-50 位的经销商节点时,其出度均为 1,删除他们使得留存网络中较长路径长度的节点对被删除,横向网络效率反而上升。当删除排序第 51~60 位的经销商节点时,部分节点和国有储备库关联,部分节点同时联结 2 个加工企业或者同时联结国有储备库和加工企业,这类经销商节点和加工企业节点对的平均最短路径长度较小,删除他们会导致横向网络效率下降。

（3）纵向网络效率分析

这里分析经销商节点遭到目标攻击失效后,留存网络中"农户—加工企业"200000 个节点对的连通效率,计算结果如图 5-28 所示。

图 5-28 显示,针对经销商的目标攻击导致粮食供应链网络纵向效率明显降低。网络中农户的粮食主要由经销商完成归集,然后出售给加工企业,经销商是连接农户和加工企业的重要节点类型,经销商节点失效导致"农户—加工企业"节点对的断裂。而农户经由经销商与加工企业联结的路径类型基本相同,使得删除经销商节点导致断裂后的留存网络平均最短路径长度变化不大,因而图中曲线近似为一条直线。

第5章 粮食供应链脆弱性的定量研究

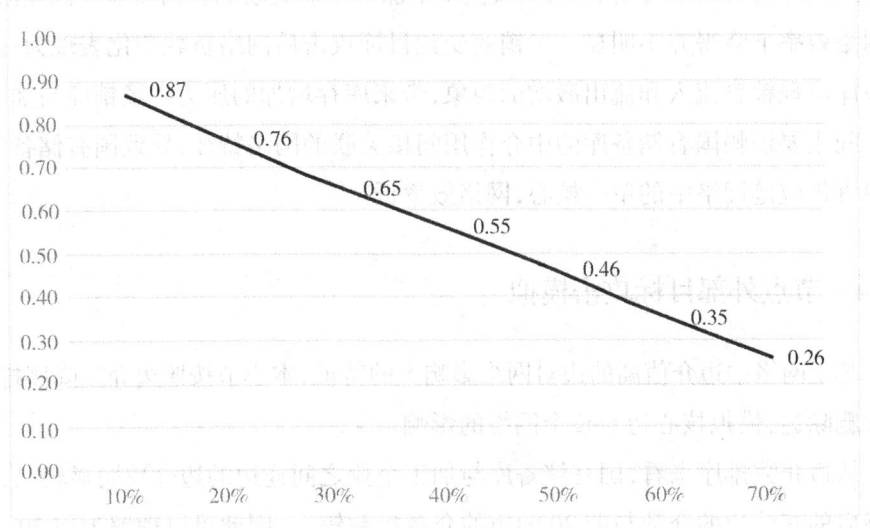

图 5-28 节点内部目标攻击的纵向网络效率分析（T 值）

(4) 网络负载变化分析

经销商节点受到目标攻击导致功能失效后，原本与其交易的农户将重新选择交易对象，相关加工企业也需要重新选择供应来源，网络内各节点负载将发生变化。仿真结果表明，删除经销商节点后，与之联结的农户根据收益最大化决策，没有出现将粮食卖给其他经销商或者加工企业的情况，而是将粮食卖给国有储备库，导致国有储备库流入的粮食数量增加；加工企业只能从国有储备库补足粮食，造成国有储备库的流出粮食量也在增加。从仿真结果还看到，当删除 70% 的经销商节点时，国有储备库流入的粮食量增加约 15 倍，这些粮食需要先入库，未来再以拍卖的形式出售给加工企业，这给国有储备库带来较大库存压力。

(5) 小结

针对经销商节点的目标攻击，导致留存网络最大子通图规模明显缩减，并且农户与加工企业之间的纵向流通由于缺乏经销商的中转而受到影响，纵向网络效率大幅下降。目标攻击经销商节点导致的横向网络效率变化不稳定，部分同时关联多个加工企业，或者同时关联国有储备库和加工企业的经销商节点一旦被攻击，将导致横向网络效率明显下降;而仅同1个加工企业关联的经销商节点被攻击,横向网络效率下降得并不明显。经销商受到目标攻击后网络负载变化表现为:国有储备库出现粮食流入和流出激增的现象,带来库存增加的压力。经销商与加工企业之间主要依赖国有储备库的中介作用间接关联的网络特征,导致国有储备库成为粮食供应链网络中的单一核心,网络效率低。

### 5.3.4 节点外部目标攻击模拟

基于网络中边介值高的边对网络影响大的特征,本小节按照边介数降序排列,依次删除边,模拟核心边对整个网络的影响。

从边介数排序来看,国有储备库与加工企业之间连边的边介数明显较高,[1]排序靠后的其他边的介数与前20的边的介数相差较大,因此可以理解为前20条边对于网络整体的影响最为明显,本小节针对边的目标攻击选择前20条边作为对象。

(1)最大子通图分析

按照前20的边的介数降序排列,依次删除10%、20%、30%、40%、50%、60%、70%的边,计算结果如图5-29所示。

图5-29显示,按照顺序删除边后,最大子通图规模出现明显缩减。边介数较大的边一端为国有储备库,另一端为加工企业,这类边的断裂导致以加工企业为核心的整个社区块断裂脱离网络,留存网络的最大子通图规模受到影响。图中曲线比较平滑,说明每次删边造成脱离的社区块中包含的节点数量相差不大。

---

[1]本节主要分析边对网络整体的影响,所引用的介数没有考虑边的方向。

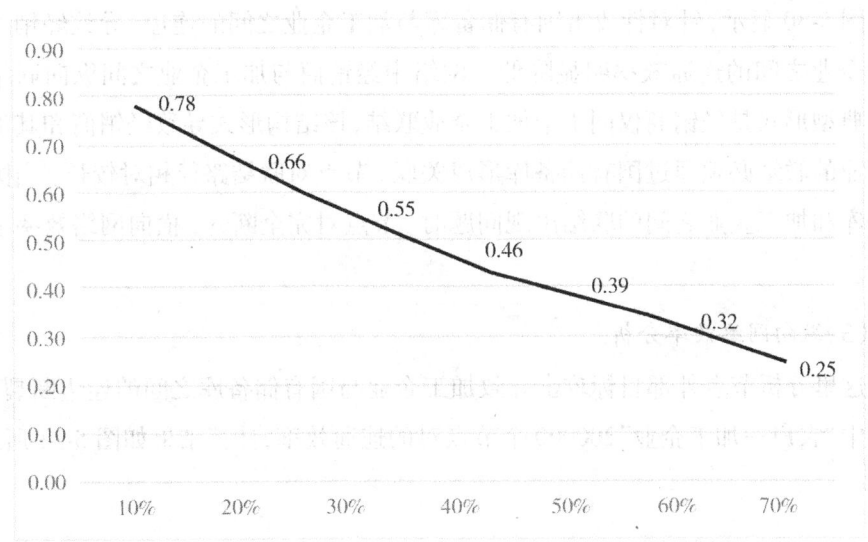

图 5-29　节点外部目标攻击 R 值分析

(2)横向网络效率分析

这里分析节点外部目标攻击导致加工企业与国有储备库之间的连边断裂后,网络中"经销商—加工企业"2000 个节点对的连通效率,计算结果如图 5-30 所示。

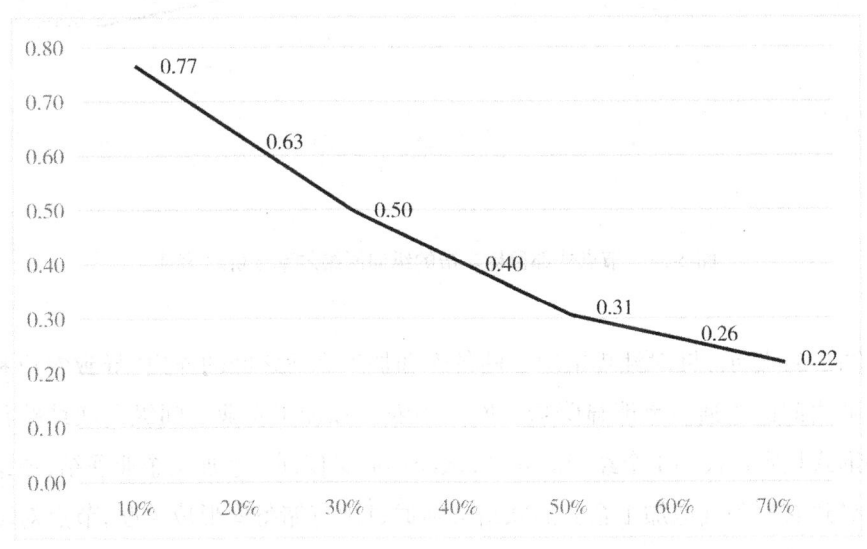

图 5-30　节点外部目标攻击的横向网络效率分析(T 值)

图 5-30 显示,针对性攻击国有储备库与加工企业之间的连边,导致经销商和加工企业之间的连通效率明显降低。网络中经销商与加工企业之间纵向联结路径的典型形式是经销商仅同 1 个加工企业联结,该结构形式导致经销商和其他加工企业的联结必须通过国有储备库形成关联,节点对联结路径相对较长,当国有储备库和加工企业之间的联结出现问题时,节点对完全断开,横向网络效率下降明显。

(3)纵向网络效率分析

这里分析节点外部目标攻击导致加工企业与国有储备库之间的连边断裂后,网络中"农户—加工企业"200000 个节点对的连通效率,计算结果如图 5-31 所示。

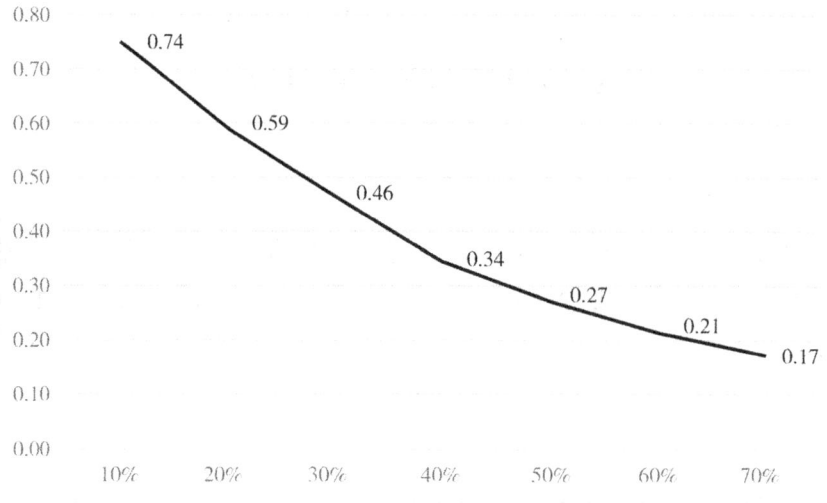

图 5-31 节点外部目标攻击的纵向网络效率分析(T 值)

图 5-31 显示,针对性攻击国有储备库和加工企业之间的连边,导致农户和加工企业之间的连通效率明显降低。网络中农户和加工企业之间纵向联结路径的典型形式是农户仅同 1 个经销商联结,该经销商又仅同 1 个加工企业联结,该结构形式导致农户和其他加工企业的联结必须通过国有储备库形成关联,节点对联结路径长,当国有储备库和加工企业之间的联结出现问题时,节点对完全断开,纵向

网络效率大幅下降。

(4)网络负载变化分析

仿真结果表明,如果某加工企业与国有储备库之间的连边断裂,该加工企业总流入量不变,而对其他加工企业从国有储备库购入粮食没有影响。当国有储备库与加工企业之间的连边断裂时,网络分解成相互间不关联的"块"状结构,每个块之间不发生粮食流动,块内部粮食供应量无法改变,又无法从外部补充,导致块内加工企业采购量不足额。

(5)小结

针对性攻击国有储备库和加工企业之间的连边,导致留存网络规模缩减。同时,删除国有储备库和加工企业之间的联结时,网络出现块状断裂,大量节点对完全断开,纵向和横向网络效率均显著下降。从网络负载变化分析可得,当网络分解成相互间不关联的"块"状结构时,块之间不发生粮食流动,加工企业开工不足,粮食供应链网络结构对此类攻击表现出明显的脆弱性。

## 5.4 粮食供应链网络结构优化:去脆弱性探讨

根据前文分析,在"农户—经销商—加工企业"的三层级粮食供应链网络结构中,由于规模限制,大多数农户仅将粮食出售给1个经销商,大多数经销商又仅将粮食出售给1个加工企业,造成网络的多层级嵌套星型结构形态,国有储备库成为联结各星型结构块的核心节点。当网络受到随机干扰或者目标攻击时,网络出现块状断裂,对留存网络规模、效率以及稳定性造成较大影响,也给国有储备库带来较大压力。本节以提高节点主体组织化程度为切入点,以农户适度规模为例,尝试对粮食供应链网络结构进行优化,以探讨粮食供应链去脆弱性问题。

### 5.4.1 农户适度规模后的网络结构型脆弱性分析

本节在设定网络总种植面积不变的前提下,讨论农户经营规模提高后网络拓扑结构的变化情况。提高农户经营规模的方式涉及总量和结构两个层面,本节首先设定按 30%、50% 和 70% 的比例来缩减农户数量;然后在每一数量级上,按表 5-10 所列比例来设定农户种植面积结构,确定合适的 pareto 分布来分别进行赋值;再计算每种赋值情形下网络各节点度值的变化情况,确定网络结构出现比较明显变化时的农户数量和结构(本节把此时的状态称为适度规模);最后进一步分析此时的网络其他主要统计特征。

表 5-10 农户结构比例的设定

| 项目 | 农户数量占比 | 累计种植面积占比 |
| --- | --- | --- |
| 设定情形① | 50% | 50% |
| 设定情形② | 40% | 60% |
| 设定情形③ | 30% | 70% |
| 设定情形④ | 20% | 80% |

(1)农户数量缩减 30% 后的网络节点度值分析

当农户数量缩减 30% 至 7000 户时,依次使用 pareto(15,1)、pareto(2,1)、pareto(1.45,1)、pareto(1.1,1)模拟四种情形下的农户种植面积分布。将网络看作有向网络,仿真结果显示,每种赋值情形下六个周期节点度平均值基本不变,并且四种赋值情形的六个周期节点度平均值差别也很小,分别为 1.0091、1.0089、1.0090、1.0091。选择模型的第四个周期仿真数据作为分析依据,[①]图 5-32 为四种赋值情形的节点度分布散点图,坐标轴为双对数坐标。

---

① 由于不同周期设定的最低收购价不同,所以本节讨论中统一选择第四周期的仿真结果为分析依据。

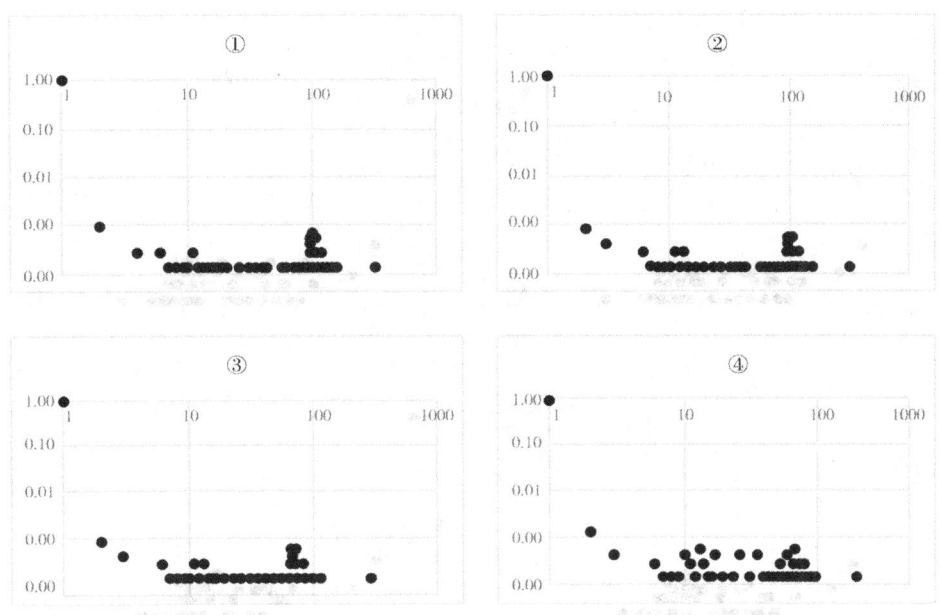

**图 5-32　四种赋值情形的节点度分布散点图（第四周期）**

散点图显示，大量节点度值仍为 1，度值最高的仍是国有储备库（四次赋值计算得到的度值均在 205 以上），网络内节点度分布仍然严重不均匀。从度值分析来看，缩减农户数量后，粮食供应链网络的结构形态没有发生变化，超过 98% 的农户仅联结到 1 个经销商，超过 80% 的经销商仅联结到 1 个加工企业，网络内多层嵌套的星型结构特点不变。国有储备库度值仍然较大，在网络中承担重要的中介作用。

(2) 农户数量缩减 50% 后的网络节点度值分析

当农户数量缩减 50% 至 5000 户时，依次使用 pareto(45,1)、pareto(2,1)、pareto(1.45,1)、pareto(1.05,1) 模拟四种情形下的农户种植面积分布。将网络看作有向网络，仿真结果显示，每种赋值情形下六个周期节点度平均值基本不变，并且四种赋值情形的六个周期节点度平均值差别也很小，分别为 1.0106、1.0120、1.0120、1.0121。以第四个周期仿真数据作为分析依据，如图 5-33 所示，为不同赋值情形下的节点度分布散点图，坐标轴为双对数坐标。

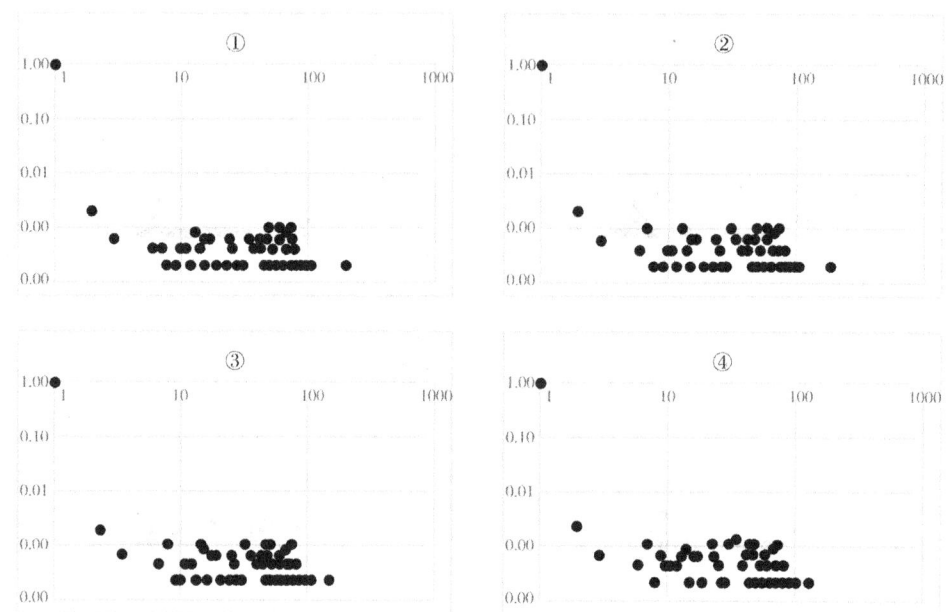

图 5-33 四种赋值情形的节点度分布散点图（第四周期）

散点图显示，大量节点度值仍为 1，度值最高的仍是国有储备库（四次赋值计算得到的度值均在 132 以上），网络内节点度分布仍然不均匀，但国有储备库的度值有所下降，直接出售粮食给它的农户数量开始减少。从度值分析来看，缩减农户数量后，粮食供应链网络的结构形态没有发生明显变化，超过 95% 的农户仅联结到 1 个经销商，超过 75% 的经销商仅联结到 1 个加工企业，网络内多层嵌套的星型结构特点不变。国有储备库的度值仍然较大，在网络中承担重要的中介作用。

（3）农户数量缩减 70% 后的网络节点度值分析

当农户数量缩减 70% 到 3000 户时，依次使用 pareto(50,1)、pareto(2.3,1)、pareto(1.3,1)、pareto(1,1) 模拟四种情形下的农户种植面积分布。将网络看作有向网络，仿真结果显示，每种赋值情形下六个周期节点度平均值基本不变，并且四种赋值情形的六个周期节点度平均值差别也很小，分别为 1.0056、1.0052、1.0055、1.0050。以第四个周期仿真数据作为分析依据，如图 5-34 所示，为不同赋值情形下的节点度分布散点图,坐标轴为双对数坐标。

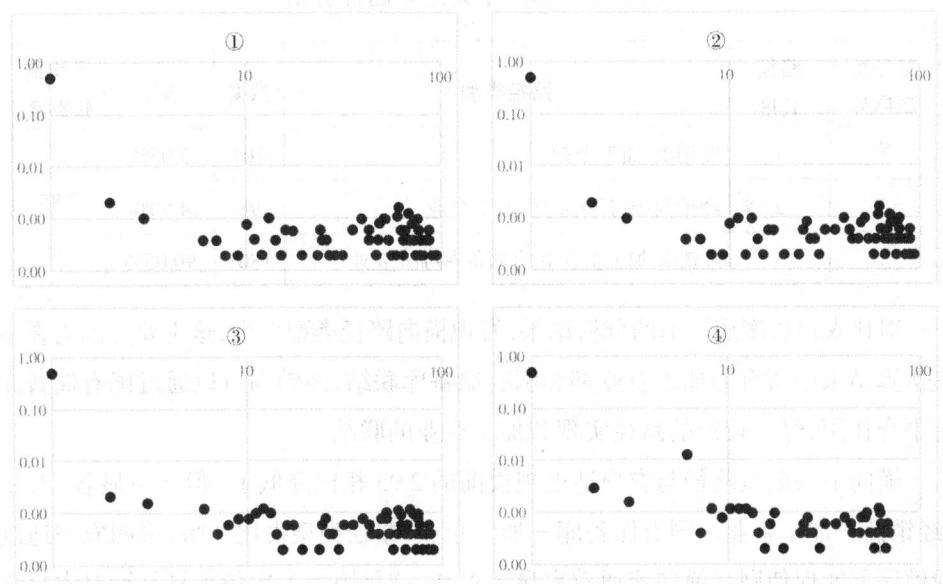

图 5-34　四种赋值情形的节点度分布散点图(第四周期)

散点图显示,仍然有较大比例的节点度值为1,度值最高的仍是国有储备库(四次赋值计算得到的度值均在67以上),网络内节点度分布仍然不均匀。对度值进一步分析发现,随着规模集中程度的增加,国有储备库的度值下降趋势明显,当20%的农户累计种植面积为82.7%时,国有储备库的度值下降为67,并且有8个加工企业没有从经销商处购入粮食,3个经销商仅同国有储备库交易,经销商和加工企业之间的联结减少,更多农户直接和加工企业交易,网络结构形态发生了一定的变化,局部异构性更明显。

因此,下面按农户数量为3000户、农户种植面积结构为第④种赋值情形(以下将此状况简称为"农户适度规模"),进一步探讨网络结构的其他主要统计特征,路径方面的统计指标选择平均最短路径,结构方面的统计指标选择模块度。

(4)农户适度规模后的网络横向平均最短路径分析

分析"经销商—加工企业"节点对之间的路径,出现表5-11中的三种主要路径类型,计算得到网络横向平均最短路径为2.85。

表 5-11 横向平均最短路径分析

| 路径类型序号 | 路径长度 | 路径类型 | 数量 | 占比 | 平均最短路径 |
|---|---|---|---|---|---|
| ① | 1 | 经销商-加工企业 | 101 | 5.05% | 2.85 |
| ② | 2 | 经销商-国有储备库-加工企业 | 98 | 4.90% | |
| ③ | 3 | 经销商-加工企业-国有储备库-加工企业 | 1801 | 90.05% | |

对比农户适度规模前的分析结果,发现横向路径类型变少,这主要是因为在本次仿真结果中所有的加工企业都和国有储备库联结,经销商可以通过国有储备库的中介作用,经过较短的路径实现和加工企业的联结。

横向平均最短路径与农户适度规模前的 2.95 相比降低了,但并不显著,其中"经销商—加工企业—国有储备库—加工企业"路径类型占比 90%,说明农户适度规模还不能促使网络横向流通效率显著提高,这是因为本次仿真只是针对农户规模进行了改变,而经销商规模设置不变。农户适度规模后 8 个加工企业没有和经销商直接关联,会使得"经销商—加工企业"节点对的连通效率降低,但由于国有储备库和所有加工企业直接关联,优化了网络整体的横向效率,使得最终网络横向平均最短路径有所变短。

(5)农户适度规模后的网络纵向平均最短路径分析

分析"农户—加工企业"节点对之间的路径,出现表 5-12 中的五种主要路径类型,计算得到网络纵向平均最短路径为 3.835。

与农户适度规模前比较,纵向平均最短路径类型减少了,这主要是因为在本次仿真结果中所有的加工企业都和国有储备库联结。纵向平均最短路径与农户适度规模前的 3.88 相比也降低了,但不显著,其中占比最大的是"农户—经销商—加工企业—国有储备库—加工企业"路径类型,说明农户适度规模还不能明显提升纵向流通效率,大部分农户仍然经由经销商和国有储备库、加工企业联结,这也是因为本次仿真只是针对农户规模进行改变,而经销商规模设置不变。

第5章 粮食供应链脆弱性的定量研究

表5-12 纵向平均最短路径分析

| 路径类型序号 | 路径长度 | 路径类型 | 数量 | 占比 | 平均最短路径 |
|---|---|---|---|---|---|
| ① | 1 | 农户-加工企业 | 136 | 0.23% | |
| ② | 2 | 农户-经销商-加工企业 | 3001 | 5.00% | |
| ③ | 3 | 农户-加工企业-国有储备库-加工企业 | 2444 | 4.07% | 3.835 |
| ④ | 4 | 农户-经销商-国有储备库-加工企业 | 1026 | 1.71% | |
| ⑤ | 5 | 农户-经销商-加工企业-国有储备库-加工企业 | 53393 | 88.99% | |

但是从节点负载变化情况来看,流经路径类型①(农户与加工企业直接交易)的粮食数量占到网络粮食总量的54.4%,[①]说明农户适度规模后网络内粮食交易效率显著提高。另外,从最短路径分析中发现,8个加工企业没有和经销商交易,经销商中有3个将粮食售出给国有储备库,这种变化显示出经销商的作用在纵向链式结构中被削弱,"农户—加工企业"这种短链在网络中成为主要的联结方式,加工企业和农户之间的物流、信息流效率得到明显提升,粮食供需匹配的效率得以提高。此外,虽然国有储备库仍然在网络中起着重要的中介作用,但它的度值已下降到67,并且其流入粮食量明显减少,这将大幅减轻国有储备库储粮压力。

(6)农户适度规模后的网络模块结构分析

使用GN算法,按照网络内连边的边介数高低进行社区划分。计算边介数发现边"G—P14"的介数最高;断边进行社区划分后,计算模块度,得到0.7991,说明划分效果较好;网络被划分为2个有明显边界的社区块,被划分的2个块之间没有连边,其中以P14为核心的"块"内包含19个经销商、15个直接联结的农户和561个经由经销商间接联结的农户。

重新计算边介数后,断开排序第1的连边"G—P9"进行社区划分,计算得到模

---

[①] 农户适度规模前初始网络的该数字仅为17.7%。

块度为0.7992,划分效果较好;网络进一步被划分为3个有明显边界的社区块,其中以P9为核心的"块"内包含17个经销商、4个直接联结的农户和484个间接联结的农户。以P9为核心的"块"和以P14为核心的"块"之间不存在连边,和以国有储备库为核心的"块"有2条连边。

以上结果说明,农户适度规模后,粮食供应链网络仍然具有明显的社区结构特性,删除国有储备库和加工企业之间的连边,使得网络出现"农户—经销商—加工企业"这种典型链式结构的子社区,并且子社区之间连边很少,彼此之间边界明显,社区间相互作用较少。一方面,这种结构特征会使得信息、资源在网络全局内流动效率低,过度依赖国有储备库的协调作用;另一方面,这种结构也会将局部故障限制在社区内部,对其他社区影响较小。

和农户适度规模前相比,仅12个加工企业经由经销商和农户关联,使得网络内以加工企业为核心形成"块"状结构的相对规模变大,[①]一旦这12个加工企业节点受到内部或者外部干扰发生故障时,所形成的"块"状断裂将对网络整体形成更大的潜在影响。

## 5.4.2 农户适度规模后的网络胁迫型脆弱性分析

本小节继续按照农户数量为3000户、农户种植面积结构为第④种赋值情形(简称"农户适度规模"),以模型第四周期仿真结果为基础,进一步分析网络胁迫型脆弱性特征。[②]

(1)节点内部随机故障模拟

网络初始规模为3121个节点,依次随机删除10%、20%、30%、40%、50%、60%、70%的节点,然后计算剩余节点构成网络最大子通图规模、网络效率,得到R、T指标值。

① 最大子通图分析。

---

[①] 网络内节点"块"相对规模为块内节点数和网络总节点数的比值。
[②] 本小节主要目的是分析农户适度规模后粮食供应链网络抵御风险的能力,正如前面第4章所述,自然和政策因素对粮食供应链运作的影响最大,所以本小节只讨论随机干扰的情况,限于篇幅所限,不再对目标攻击的情况展开讨论。

随机删除节点后的 R 指标值计算结果如图 5-35 所示。图中黑线为农户适度规模前的 R 值变化曲线,深灰色线为农户适度规模后的 R 值变化曲线。深灰色线下降趋势明显,并且相对平滑,近似为一条直线,说明农户适度规模后,节点内部随机故障造成留存网络最大子通图规模的明显下降。与农户适度规模前相比,由于节点内部随机故障没有发生在国有储备库,因此农户适度规模后的 R 值变化没有出现突然下降的情况,但这种变化的可能性仍然存在。这是因为国有储备库在网络中仍然起着核心作用,其故障后网络会分裂成块状结构,最大子通图规模会大幅下降。

农户适度规模后的网络中,8 个加工企业没有和经销商交易,仅和农户、国有储备企业联结;在删除 30%、40%、50%节点时,所删除加工企业节点没有和经销商联结,因而没有出现"农户—经销商—加工企业"这种链式断裂;在删除 60%、70%节点时,所删除的 8 个加工企业中分别有 3 个和 4 个同经销商联结,由于删除网络节点的总基数比较大,形成的链式断裂虽然加大了下降趋势,但是趋势并不明显。

图 5-35 中浅灰色线曲线表示节点故障后加工企业流入粮食量的变化,可以发现该曲线下降非常明显。这是由于农户经营规模集中后,当种植面积大的农户节点、交易金额大的经销商节点故障时,会导致流入加工企业的粮食数量明显下降。

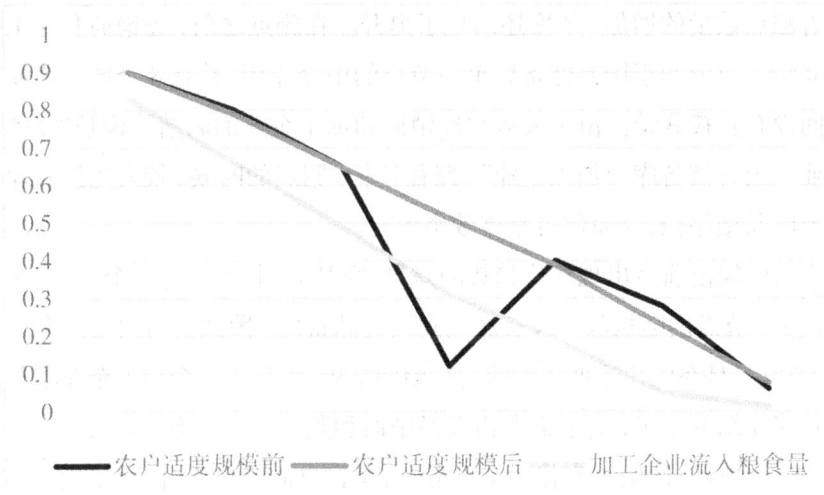

图 5-35　节点内部随机故障 R 值分析

② 横向网络效率分析。

这里分析"经销商—加工企业"节点对在节点内部随机故障时的网络连通情况,图 5-36 为 T 指标值计算结果。

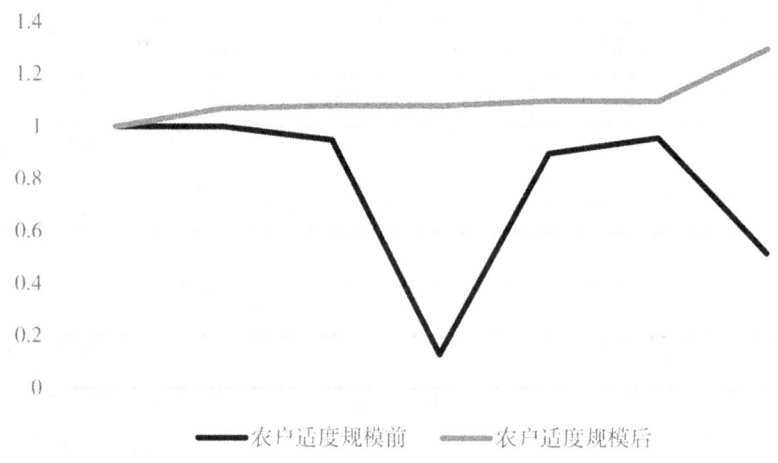

**图 5-36　节点内部随机故障时横向网络效率分析(T 值)**

从图 5-36 可以看出,农户适度规模后粮食供应链的横向网络效率没有下降,并且随着删点数量的增加,效率还出现了提升。在删点之前,经销商和加工企业之间的联结主要依赖于国有储备库单一节点的中介作用,并且 8 个加工企业和经销商之间没有直接联结。由于大多数经销商和加工企业的联结路径是"经销商→加工企业→国有储备库→加工企业",路径较长,删点的时候,较大比例删除的是这一较长的联结路径,反而使得整体效率上升。

农户适度规模前后出现变化趋势的差异,究其原因,主要有两个:一是在农户适度规模后,节点内随机故障没有影响到国有储备库,因此横向网络效率没有出现大幅下降;二是在农户适度规模前的初始网络中,出现了 2 个加工企业不和国有储备库直接联结的情况,它们需要借助经销商和其他加工企业的桥接,一旦这些桥接节点出现故障,网络效率将大幅下滑,而在农户适度规模后的网络中,加工企业与国有储备库存在直接联结,没有出现农户适度规模前的这种情况。

③ 纵向网络效率分析。

这里分析"农户—加工企业"节点对在节点内部随机故障时的网络连通情况，图 5-37 为 T 指标值计算结果。

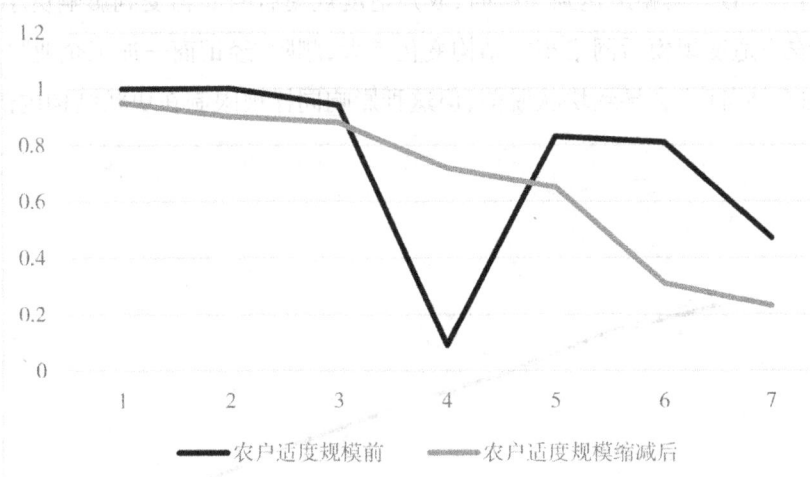

图 5-37　节点内部随机故障时纵向网络效率分析（T 值）

由图 5-37 可以看出，农户适度规模后，纵向网络效率受到节点内部随机故障的影响比较大，呈现出明显下降趋势。农户适度规模后，网络中有 136 个农户和加工企业直接联结，使得"农户—加工企业"路径类型中的农户占比比适度规模前的高，当进行随机删点后，该路径类型的农户有较大概率被删除，导致纵向网络效率的下降。另外，由于农户适度规模后，8 个加工企业和经销商不直接关联，与这些经销商直接关联的农户和这 8 个加工企业之间节点对的路径类型绝大多数为"农户—经销商—加工企业—国有储备库—加工企业"（该路径类型占比 89%），当路径中的经销商、加工企业故障时，网络出现块状断裂，对纵向效率形成影响。

（2）节点外部随机故障模拟

网络初始规模为 3144 条边，依次随机删除 10%、20%、30%、40%、50%、60%、70%的边，然后计算剩余节点构成网络最大子通图规模、网络效率，得到 R、T 指标值。

① 最大子通图分析。

随机删除边后的 R 指标值计算结果如图 5-38 所示。图中浅灰色线为农户适度规模后 R 值的变化情况,黑线为农户适度规模前 R 值的变化情况,两条曲线总体来说趋于一致。当删边达到 70%时,农户适度规模后的 R 值受到影响更小。总体来看,农户适度规模后网络拓扑结构变化不大,删除"经销商—加工企业""加工企业—国有储备库"会导致块状脱落,但这种影响同样被限制在块状结构内部,没有扩散。

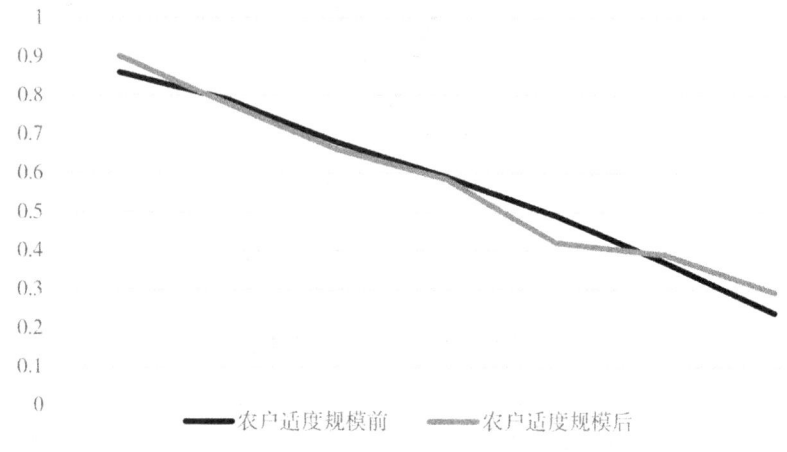

**图 5-38　节点外部随机故障 R 值分析**

农户适度规模前后的网络差异表现在,8 个加工企业和经销商之间没有联结,使得剩余 12 个加工企业平均联结的经销商数量增加,删除"国有储备库—加工企业"连边时,脱落的块状结构包含的节点数会更多,直接导致留存网络规模明显的下降。当删除 50%连边的时候,国有储备库和加工企业 P14 断开,导致留存网络受到较大影响,所以农户适度规模后的网络受到节点外部随机故障的影响稳定性更差一点。

② 横向网络效率分析。

这里分析"经销商—加工企业"节点对在随机删边时的网络连通情况,图 5-39 为 T 指标值计算结果。对比发现,农户适度规模后网络受到的节点外部干扰更大,效率下降趋势更明显。在农户适度规模后的网络中，8个加工企业没有和经销商直接关联，一旦他们和国有储备库之间的联结断开，将直接脱离网络，所有经销商都无法和他们关联。由于只有12个加工企业和经销商关联，导致每个加工企业平均关联的经销商增多，当国有储备库和这些加工企业的连边断开，会造成更大比例的经销商和其他加工企业的间接关联完全断开。

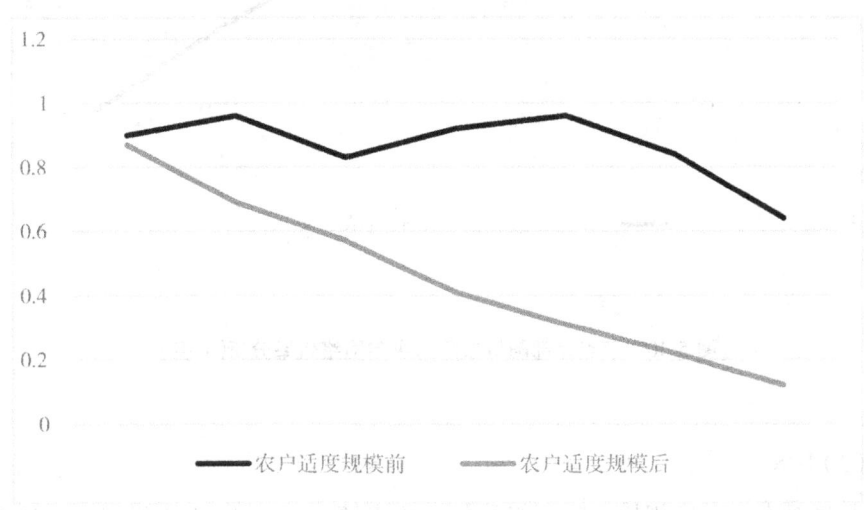

图 5-39　节点外部随机故障时横向网络效率分析（T 值）

③纵向网络效率分析。

这里分析"农户—加工企业"节点对在随机删边时的网络连通情况，图 5-40 为 T 指标值计算结果。对比发现，农户适度规模后网络纵向效率受到的节点外部干扰更大，效率下降趋势更明显。农户适度规模后的网络中，8个加工企业没有和经销商直接关联，一旦他们和国有储备库之间的联结断开，将直接脱离网络，除了直接和他们关联的农户，其他农户都无法和他们关联，从而造成大量"农户—加工企业"节点对断开。由于只有12个加工企业和经销商关联，导致每个加工企业平均关联的农户数量增多，当国有储备库和这些加工企业的连边断开，会造成更大比例的农户和其他加工企业的间接关联完全断开。

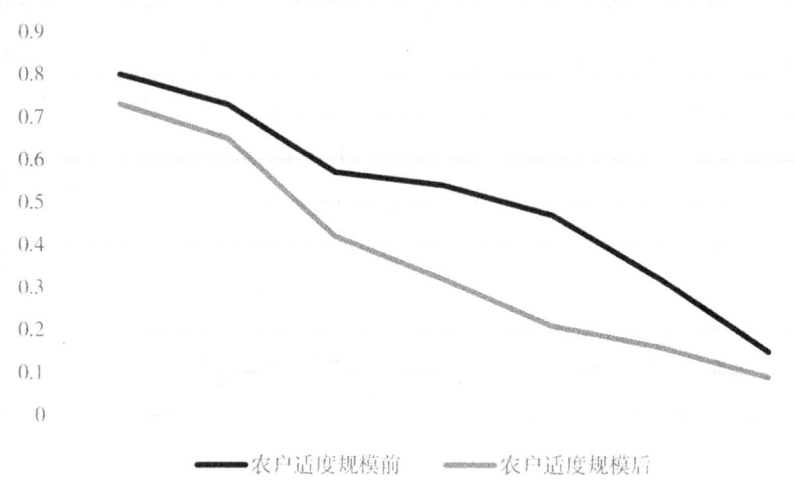

图 5-40 节点外部随机故障时纵向网络效率分析（T 值）

（3）小结

通过对农户适度规模后的网络受随机攻击情况的分析,由于经销商和加工企业之间直接联结的弱化,网络内块状结构的相对规模变大,和农户适度规模前相比,当网络受到节点内部和外部随机故障影响时,留存网络的最大子通图规模、纵向和横向网络效率均受到更大影响。这可以理解为农户适度规模后,粮食供应链胁迫型脆弱性会趋向恶化,[①]同时在某种程度上验证了第四章中提到的结构型脆弱性与胁迫型脆弱性之间存在着"悖反"效应的结论。但是,绝不能因此而否定农户适度规模经营的做法。相反,正是当前我国粮食安全保障能力显著增强的时代背景,为我们开展粮食行业提质增效改革、走高质量发展之路提供了绝佳的战略

---

① 近几年出现的种粮大户"毁约弃耕"现象也许能说明这种情形,即农户规模经营后由于自然风险、契约风险与市场风险的叠加,有时会造成比规模经营前更大的损失,导致毁约弃耕。相关报道见:高强.重视"毁约弃耕"背后的真问题.中华粮网,2017-03-09.

机遇。即在当前我国粮食安全形势与内涵已发生深刻变化的新时期,在坚守粮食安全这一战略底线的基础上(可以理解为控制好粮食供应链胁迫型脆弱性),应该抓住机遇,积极拓展粮食产业发展的效率空间(可以理解为调优粮食供应链结构、降低粮食供应链结构型脆弱性)。

需要说明的是,如何开展农户适度规模经营在我国各地农业资源禀赋条件差异大的客观现实中是一个非常复杂的问题,农户适度规模经营也存在多种形式,以及如何处理好与小农户经营之间的关系问题,学界对此也存在一些争议。本节仅是从网络结构优化的视角对农户适度规模经营问题进行了一些有益的探讨,模型中用来分析的农户经营规模状态并不能理解为我们得出了农户适度规模经营合理范围的结论。因为模型参数设置是理想化的,并且本节也只考虑了农户规模的变化,其他参与主体规模设置不变,特别是经销商群体,绝大多数是从农户中分化出来或农户兼业的,本节仿真时并没有考虑他们规模的动态变化,当然这些变化也是极其复杂的,存在研究上的难度。但是这些并不妨碍我们得出一些有益的结论,也进一步论证了我们在前面章节中得出的有关粮食供应链网络结构存在特殊性的结论,并为优化粮食供应链网络结构提供了思考和借鉴,这也许才是本节的意义所在。

# 第6章 研究启示:基于网络结构的优化

粮食供应链整合与变革的过程,是粮食供应链脆弱性消减与粮食供应链能力提升的均衡发展过程,也是"既守住底线又拓展空间"战略思维的体现。从粮食供应链网络节点内部、节点之间以及网络全局的角度,进行全方位的建链、补链、强链和延链,提高粮食供应链的运营与掌控能力,构建"安全+高效"的粮食供应链体系,是新时代在更高层次上保障国家粮食安全的必然选择,它既强调发挥市场在资源配置中的决定性作用,又注重更好地发挥政府作用。

## 6.1 网络节点方面:优化市场主体经营规模

确保国家粮食安全,既要切实种好粮田,还要管护和经营好"天下粮仓",做大做强粮食企业,如此,方能践行习近平总书记"把中国人的饭碗牢牢端在自己手中"的讲话精神(朱福堂,2018)。从本书的定性和定量分析清晰地反映出,提高网络节点的组织化程度是降低粮食供应链脆弱性的有效途径。在本书构建的粮食供应链复杂网络模型中,涉及农户、经销商、国有储备库和加工企业四类节点,他们都是参与粮食供应链运作的市场主体,①激活这些市场主体的主观能动性,使之成为粮食供应链变革的主导力量,是充分发挥市场机制在粮食资源配置中起决定性作用的重要体现。

### 6.1.1 发展适度规模经营与提升小农户组织化程度

在第 5.4 节的分析中,我们在粮食供应链网络总种植面积不变的基础上,将农户数量从 10000 户降到 3000 户、结构比例调整为 20%的农户种植面积占总面积的 82.7%时,发现粮食供应链网络拓扑结构开始出现优化。如果把每一个决策主体看作是供应链网络中的一个节点,那么在当前粮食供应链网络中,千家万户的农户就组成了海量的节点群体,这是由小农户在我国农业生产经营中占主体地位的国情决定的。②

在《把乡村振兴战略作为新时代"三农"工作总抓手》这篇重要文章中,习近平总书记深刻阐述了中国特色乡村振兴之路应该怎么走,提到我国人多地少的现状决定了全国不可能都像欧美那样搞大规模农业、大机械作业,多数地区要通过健全农业社会化服务体系,实现小规模农户和现代农业发展有机衔接;当前和今后一个时期,要突出抓好农民合作社和家庭农场两类农业经营主体发展,赋予双层经营体制新的内涵,不断提高农业经营效率。

因此,如何提升我国小农户的组织化程度、走适度规模经营之路,即在分化减少小农户的同时(数量缩减),提升继续务农的小农户扩大经营规模的能力(结构调优),使他们真正融入现代粮食供应链,是我们在本研究中得出的一个重要启示。

---

① 由于粮食经销商群体的身份较为特殊,很大部分人员是从农户中分化出来的,也有很多新型农业经营主体在从事粮食经纪与交易的工作,还有不少农户兼业从事粮食经纪业务,所以在本节中,我们将其与农户群体放在一起提出发展建议。

② 根据第三次全国农业普查数据,2016 年年底我国小农户占比超过 98%,其中小农户是指在农业普查中低于规模化标准的农业经营户,具体数据详见第 2.3.2 小节。又据农业农村部统计,目前小农户耕种的自家承包地和流入农户承包地合同面积共计 11.8 亿亩,占家庭承包经营耕地合同面积的 86.1%,小农户承担着我国大部分粮食生产和主要农产品供给任务(张红宇,2019)。

一方面,在我国农业经营体制方面,小农生产的状况有着几千年的历史,"大国小农"仍是基本的国情、农情,小规模家庭经营是农业的本源性制度(韩长赋,2019)。另一方面,小农户也是规模经营农户(如家庭农场、种粮大户)生成的最基本来源,据统计,全国376.2万经营规模在50亩以上的农户基本来源于承包农户,纳入农业部门名录的48.5万户家庭农场中有80%以上来自本村的承包农户(张红宇,2019)。"大国小农"的长期存在性,要求处理好发展适度规模经营与扶持小农户之间的关系,以统筹兼顾新型农业经营主体和小农户的方式走中国特色的渐进式发展道路。

一是引导和鼓励小农户通过联合和合作(如股份合作、产业化经营等方式),在完善风险分担和利益分配机制的基础上,组建农民合作社,①发展适度规模经营,发挥组织、带动和引领小农户的作用,化解其生产弱势、市场弱势和组织弱势,和小农户共享规模经营带来的"比较优势"。

二是在越来越多的农民离开农业、进城务工的背景下,农业规模经营的空间巨大,②要以农村承包地"三权分置"改革为契机,扶持有务农意愿的小农户,通过职业培训和农业社会化服务等形式,提高生产技能,扩大经营规模,突破小农户自身的生产经营"上限",使小农户逐渐分化成规模适度的种粮大户和家庭农场,促进小农户与现代粮食供应链有机衔接。

但是,也要审慎处理好发展农民合作社、家庭农场、种粮大户甚至产业化龙头企业等新型农业经营主体与发挥小农户作用的关系,避免因片面追求发展前者而对小农户造成的"挤出"效应,否则有可能会破坏维护粮食安全的根基,甚至会对城乡社会稳定产生难以估量的负面影响(姜长云,2018)。因此,将新型农业经营主体的适度规模发展与有效引导小农户结合起来,是当前和今后很长一段时期较为

---

① 我国的农民合作社主要有两类:一类是由工商资本、粮食经销商或农资经销商带动的农民合作社,往往具有较强的资金实力、融资能力或市场优势;另一类是由种粮大户或家庭农场带动的农民合作社,往往具有较强的地缘、业缘、亲缘关系,相对于前一类合作社,他们与小农户之间更容易形成紧密、稳定的利益联结机制,降低小农户"被边缘化"的风险(姜长云,2018)。

② 这在很大程度上取决于城镇化、工业化的发展在多大程度上为小农户的劳动力转移提供就业空间和生存发展空间。

明智的选择。

## 6.1.2 多层次储备主体的协调发展与政策性储备的适度规模

从定量分析结果可知,国有储备库是粮食供应链网络中的关键节点,在保障网络稳定方面发挥核心功能,但当其受到攻击而发生故障时也会造成网络的崩溃或效率的急剧下降,因此,守好天下粮仓是扛稳粮食安全重担的重要着力点。从另一个角度来看,过度强调国有储备库节点的关键性,会造成当前粮食库存高企、粮食品种质量结构失衡、与市场需求脱节的状况,使得大量财政资金沉淀在国有储备系统中。

在本书进行仿真模型构建时,假设"国有储备库"这一粮食供应链网络中特有的关键节点是一个统一的决策主体,表现为单一节点,这是一种非常理想的情况,也是基于研究规模的局限性而如此设定的。实际上,我国的粮食储备系统是一个由中央、省级、市级和县级储备并存、分级管理的复杂体系,[①]存在着上下级储备之间运行脱节、同级地方储备之间运行脱节、承储企业运营与市场行情脱节等日益突出的矛盾,整个粮食储备系统实际上是一个多头决策的格局,导致运作效率极其低下:一方面,在国家层面上存在粮食储备总量过剩但品种结构失衡的现象;另一方面,在地方层面上存在粮食储备区域失衡现象,以及承储企业经营主要靠国家补贴存活的现象,造成国家财政资金在粮食储备系统中的大量沉淀和浪费。

因此,如何改革国家粮食储备体系,使其能真正成为一个统一体,在兼顾国家粮食安全与粮食储备运转效率的基础上,更好地发挥出市场机制的作用,按照"两协调、一分离"的原则完善粮食储备体制,[②]是我们在本研究中得出的一个重要启示。

---

[①] 在粮食行业标准《粮食信息分类与编码 粮食属性分类与代码》(LS/T 1702—2017)中,我国储备粮分为中央储备粮、地方储备粮和其他储备粮三种,其中地方储备粮又分为省级、市级和县级地方储备粮。

[②] "两协调、一分离"是指中央储备与地方储备相协调、政府储备与社会储备相协调、储备的政策性职能与经营性职能相分离(王双正,2018)。

**（1）构建中央与地方相协调的政府储备体系**

合理划分中央与地方粮食事权,构建中央与地方相协调的政府储备体系。自1990年《国务院关于建立专项粮食储备制度的决定》发布实施以来,我国已建立起中央和地方两级分担的粮食政府储备体系,其中,中央储备由战略储备和专项储备构成,[①]用于稳定粮食市场价格(如以不低于最低收购价敞开收粮)、应对全国性粮食危机,由中国储备粮管理总公司实行垂直管理和统一经营;[②]地方储备分为省、市、县三个层级,用于稳定本行政区域内粮食市场、应对局部粮食危机,由各级地方政府负责,一般委托地方国有粮食企业管理和经营。[③]中央储备粮和地方储备粮的粮权分别归属于国务院和各级地方政府,管理体制分别为垂直管理和属地管理,由于各级责任主体对粮食储备侧重的目标不同、各地粮源情况和财政状况不一,需要合理划分中央与地方粮食事权,[④]并建立彼此之间的沟通协调机制。

一是中储粮各分公司要加强与当地政府的沟通协调和信息互通,合理布局中央储备(包括粮食品种、数量与质量),减少粮食储备调运的压力和成本,增强应急

---

[①]在专项储备制度建立以前(1990年以前),我国的粮食储备以备荒备战为主要目的,基本由备荒储备(如甲字粮)和备战储备(如506粮)两部分组成。建立专项储备制度后,国家将备荒储备并入专项粮食储备,而备战储备相当于战略粮食储备,因此,中央粮食储备可概述为国家专项储备加上战略储备。另外,应当注意的是,我国粮食储备的概念与FAO的有些差异,我国一直将周转储备排除在粮食储备的概念之外,而将战略储备纳入进来。由于周转储备的目标是解决常年粮食消费与集中收获的矛盾,而专项储备的目标是以丰补歉、保障粮食供给安全,表现为政府储备。因此,本书涉及的中央储备只涉及国家专项储备部分。

[②]2000年,国务院对专项粮食储备制度进行改革,成立了中国储备粮管理总公司,实行"总公司—分公司—直属库"三级架构、两级法人、层级负责的垂直管理体制。整个公司属于一个利益主体,目标高度一致。

[③]民营粮食企业对政策性粮食只能履行代储任务,无权调动。

[④]目前中央与地方粮食事权分属不清现象突出,主要表现为两个方面:一是中央政府包揽了过多的应由地方政府承担的粮食事务,导致地方政府普遍认为粮食安全是中央的事情,与己关系不大,且越是基层政府这种认识倾向越明显,对粮食储备的重视程度呈逐级递减趋势;二是中央与地方的粮食储备缺乏有效衔接,中央国有粮食企业与地方国有粮食企业各自为政,没有形成联动机制,甚至出现中央企业与地方政府粮食调控目标逆向的操作。

联动能力。①

二是各地方政府之间也要增强沟通协调和信息共享,特别是要建立产销区之间利益协调机制、提高中央财政在主产区粮食风险基金中的比例②、推行地方储备粮的异地代购代储机制、将地方储备的吞吐轮换尽快纳入全国统一开放的粮食交易市场上公开进行,形成中央与地方之间、地方与地方之间相互协调、精细化运作的政府储备体系。

(2)构建政府与社会相协调的多元储备体系

鼓励多元市场主体参与粮食储备,深化国有粮食企业改革,分离其粮食储备的政策性与经营性职能,构建政府与社会相协调的多元储备体系。根据有关资料测算,在我国现阶段粮食总储备量中,政府储备(中央储备和地方储备)占到96%以上,而社会储备(企业储备和农户储备)的占比不到4%。③粮食储备的高规模,在对国家粮食安全提供保障的同时,也使得我国财政承受了极大的压力,据测算,我国一年的粮食收购、保管、轮出、利息补贴等费用以及陈化损耗、出库损失等加起来超过1000亿元,政府储备对稳定粮食市场供给和价格的边际效用呈递减趋势(李鹏,2018)。这种在粮食连年增产情况下,国家面临的"收不起、储不起、补不起"困境,是新常态下一种新的粮食不安全现象(马晓河,2016)。

适当缩小政府储备规模、提高农户储备能力和企业储备自由度是未来我国储备结构优化的方向(郑风田和普蓂喆,2016)。粮食产量的连年增长,储备量的不断增加,④为我国粮食储备体制进行市场化、高效率改革奠定了基础,当前的农业供

---

① 据资料显示(李鹏,2018),目前70%的中央储备粮存储于主产区,主销区储备规模偏小,加上现有粮食物流体系的不完善,导致粮食应急调运不畅,若发生局地粮食危机时,有形成区域性粮食安全的威胁。

② 1994年,《粮食风险基金实施意见》首次明确提出建立粮食风险基金制度,由中央与地方财政共同筹集专项资金,分别设置中央补助和省级自筹两个账户,两者预算比例为1.5:1。

③ 本书构建的粮食供应链复杂网络模型也是按照这个客观情况来设计的,例如,模型中农户会在每个周期第1阶段结束时全部出清粮食,经销商会在每个周期末全部出清粮食,而加工企业虽设有库存,但也只是其自身正常经营所需的安全库存量。

④ 2004年年末我国粮食商品库存量约为1.55亿吨,到2015年年末库存已突破5亿吨,粮食储备率已超过80%(马晓河,2016)。

给侧结构性改革也为粮食储备体制改革提供了历史性机遇。[①]

一是科学确定国家粮食安全目标储备数量,[②]超过目标储备规模的粮食可以通过休耕轮作、工业化深加工的方式逐步去库存。

二是坚持政企分开、所有权与经营权分离的原则,改革国有粮食企业,剥离其政策性储备业务,将经营性储备业务完全按照市场机制操作运行。

三是推行收储主体的多元化,打破现阶段由大型国有粮食企业垄断的收储市场结构,积极推行国家收储任务向社会竞争招标,以及"国代民储"[③]、"粮食银行"等方式,构建粮食加工企业和农户积极参与的多元化粮食储备体系,实现政府储备和社会储备的协调发展。

### 6.1.3 加工企业的规模、集聚发展与大粮商的培育

粮食安全是一项系统工程,既需要足够的粮食产量和库存,也需要相应的加工与流通能力(张务锋,2018)。粮食只有经过加工转化成为成品粮油,并及时通过物流配送供应给消费者,才最终真正实现了粮食安全。因此,要用全面系统的观点看待和把握整个粮食供应链系统,增强"产购储加销"各环节协同联动和整体保障能力。

粮食加工与流通对粮食生产具有反哺激励和反馈引导作用,对粮食消费具有支撑培育和带动引领作用,是粮食供需的"蓄水池"和"调节器"(张务锋,2017)。粮

---

① 2019年5月29日,习近平总书记主持召开中央全面深化改革委员会第八次会议,会议审议通过了《关于改革完善体制机制加强粮食储备安全管理的若干意见》,强调粮食储备是保障国家粮食安全的重要物质基础,要科学确定粮食储备功能和规模,改革完善粮食储备管理体制,健全粮食储备运行机制,强化内控管理和外部监督。

② 粮食储备规模在什么范围内才是适度的,是一个值得深入研究探讨的话题,要坚持辩证思维解难题。在我们这样一个人口大国,粮食多了是问题,少了也是问题,但这是两种不同性质的问题。多了是库存压力、是财政压力;少了是社会压力、是整个大局的压力(韩长赋,2019)。

③ 针对市场化收购条件下加工企业和农户收粮、储粮、卖粮、清理烘干等一系列难题,国有储备企业可以与加工企业、农户签订合同,实行代收、代烘、代储业务,代储的粮食暂不结算,粮权属加工企业、农民。如果以后加工企业或农民同意售粮,双方按照收购价格进行粮款结算,也可以委托国有储备企业代为销售。

## 第6章 研究启示:基于网络结构的优化

食加工与流通产业越发达,粮食价值链条就越完善,粮食安全基础也就越牢固,抵御风险能力就越强。从国际上来看,世界粮食强国往往也是粮食加工与流通强国。建立门类齐全的粮食加工与流通体系,打造国际先进水平的粮食价值增值链条,是落实总体国家安全观和粮食安全战略,进一步筑牢国家粮食安全基础的必然选择。

因此,如何提升粮食加工企业的供应链掌控能力,培育具有"大市场""大流通"理念和国际视野的大粮商,解决诸如加工不精、品质不优、营销不活、品牌不响、物流不畅等粮食流通领域的问题,满足人民群众对优质粮油产品消费的新需求,也是我们在本研究中得出的一个重要启示。[①]

鉴于当前我国缺乏实力雄厚、具有强大供应链管理能力的粮食加工企业的现状,要培育和壮大一批具备资源、资金、资产集聚能力的优秀企业,使其成为粮食供应链变革的引领者,主导对粮食供应链内部资源的整合和内外资源的融合,促进粮食供应链安全、高效运作。

(1)壮大加工企业规模,形成产业集聚发展

支持广大粮食加工企业从低端弱小的企业格局向全产业链模式规模发展,从分散无序的产业布局向产业集群模式集聚发展。

首先,按照价值链提升、产业链延伸的思路,壮大企业经营规模。目前,我国粮食加工产品的开发深度和精深加工能力非常有限,[②]突出表现为稻谷和小麦等口粮类加工产品"千人一面""万人一米",产品价值链低,品牌发展滞后;玉米、大

---

[①] 由于研究规模的局限性,我们将粮食供应链复杂网络模型中加工企业数量设定为20个,这样既能满足统计分析的要求,又不至于数量太大影响模型的仿真运行难度。因此,虽然我们在第5.4节分析中没有像农户群体那样,对加工企业数量进行"精减"操作的模拟,但从模型仿真结果可以看出,在粮食供应链多层级星型嵌套结构中,加工企业作为第二层级星型结构的核心,更适合成为粮食供应链上的核心企业。

[②] 据笔者在黑龙江省粮食局调研所得数据,2017年该省水稻、玉米、大豆的加工转化率分别为62%、29%、19%。该省作为全国第一产粮大省的重要地位以及拥有的丰厚粮食资源优势,在粮食加工领域却没有得到有效利用和充分发挥。

豆深加工产业链条短,产品附加值低。①扩大粮食加工企业的精深加工能力,加快补上优质粮食供给不足的短板,是粮食供应链"强链"建设的一项重大而紧迫的现实任务。

其次,按照供应链纵向延伸的思路,整合粮食供应链上松散脱节的组织形态。以加工企业为核心进行粮食供应链的前向一体化(消费者方向,如实施"放心粮油"门店工程、采取"物流配送+连锁经营"模式等)和后向一体化(农户方向,如开展订单农业、实行"企业+合作社+农户"模式等),通过对粮食供应链的资源整合和流程再造,形成紧密的"产购储加销"纵向链条,也是粮食供应链"强链"建设的重要形式。

再次,按照上下游产业协同发展的思路,向粮食产业园区聚集的模式发展。相关产业主体在地理上的集中可以促进粮食供应链上下游主体在区域内的分工与合作,有助于粮食供应链降低运作成本和提高运营绩效,引导与粮食加工企业配套的上下游企业、相关贸易企业和物流企业,以及批发市场、信息平台、产后服务中心等粮食产业资源向粮食产业园区聚集,是粮食供应链"补链""延链"建设的重要内容。

(2)培育中国的大粮商

充分发挥市场配置资源的决定性作用,引导具备较强供应链掌控能力的粮食企业,以资产、资源、市场和品牌为纽带,按照供应链横向拓展的思路,实施多元化和国际化经营,成为经营范围涵盖粮食生产、收储、加工、物流、贸易、金融、信息的大粮商。ADM、邦吉(Bunge)、嘉吉(Cargill)、路易达孚(Louis Dreyfus)国际四大粮商掌握着世界80%的粮食交易量,从种子、化肥等农资供应环节开始,到建立自己

---

① 玉米产业链可以延伸到很长,发达国家玉米深加工产品可达3000多种,全程可增值5倍以上利润;大豆产业链也比较长,并且价值增值十分可观,发达国家非转基因大豆加工产品达150多种、产品增值约8~10倍。据笔者在黑龙江省粮食局调研所得数据,2017年该省有玉米深加工企业43户,年加工能力1025万吨,产品大多数是淀粉和酒精等初级加工产品,产业链条短、附加值低、市场竞争激烈、价格波动大、企业效益不高,玉米深加工增值仅为1.46倍;该省大豆加工主要是非转基因食品,生产工艺落后,产品竞争力低,大部分企业处在停产、半停产状态,部分企业已转型另谋发展,全省大豆加工企业由2014年的169户减至2017年的120户,减幅29%,加工量由2014年的240万吨减至2017年的120万吨,减幅50%。

的物流体系直至通过期货控制粮食市场,达到掌控完整粮食供应链的目标,它们的供应链管理取得了良好绩效。[①]习近平总书记曾寄语中国粮食企业,要有打造我们自己的国际大粮商的信心(赵双连,2017)。

首先,在国际化经营方面,我国大型国有粮食企业要通过海外投资和跨国并购等方式"走出去",开展多种形式的国际合作,构筑全球粮食供应链体系,例如,从粮食供应链的生产、加工、物流环节入手,在海外建设大型种植和加工基地、投资仓储物流基础设施,积极参与国际粮食分工和产业链再造,培育具有国际竞争力的大粮商。

其次,在多元化经营方面,具备供应链掌控能力的粮食企业,通过与物流、金融、信息等相关行业深度融合,开展粮食供应链的横向拓展,实现粮食供应链上物流、资金流和信息流"三流合一",更好地促进粮食供需匹配的实现。一是通过与第三方物流企业的合作,运用现代物流技术与管理理念,重构粮食供应链物流系统,优化物流渠道,降低物流成本,提高物流效率;二是通过与金融企业的合作,开展供应链金融业务,如动态仓单质押、融通仓等,为粮食供应链上合作成员提供资金支持,降低融资成本,提高资金流转效率;三是通过与互联网平台企业的合作,加快消除粮食供应链上的"信息孤岛",让信息有效对接,实现供应链上各业务环节、各参与成员之间的互联互通。

## 6.2 节点间、模块间联结方面:提升粮食物流能力

从本书定性和定量分析结果来看,粮食供应链网络节点之间存在着大量的弱联结,特别是由于粮食供应链网络存在模块化结构,且模块之间的节点较少联结,使得网络故障时会出现块状断裂,块内节点会整体脱离网络。因此,网络节点之间特别是模块之间的联结在网络稳定方面显得尤为重要。从我国粮食供应链运

---

[①]根据四大粮商的网站资料,在2018年财政年度里,ADM实现营业收入约643亿美元,邦吉约457亿美元,嘉吉约1147亿美元,路易达孚约406亿美元。

作的实际来看,粮食物流能力建设,特别是跨区域(跨省)粮食现代物流体系建设是粮食供应链安全、高效运作的重要保障,理应成为粮食供应链去脆弱性的重要内容,这是我们在本研究中得出的一个重要启示。

在衡量供应链竞争力和运作绩效的几个关键指标中,如供应链响应周期、供应链总成本、供应链总库存水平、供应链按期交付可靠性、供应链的服务水平等,物流能力的强弱和物流过程管理水平的高低对其影响都是很大的(马士华和林勇,2005)。粮食物流系统作为国家的重要基础设施,是确保粮食供应链安全、高效运作的重要基础,必须立足中国的实际来谋划粮食现代物流体系。随着我国粮食生产与贸易量的扩大,以及粮食生产重心由南向北、由东向西转移,粮食物流总量特别是跨省粮食物流量呈快速增长,"北粮南运""中粮东运西进"的粮食物流态势明显突出。[1]然而,正如《粮食物流业"十三五"发展规划》所说,当前我国粮食物流业发展水平与我国粮食生产流通总量不相适应,突出表现为基础设施网络不完善,现代物流运作模式尚未形成,信息化、标准化程度低,物流成本高、效率低。传统的粮食物流运作模式已不能适应新形势要求,已成为粮食供应链安全、高效运作的一大障碍,急需建立完善、便捷、高效的现代粮食物流体系。

## 6.2.1 聚焦仓储资源和产后服务,进一步提升粮食收储能力

中华人民共和国成立以来,为确保国家粮食安全,我国粮食仓储设施经历了八次大规模建设,特别是 2014 年国务院第 52 次常务会议决定新建 1000 亿斤仓容,实际累计安排中央补助投资近 200 亿元,建设仓容 1600 多亿斤;以及 2013—2016 年开展的"危仓老库"维修改造工作,中央财政共安排 94 亿元,带动地方和企业投

---

[1] 根据《粮食物流业"十三五"发展规划》,2011 年我国粮食跨省物流量为 1.5 亿吨,到 2015 年增长到 1.65 亿吨;其中,东北通道流出量约 5000 万吨,黄淮海通道流出量约 6000 万吨,长江中下游通道流出量约为 2400 万吨,三大通道流出量约占跨省物流量的 81%。根据国家粮食和物资储备局 2018 年调研数据整理,2017 年我国粮食跨省流通量约 1.7 亿吨,其中,东北通道流出量约 6950 万吨,黄淮海通道流出量约 4835 万吨,长江中下游通道流出量约为 3485 万吨,三大通道流出量约占跨省物流量的 90%;预计到 2020 年我国粮食跨省流通量将达到 1.8 亿吨,2025 年将超过 2 亿吨。

入约 300 亿元,共维修改造仓容约 1.23 亿吨。这些举措大幅提升了我国粮食收储能力,2017 年各类粮食标准仓房仓容约 6.5 亿吨,接近粮食 2017 年产量 6.6 亿吨,其中完好仓容已超过 95%,在粮食连年丰收的情况下为保障粮食"颗粒归仓"奠定了坚实基础,有效防止发生农民"卖粮难"现象,具体数据见表 6-1。

在粮食仓储体系建设方面,需要进一步整合存量资源,优化增量资源,完善规划,合理布局。一是对万吨以下的库点逐步置换、撤并,集中财力物力建设 3 万吨以上的骨干收纳库和 5 万吨以上的储备库,提高仓储规模经济效益。二是优化现有仓型结构,着力解决作为主导仓型的平房仓装卸作业能力不强的问题,逐步改造和建设浅圆仓、立筒仓及相应设施,提高中转及快速发放能力。①三是推动粮库标准化、现代化和信息化建设,②形成以中心库为支点、收储库为延伸点、科技水平较高、设施装备一流的现代粮食仓储体系。

表 6-1　2015—2017 年各类粮食企业标准仓房仓容情况表

单位:万吨

| 年份 | 标准仓房仓容 | | | | 简易仓 | 油罐数（个） | 总罐容 |
|---|---|---|---|---|---|---|---|
| | 合计 | 完好仓容 | 需大修仓容 | 待报废仓容 | | | |
| 2015 年 | 62300.3 | 56211.4 | 4217.6 | 1871.3 | 8369.1 | 24092 | 2656.9 |
| 2016 年 | 60576.1 | 57047.0 | 2557.2 | 971.9 | 17128.6 | 26941 | 2731.9 |
| 2017 年 | 64754.4 | 61676.9 | 2207.7 | 869.8 | 22010.0 | 29337 | 2698.6 |

数据来源:根据国家粮食和物资储备局调研数据整理而得。

---

① 从仓型来划分,我国粮仓主要分为平房仓、浅圆仓、立筒仓、楼房仓和地下仓五类。其中,偏静态储备的平房仓是我国粮食储备的主力仓型,但不利于粮食的中转运输和动态储备;而便于机械化作业、适合粮食散装散卸的浅圆仓和立筒仓又占比小。根据国家粮食和物资储备局 2018 年调研数据整理,2017 年我国完好仓容中,平房仓占 82.4%,浅圆仓占 4%,立筒仓占 9.4%。
① 根据国家粮食和物资储备局 2018 年调研数据整理,2017 年应用气调储粮技术、准低温储粮技术的仓容仅为 0.29 亿吨和 1.13 亿吨,应用环流熏蒸技术的仓容为 2.67 亿吨。

在粮食产后服务体系建设方面,随着市场化收购条件下农户粮食产后习惯的改变,加上夏秋两季粮食收割期间常遇连绵阴雨,对机械化烘干的需求激增,现有烘干能力不能满足粮食收获新常态的要求,[①]在粮食流通的"最先一公里"上出现了农户收粮、储粮、卖粮、清理烘干等诸多难题,这已成为影响粮食收储能力的一个重要障碍,急需通过整合粮食流通领域的现有资源,加快以节粮减损、节能降耗、强化产后服务为新理念的粮食烘干能力建设,探索"粮食产后服务中心+合作社+农户"等多种服务模式,在产粮大县建设区域性粮食产后服务体系,鼓励和支持粮食加工企业、社会资本及工商资本投资经营粮食产后服务中心,提高烘干机械的使用效率。

## 6.2.2 建立以水运、铁路运输为主的运输体系,降低粮食物流成本

一直以来,我国粮食运输成本高、效率低的现象比较突出,据资料显示,[②]从产区到销区的运输成本占到粮食销售价格的20%~30%,是发达国家的2倍左右;东北产区的粮食运往南方销区通常需要20~30天,是发达国家同等运距所需时间的2倍以上;由于运输装卸方式落后,[③]每年损失粮食800万吨左右。

从粮食运输方式看,主要是公路、铁路和水路运输以及三种运输方式的组合(如图6-1和图6-2所示)。公路运输是短距离运输的最佳方式,主要承担粮食收

---

① 以粮食流通大省——江苏省为例,该省位居黄淮海、长江中下游两个重要的粮食流出流入通道,是国家北粮南下和东粮西进的主要物流节点,省内产销区兼备,交通便利。根据江苏省粮食和物资储备局2018年调研数据整理,2017年该省粮食商品率为71.2%(其中小麦商品率84%,稻谷商品率64.2%),粮食消费总量3429万吨(其中小麦593万吨,稻谷1271万吨),进口粮食1915万吨(其中大豆1515万吨,杂粮363万吨,稻谷13万吨),跨省流进流出粮食总量4702万吨(其中销往省外粮食3155万吨,省外购进1547万吨)。虽然近几年,该省粮食烘干能力快速提升,从2013年占粮食总产量的8.6%提升到2017年的34%,但是与全省粮食生产全程机械化率已达82%相比,粮食产后烘干机械化率仍然偏低。
② 国家发展和改革委员会.粮食现代物流发展规划[R].2007.
③ 从整个流通环节来看,粮食收购环节基本采用麻袋、塑料编织袋包装,在储存环节拆包散储,到中转和运输环节又转为包装形式,多次的灌包、拆包,不仅包装材料耗费大,而且也造成大量的抛洒损失和严重的杂质掺混。

## 第6章 研究启示：基于网络结构的优化

获集并阶段以及从粮站库到收纳库之间的粮食运输,粮食长距离公路运输方式的成本高昂;铁路运输的运量大,连续性强,适合长距离运输,主要承担从收纳库到终端库的粮食运输,但缺点是铁路存在垄断运营;水路运输容量最大,长途运输成本最低,但也是最慢的运输方式,主要承担由中转库向终端库集并的粮食运输和出口粮食的运输。①图6-3抽象地描绘了公路、铁路和水路三种运输方式不同运距的运费特征(亢霞,2014)。

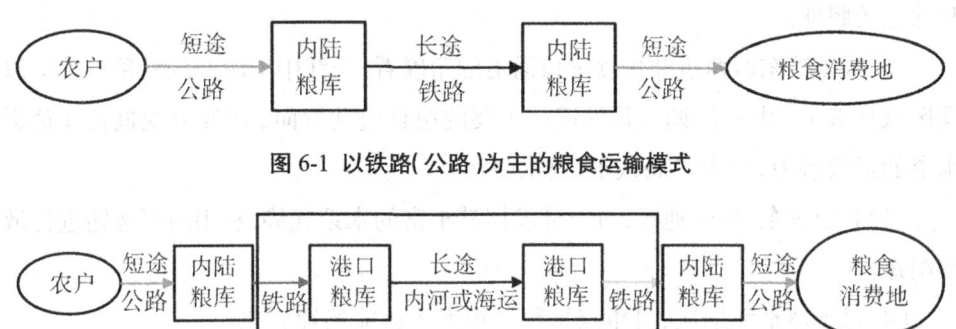

图6-1 以铁路(公路)为主的粮食运输模式

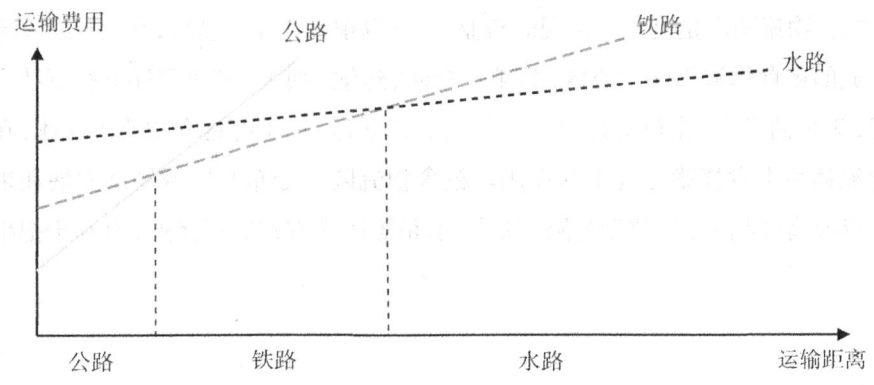

图6-2 铁水联运的粮食运输模式

图6-3 不同运输方式不同运距的运费特征

---

① 根据国家粮食和物资储备局2018年调研数据整理,2017年我国粮食铁路运量达7795万吨,运距上升到1900公里;2017年我国规模以上港口完成粮食内贸吞吐量2.06亿吨(含外贸粮食在国内水水中转量),其中内贸出港量1.05亿吨,内贸进港量1.01亿吨。

借鉴发达国家粮食运输模式,[①]根据我国国情、粮情和地理位置、交通状况、运输设施设备、粮食品种等,在处理好粮食物流与粮食产业的关系、粮食物流与社会物流的关系的基础上,立足中国实际谋划以水运、铁路运输为主的粮食运输体系,切实解决粮食物流成本高的问题。具体来讲:

(1)从北粮南运的角度看,东北地区是粮食的主产区,而长三角和珠三角是北粮南下的主要消费地,可更多采取铁水联运、铁路直达的方式将粮食运至长三角和珠三角腹地。

(2)从中粮东运西进和粮食进口通道的角度看,长江中下游产区的稻谷外运以及区域外玉米、大豆的调入是该区域主要的粮食流动方向,可充分挖掘长江黄金水道的运输潜力,大力发展铁水、公水联运。[②]

(3)对于华东、华南地区,可充分发挥其丰富的水系优势,利用内河运输进行散粮配送。

(4)对于黄淮海地区,可重点推行散粮汽车运输的社会化。

## 6.2.3 合理布局粮食物流园区作为示范性节点,提高粮食物流效率

粮食物流园区是近几年出现的新业态,它以粮食产业为基础,利用现代物流技术形成的粮食物流枢纽中心区,将粮食仓储、运输、加工、销售等环节有机结合在一起,集粮油批发、竞价交易、信息交流、仓储联运、加工配送等功能于一体,在粮食物流体系中发挥举足轻重的作用。粮食物流园区分布与区域经济发展和粮食产业资源高度相关,多位于公路、铁路、水路等运输方式的衔接处,有利于把粮食

---

① 以美国为例,美国中部主产区粮食一般是通过铁路和水路两种运输方式运抵出口口岸,一是经铁路运至美国西部港口出口,另一种是通过密西西比河运至美国南部港口出口,从粮食收购储存开始到港口装船为止,环环相扣,无缝衔接,装备先进。

② 根据作者调研,目前两湖区域稻谷年外运量超过1000万吨,玉米年调入量约582万吨(其中湖北调入约200万吨,湖南调入约382万吨);长江通道年大豆进口量约1800万吨(其中约300万吨沿长江而上运抵沿江油脂工厂),东北内贸玉米流入量约1100万吨(其中约700万吨在长江口分拨江船进入沿江流域市场),玉米流通总量2983万吨(散船及海运集装箱总量1089万吨)。

流通资源按照市场化的要求重新整合,形成聚集和辐射能力,为促进粮食产销对接形成示范作用,一般分为临港物流园区、铁路枢纽物流园区、公路枢纽物流园区、单一企业物流园区、多企业物流园区、产业带式物流园区。

从目前建设现状来看,我国粮食物流园区多分布于沿海省市,中西部地区较少;已建成的园区业态和功能相对单一,发展也各有侧重,有的重点在物流中转,有的重点在加工贸易,有的重点在粮食收储,产业关联与集成优势尚待挖掘;而且全国的粮食物流园区体系缺乏整合,各自为政的现象突出,园区之间缺乏深度交流与合作,粮食物流节点间缺乏有效衔接,粮食迂回运输、无序流动的问题尚未解决,未能实现优势互补、资源优化。

如何统筹粮食仓储设施、物流资源,布局和建设一批粮食物流示范园区作为粮食流通体系中的重要物流节点,形成产销区有机衔接、产业链深度融合、节点合理布局、物流运作相对集中和高效的粮食现代物流体系,已成为保障粮食供应链安全、高效运作的重要举措之一。

粮食物流示范园区的选择,应紧紧围绕"一带一路"建设、京津冀协同发展、长江经济带发展的规划,布局在"两横、六纵"八条粮食物流重点线路上,[①]突出大节点,强化主线路,依托综合交通枢纽,衔接两种及以上交通运输方式,能够承担区域间主要粮食中转、集散,同时,也要结合当地经济的发展程度、市场化水平等因素。

具体来讲,一是围绕"一带一路"建设倡议,在沿海地区选择几个重要港口节点建设粮食物流示范园区;二是围绕京津冀协同发展战略,在沿京广、京沪线选择几个重要铁路节点建设粮食物流示范园区;三是围绕长江经济带发展战略,在沿长江中下游选择几个重要港口节点建设粮食物流示范园区。

---

[①] 根据《粮食物流业"十三五"发展规划》,"两横、六纵"的八条粮食物流重点线路分别是沿长江线路、沿陇海线路、沿运河线路、沿海线路、沿京哈线路、沿京沪线路、沿京广线路和沿京昆线路。在这八条线路上,将重点布局50个左右一级节点和110个左右二级节点。

### 6.2.4 建设智慧粮食物流系统,推动粮食物流线上线下深度融合

在农业已进入大数据时代的背景下,我国粮食物流整体信息化水平仍然较低,正如《粮食物流业"十三五"发展规划》所说,信息化技术在粮食物流中尚未得到广泛应用、对粮食物流的支撑与引领作用尚未得到体现,粮食物流资源还不能通过信息化实现高效配置。目前,我国正处于由传统农业向以规模化、市场化、标准化、信息化和智能化为特征的现代农业转变的转型期,"互联网+"和"大数据"将给传统的粮食行业带来颠覆性的变革,成为提升粮食物流效率的智慧引擎。构建以大数据为基础的智慧粮食物流系统,就是通过对整个粮食物流过程产生的数据进行采集、存储、挖掘和分析,让各种数据在整个粮食物流链上有序地流动起来,从而最大程度地优化粮食供应链上收购、仓储、运输、调拨、加工和销售等各个环节。

关于粮食物流大数据系统的构建,首先,在粮食供应链运作层面上,要基于粮食物流作业流程的各环节进行数据采集、存储、处理及传输的操作和管理,特别是针对重要物流节点(如粮食物流园区、重点粮库),确定合理的数据类型、选择合适的数据采集技术。其次,在政府部门层面上,通过政府相关部门和行业协会的引导,将粮食物流信息系统纳入涵盖种植、收购、加工、贸易、消费等环节的信息体系中,将分散的涉粮数据、信息资源整合起来。最后,在国家全局层面上,将国际粮食供求信息、国家粮食调控政策等因素纳入粮食行业的"两化融合"体系中。图6-4展示了一张"地网"和"天网"联动的粮食物流大数据系统示意图,"地网"中流动的是粮食物质实体,"天网"中则流动着大量数据。该系统通过对整个粮食物流过程产生的各种结构化和非结构化数据进行存储、挖掘、分析、整合,促进各环节裂变、转化、重组和优化,提出最优的物流解决方案,合理配置资源,降低物流成本,带动整个粮食物流系统的重构和变革。

针对当前粮食物流运作流程条块割据、信息流断裂的现状,应该顺应两化融合的趋势,基于供应链管理理论,以系统性的思路来重新梳理粮食物流运作流程,进行资源整合,并运用"互联网+"等创新思维模式,以粮食物流大数据系统为基础,实现线上线下深度融合,使我国粮食物流系统能力水平得到全面提升,图6-5描绘了智慧粮食物流系统结构示意图。

第6章 研究启示:基于网络结构的优化

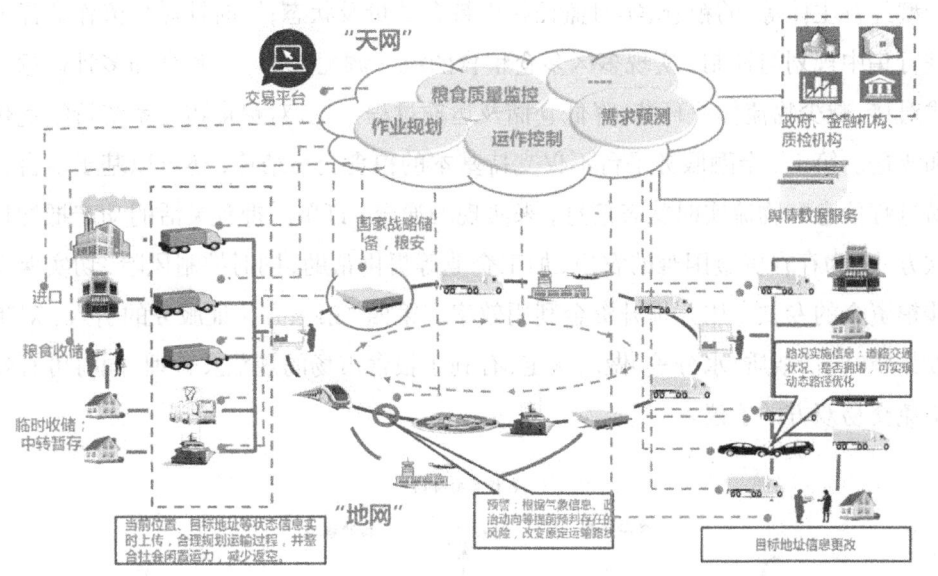

图6-4 粮食物流大数据系统示意图

线下体系主要由粮食专业仓储、粮食多式联运体系以及国家粮食战略储备库构成。粮食储存需要提升专业化程度才能降低损耗,未来国家主要的粮食储备应该以专业化仓库为主体,一般加工企业可以采用购买专业库物流服务的方式来实现粮食存储,这种方式更有利于进行集中库存管理。散运和集装箱运输是当前发达国家粮食运输的主流形式,为实现粮食供应体系的高效运作,需要进行公路、铁路及水路等多种运输方式的资源整合,开展无缝对接的多式联运,这不仅需要相关设施设备的标准化,还需要多主体间的信息共享和联动机制的建立。

线上资源整合从信息流、资金流和物流三流有机融合的角度来推进,包括交易平台(支持现货和期货)、供应链控制平台、金融服务平台和第三方认证服务平台,四个平台相互关联,如图6-6所示。第一,线上交易平台的建立能够优化当前多层级、多环节的粮食交易过程,提高农户和下游加工企业、流通企业之间的交易效率,减少粮食集中上市时的人力、物力投入;同时交易平台也是市场信息、物流信息、结算信息、粮食质检信息等的归集中心,能够实现粮食交易过程的"单一窗口"管理。第二,供应链控制平台直接对接不同粮食市场主体(粮食贸易企业、加工企业、

207

新型经营主体等)的粮仓,实时监控在库粮食数量及状态;同时针对物流作业任务进行集中规划与控制,实现多区多仓粮食的统一调配,多运单整合和多种运输方式对接,减少物流作业环节,降低仓储及运输过程损耗,对粮食物流系统持续优化和改进。第三,金融服务平台不仅支持基本的粮食交易结算,还可以基于前台交易过程信息和物流实时状态信息,来实现融通仓、订单质押等灵活的动产抵押贷款方式,为存在资金困难的农户、加工企业等提供帮助,同时控制风险,切实保证涉粮资金的专款专用并提升资金利用效率。第四,第三方认证服务的引入,对粮食品质(包括杂质、水分等)做出认定,有利于粮食市场的规范及管理,同时可有效避免交易双方的争议。

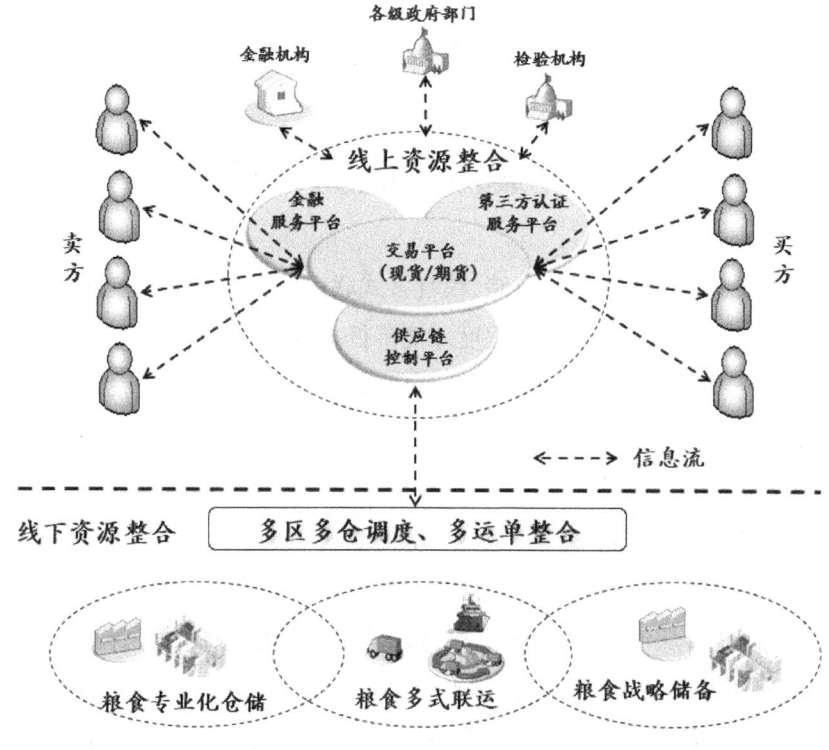

图 6-5 智慧粮食物流系统结构示意图

# 第6章 研究启示:基于网络结构的优化

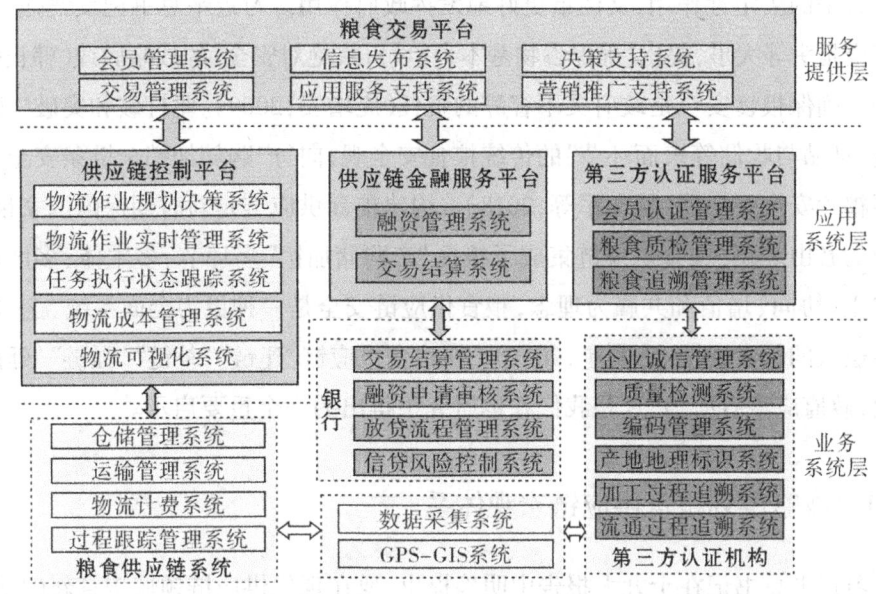

图 6-6 智慧粮食物流系统线上资源整合示意图

线上线下融合的智慧粮食物流系统,基于云计算模式搭建,在各级政府部门的主导下,包含多个层级的枢纽平台、面向多区域的综合窗口和产业集群窗口等,提供综合性的服务。服务平台体系拥有丰富的计算资源、存储资源、数据资源以及功能强大的应用系统,能按需求实时扩充相应功能。该系统具有互联互通、资源共享、快速响应、服务协同等特点,在资源整合的前提下,提高服务的深度和广度,将线上服务和线下服务有机地结合起来,使多种服务方式贯穿粮食物流的全流程。

## 6.3 网络全局方面:更好发挥政府作用

从本书的定性和定量分析可以看出,政策因素对粮食供应链运作的影响明显,既对保障国家粮食安全起到了关键作用,也给粮食供应链运作效率带来了一定的负面影响。粮食既是商品,又是战略物资,粮食安全关系国计民生和国家安全,需要处理好政府与市场的关系,当前的粮食供给侧结构性改革既强调发挥市场在资源配置中的决定性作用,又注重更好地发挥政府作用。习近平总书记反复强调粮食安全是头等大事,提出"确保谷物基本自给、口粮绝对安全"的战略底线(韩长赋,2019),确保粮食安全是政府义不容辞的责任(庞增安,2009)。要打破和突破"注重产量、补贴与收储等表面环节"的传统粮食安全观,向"产购储加销全链条安全"的新型粮食安全观拓展(陈印军等,2018)。构建粮食供应链是新时期保障国家粮食安全的必由之路,粮食供应链集成了粮食"产购储加销"多环节、多主体、多区域,以共生、协同、增值和共赢为理念,粮食供应链安全是一种更为全面系统、全方位和多层次的粮食安全(陈明星,2011)。在粮食供应链"建链""补链""强链""延链"方面,政府应该有所为,这是我们在本研究中得出的一个重要启示。

## 6.3.1 战略谋划粮食供应链宏观体系

习近平总书记在十九大报告中明确提出,要在现代供应链领域培育新的增长点,形成新动能,建设现代化经济体系。这表明当前我国经济的转型升级发展已进入到供应链创新时代,也表明供应链创新发展既是微观层面更是宏观层面的事情,既要从微观层面推动企业内部和企业之间的协同,更要在宏观层面推动产业之间、地区之间的协同,从供应链创新上解决我国发展不平衡、不充分的矛盾(蔡进,2017)。所以,在坚持粮食安全底线思维的基础上,政府要从战略的高度深刻领会与把握现代供应链的内涵,立足中国实际谋划我国粮食供应链宏观体系,充分发挥现代供应链的"整合""优化""协同"功能,实现粮食行业的降本增效,在保障粮食安全与提高流通效率之间达到均衡;[①]通过重塑粮食供应链,培育新增长点、形成新动能,实现粮食价值链的提升和产业链的强健,助力推进我国从粮食生产大国、流通大国、消费大国向粮食强国迈进的步伐。

---

①确保粮食安全,既要保护农民的切身利益,又要考虑消费者的承受能力,防止出现"谷贱伤农""米贵伤民"的现象,在粮食生产成本、劳动力成本上升趋势是不可逆的当下,粮食价格的大起大落都是不现实的,降低粮食流通环节成本就成为粮食行业降本增效的不二选择。降低流通成本的一条途径是政府实行减税减费,但是其力度也是有边界的;另一条途径就是创新生产与流通的组织形态,即创新发展供应链(也就是第2章里提到的供应链变革),这已在三大经典的物流成本学说("冰山"学说、"黑大陆"学说和"第三利润源"学说)中得到证明,应该成为降成本的根本途径。

## 第6章 研究启示：基于网络结构的优化

粮食行业参与主体多、小、散的状况，使得单个参与主体独立运营时的成本极其高昂。以加工企业为例，每个加工企业都有自己独立的一套采购和生产运作流程、销售网络，也可能有自己独立的仓库，那么从社会整体角度来看，1万个这样的企业就有1万个流程和1万个仓库，久而久之就会造成产能的过剩和资源的浪费。唯有通过供应链的重构与变革，将多、小、散的粮食行业参与主体整合到供应链平台上，实现资源的重新配置与共享，对重复的流程进行优化，进而实现各参与主体生产经营效率的提高和成本的降低。政府既可以通过制定土地、价格、财税、金融等方面的扶持政策和保障措施，帮助中小农户和粮食企业进行内部改革及其相互之间的协同，更应该在宏观层面上推动粮食"产购储加销"全链条各环节之间、粮食产销区之间的协同。

一方面，通过实施以"五优联动"为内涵的优质粮食工程，[①]促使粮食资源配置更趋优化、粮食产能结构更加合理，促进粮食"产购储加销"各环节顺畅有序衔接，突出构建现代粮食产业体系、生产体系和经营体系，推动粮食产业链、价值链、供应链三链协同。一是通过"优粮优产"，推动粮食生产由增产向提质导向转变；二是通过"优粮优购"，让种粮农户获得更多增值收益；三是通过"优粮优储"，守住管好"天下粮仓"；四是通过"优粮优加"，促进产品结构优化、新旧动能转换；五是通过"优粮优销"，实现粮食全产业链增值。

另一方面，通过政府引导和政策支持，鼓励粮食产销区之间建立长期稳定的合作机制，促进粮食生产与消费的有效对接、顺畅流通。要加强产销区政府层面的战略合作，[②]探索建立粮食产销合作平台，[③]创新粮食产销合作模式，例如，销区粮

---

[①] 2017年5月23日，财政部、国家粮食局印发《关于在流通领域实施"优质粮食工程"的通知》（财建〔2017〕290号）；2019年6月6日，财政部、国家粮食和储备局印发《关于深入实施"优质粮食工程"的意见》（财建〔2019〕287号）。

[②] 产销区在粮食分配利益上的矛盾，势必会增加粮食区域供需平衡的难度，影响粮食安全。例如，当粮食产量增多或粮价下跌时，销区可能会压级压价，不愿及时调入，造成产区粮食库存积压；当粮食产量减少或粮价上涨时，产区可能会抬高价格，不愿及时调出，造成销区粮食供应紧张。

[③] 2018年8月，第一届中国粮食交易大会在哈尔滨市召开，主题为"新时代、新理念、新平台、新业态——推动产销合作新平台建设，助力粮食产业高质量发展"；2019年6月，第二届中国粮食交易大会在郑州市召开，主题为"新机遇、大融合、聚优势、谋共赢，创新转型增活力、提升产业促发展"。全国粮食交易大会已成为深化粮食产销合作的全国性重要平台。

食企业到产区开展订单生产和收购;产区粮食企业为销区开展代购、代储、代加工业务,销区粮食企业为产区开展代销业务;销区在产区建立适度规模的异地粮食储备;销区粮食企业到产区建立生产基地、收储设施、加工园区等,产区粮食企业到销区建设仓储物流设施、营销网络等,形成更加紧密联结的利益共同体,从而把产销区之间单纯的供需关系发展为供应链模式的合作关系。

## 6.3.2 规划建设粮食供应链公共平台

从粮食供应链运作角度看,公共平台建设涉及粮食的商流、资金流、物流和信息流。粮食商流是指粮食商品在购销交易过程中的商品价值让渡和所有权转移的运动过程,主要形式有粮食收购、批发、零售等,一般通过市场进行。资金流是指伴随着商流过程的资金转移,如付款、转账等。粮食物流是指粮食商品实体从供给地向消费地的转移过程,是粮食商品使用权的让渡,是粮食商品实体在时间和空间上的转移,主要形式有仓储、运输、加工等;粮食物流能力是粮食安全的重要保障,如果没有有效的物流能力,即使粮食供应充足,也会有发生局部粮食危机的风险。粮食信息流是指粮食的生产、库存、需求、贸易、价格等信息在相关者之间收集、处理、分析、发生、接收、反馈的过程,是粮食商流、资金流、物流得以顺利进行的重要媒介。由政府规划建设粮食供应链宏观体系的交易平台、物流平台和信息平台,既是弥补在粮食流通公共基础设施建设上市场失灵的需要,也是在粮食供应链运作层面上的一种公共需要和公共服务,属于世界贸易组织《农业协议》中"绿箱"政策范畴(王耀鹏,2012)。

一是加快建设全国粮食电子交易平台,[1]使之成为集粮食交易[2]、资金结算以及

---

[1] 国家粮食局粮食交易协调中心(2014年经中编办批准设立)负责搭建全国粮食统一竞价交易系统,发展目标是将系统升级为国家粮食电子交易平台。
[2] 据国家粮食交易中心网站资料显示,从2016年1月8日全国粮食统一竞价交易系统正式上线运行截至2018年12月31日,该系统共组织国家政策性粮食竞价及挂牌交易会1222场,累计成交各类粮油2.5亿吨,成交金额4500亿元。

融资①、质检、物流②和信息服务等增值业务于一体的综合性粮食交易公共服务平台，构建新型粮食购销体系。逐步规范中央和地方储备粮的收购、轮换和销售业务通过这个统一的粮食交易平台公开进行，积极引导商品粮进场交易，支持区域性粮食交易中心③、地方现货粮食批发市场以及粮食期货市场与其对接，探索建立涵盖粮食交易各类市场主体的粮食行业信用体系，最终实现粮食供应链中商流、资金流顺畅、高效地流动。

二是加快建设粮食物流基础设施平台，形成节点布局合理、物流相对集中、网络化和一体化程度较高的粮食现代物流体系，实现粮食物流向系统化、专业化、信息化和标准化方向发展。建设内容包括粮食仓储设施的新建、扩建和重建，提供代清理、代干燥、代储存、代加工、代销售"五代"服务的粮食产后服务中心，火车、港口散粮运输系统及多式联运，涉及应急加工、应急配送和成品粮应急储备的粮食应急保障系统、粮食物流园区示范工程等。粮食物流基础设施建设投入大、建设周期长，政府应做好项目的顶层设计，结合国家和地区的经济发展水平，充分考虑粮食物流流量，合理定位项目，确定项目规模，并为未来粮食物流量增长预留空间，避免重复投入。粮食物流基础设施是国家的重要基础设施，也是确保国家粮食安全的重要基础，其项目建设要突出基础性、战略性和公益性的特点。政府可以通过在法律、财税、市场规则层面的制度完善，激励、保障、规范和监督社会资本参与粮食物流基础设施建设，如采取PPP建设模式，实现政府资金与社会资金的优势互补，从而达到经济效益与社会效益的平衡。

三是加快建设粮食供应链动态信息平台，促进粮食生产、收购、仓储、加工、物

---

①据国家粮食交易中心网站资料显示，从2019年7月起引入光大银行、浙商银行、江苏银行为交易会员开展量身定制的融资试运行服务，产品包括合同履约贷款、订单融资、粮食货权质押融资、票据贴现融资等。

②据国家粮食交易中心网站资料显示，从2019年4月起中心下设的国粮集运公司可为交易会员提供一站式的(到站、到港、到厂)、价格优惠、运力充足的多式联运物流服务。

③据国家粮食交易中心网站资料显示，目前国家交易中心已与29个省级交易中心联网，统一平台、统一交易、统一结算，实现全国覆盖，共同组成国家粮食交易中心体系。国家交易中心负责搭建政策粮交易平台，组织开展政策性粮食交易和资金结算；各省级交易中心负责辖区内粮食交易会员服务管理、合同履约协调、商务纠纷处理和地方储备粮交易等工作。

流、贸易、消费等领域数据的汇聚与整合,既为政府提供管理决策支持,又为广大市场主体提供高效、低成本的公共信息交换与共享服务,形成"互联网+粮食"的现代供应链体系。现代供应链的重要标志就是"数字化"和"智慧化",要及时抓住国家提出"数字粮食""智慧粮食"建设的契机,[①]建设国家和省级粮食管理平台并形成联网,为行政决策、市场调控和公共服务提供支撑;建设粮食物流信息共享平台,结合智慧粮库建设、粮食电子交易平台建设及其与各地现货批发市场信息系统联网建设、重点粮食加工企业信息化改造建设、粮食应急综合信息数据库建设、粮食地理信息数据库建设,整合铁路、水路、公路等交通部门的物流信息,横向联网国家有关涉粮部门信息系统,形成各类平台和数据库之间互联互通、信息共享的粮食物流信息公共服务体系。

### 6.3.3 激活粮食供应链变革的内生动力

立足于粮食供应链内部变革(内力)和市场机制(市场力)实现的粮食供需平衡,表现为具有自适应性特征的主动平衡,是一种长期的、自然状态的(或自发的)粮食供需平衡,它更强调市场在粮食资源配置中的决定性作用,而宏观政策调控(政策力)实现的粮食产量和价格稳定,属于一种强制的、被动的、脆弱的粮食供需平衡,很难具有可持续性,只能在市场配置资源的基础上更好地发挥政府作用。粮食供应链变革是以提高粮食供给质量和效率、显著降低供应链脆弱性为根本目的,应成为推进粮食供给侧结构性改革的重要抓手,[②]必须坚持市场化取向,以市场为驱动力;以参与粮食供应链运作的市场主体为供应链变革的主导者,突出市场主体地位;政府作为粮食供应链变革的引导者和推动者,要发挥出激发市场活力和

---

[①] 2016年4月15日,国家粮食局印发《关于规范粮食行业信息化建设的意见》(国粮财〔2016〕74号)。

[②] 2016年7月12日,国家粮食局发布《关于加快推进粮食行业供给侧结构性改革的指导意见》(国粮政〔2016〕152号),第一条基本原则就是"坚持供需结合、互促共进"。2017年10月5日国务院办公厅发布的《关于积极推进供应链创新与应用的指导意见》(国办发〔2017〕84号)里明确指出,加快供应链创新与应用是供给侧结构性改革的重要抓手。

市场主体创新动力的重要作用。①

(1)稳步完善粮食价格形成机制

价格是调节市场主体之间利益关系的最有效工具,是使市场机制在资源配置中发挥决定性作用的核心力量。从微观运作层面看,粮食供应链是一条由涉及粮食生产、收购、储备、加工、物流、批零销售等诸多环节中不同市场主体之间供需关系驱动而形成的链条,购销价格是连接各市场主体形成交易关系的最重要纽带,决定着彼此之间供需关系的紧密程度,从这个意义上讲,理顺粮食价格是促进粮食供应链形成紧密链条的关键。然而,我国粮食价格形成机制改革滞后,②现行的粮食价格调控政策③不仅不能准确反映粮食市场供需的变化,反而会造成市场价格信号失灵、扭曲粮食供需关系,进而加剧粮食资源和要素的错配,④影响粮食供应链运作的稳定性和发展的可持续性,削弱粮食供给体系对需求端变化的动态适应和反应能力。

具体建议是,在总结完善玉米、大豆"市场化收购+生产者补贴"新机制经验的

---

① 2017年9月1日,国务院办公厅发布《关于加快推进农业供给侧结构性改革大力发展粮食产业经济的意见》(国办发〔2017〕8号),第一条基本原则就是"坚持市场主导,政府引导"。

② 我国粮食价格形成机制改革经过了一种渐进式、探索式的改革过程,从统购统销的计划价格管理体制,到购销"双轨制"的有计划的社会主义商品经济价格管理体制,再到逐步放开粮食购销市场,直到现在对稻谷、小麦实行最低收购价(2004年至今),对玉米先实行临储政策而后在2016年取消临储、实行"市场化收购+生产者补贴"政策,对大豆先实行临储政策(2008—2013年),再进行目标价格改革试点(2014—2016年),而后实施"市场化收购+生产者补贴"(2017年至今),正在转向主要由市场决定价格的机制。

③ 在本书构建的粮食供应链复杂网络模型中,粮食价格的政策调控采取的是最低收购价政策。

④ 最低收购价在保护农户种粮积极性的同时,也会扭曲粮食的真实市场价格,造成错误信号的传递,最终产生效率损失。例如,当最低收购价高于市场均衡价格且呈不断上涨趋势时,农户会选择将粮食卖给国储,导致大量粮食沉积在政府储备中而不能用于流通加工,从而引起粮食经济效率损失;另一方面,消费者剩余减少相应地转化为生产者剩余,刺激更多地生产粮食,引发资源和要素更多地流向粮食生产,进一步加大了粮食经济效率损失。在推进粮食价格形成机制改革前,许多地方由于粮食生产成本高,导致粮食加工业发展艰难,就是最直观的体现。

基础上,①探索逐步下调小麦、稻谷的最低收购价,②甚至取消最低收购价,同时配套实施生产者补贴。值得一提的是,改革措施的出台一定要体现出渐次推进、积极稳妥和不断摸索总结的特点,要注重运用经济和法律的手段,适度采取必要的宏观政策调控手段,使得市场机制在粮食资源配置中的决定性作用逐步发挥出来。

(2)培育壮大粮食产业化龙头企业

"产业强,粮食安。"粮食产业体系越完善、越发达,粮食安全的重任就扛得越稳。加快构建现代化粮食产业体系,把粮食资源转化为产业优势,是筑牢粮食供应链、提升粮食价值链、延伸粮食产业链、激发粮食经济新动能等粮食强国建设任务的有力保障。③家庭农场、农民合作社和粮食产业化龙头企业作为新型农业经营主体的重要组成部分,是粮食产业化经营的市场主体、粮食社会化服务的提供者,

---

① 以玉米为例,自2016年取消临储政策、实行"市场化收购+生产者补贴"新机制以来,玉米价格从"政策市"走向"市场化",收购价格稳步向市场回归,2017年已降至1.57元/公斤,比2016年下降11.4%,比2015年下降26.5%;国内外差价缩小,去库存效果明显,流通、加工(特别是深加工)、贸易等环节出现回暖,供应链上各市场主体被激活,实现由中储粮独家收储到多元市场主体参与的转变;农户也从盲目种粮的状态转向根据市场行情主动调整种植结构。实践证明,只有坚持市场导向推进粮食价格形成机制改革和收储制度改革(从单一收储主体向多元市场主体转变),才能逐步破解当前粮食供给侧结构性矛盾,为粮食供应链安全、高效运作提供动力;而在改革的过程中,要更好发挥政府作用,不越位,不缺位,为改革营造良好制度环境。

② 我国已经从2018年起尝试下调了稻谷和小麦的最低收购价,其中稻谷的最低收购价下调幅度较大,但在2019年保持不变;小麦的最低收购价连续两年小幅度下调。从目前情况看,最低收购价格下调的效果正逐步显现:一是改变了市场对价格水平只升不降的预期,政府托市收购量大幅减少的同时,市场化购销占主导地位;二是引导了供应链上游农户调优种植结构,优质稻、优质麦的种植面积扩大;三是增强了市场主体活力,激活了供应链下游加工企业,其经营状况持续向好。(资料来源:国家发展改革委网站.国家发展改革委价格司有关负责人就2019年小麦最低收购价政策答记者问[OB/EL].[2018-11-16].http://www.ndrc.gov.cn/xwzx/xwfb/201811/t20181116_919849.html.

③ 2018年全国粮食工业总产值突破3万亿,11个省份产值超千亿,其中,山东突破4000亿元,江苏、安徽、广东、湖北和河南5省均超过2000亿元,有力增强了地方经济发展活力;从质量效益看,调优了产能结构,传统成品粮加工行业产值占比下降2.5%,粮食深加工和食品加工行业产值增幅分别高于全行业平均水平3.8%和10.7%,销售利润率达6.9%。(资料来源:新华网.加快建设粮食产业强国 扛稳粮食安全重任[OB/EL]. [2019-06-28].http://www.xinhuanet.com/politics/2019-06/28/c_1210173036.htm.

也是构建粮食现代产业体系的重要参与主体,而粮食产业化龙头企业更是其中的中坚力量,理应发挥"引领者"的作用。①

龙头企业拥有家庭农场和农民合作社不可比拟的资本、技术、信息、品牌、营销网络、人才等生产经营要素优势,在很大程度上决定了粮食供应链的协调性、竞争力、价值增值的高度、整合成功的可能性,例如,供应链上的无效供给能在多大程度上转化为有效供给(姜长云,2018)。支持龙头企业开展跨行业、跨所有制的兼并、重组、收购和控股,组建大型产业集团;引导龙头企业向优势产区集中,形成相互配套、功能互补、联系紧密的龙头企业集群。

同时,鼓励龙头企业完善同农民合作社、家庭农场、种粮大户及普通农户之间的利益联结机制,鼓励龙头企业增强社会责任意识和带动农户的自觉性也是至关重要的。鼓励龙头企业积极发挥在粮食供应链治理和"补短板"中的引领作用,激发龙头企业与农民合作社、家庭农场、种粮大户、普通农户之间加强网络联结关系,进而激活粮食供应链变革的内生动力,促发"实现小农户融入现代粮食供应链"的乘数效应。

## 6.3.4 构建粮食供应链创新的支撑体系

2019年全国两会期间,习近平总书记在河南代表团参加审议时强调,延伸粮食产业链、提升价值链、打造供应链,实现粮食安全和现代高效农业相统一。②在三链协同发展方面,供应链既是价值链的基础,供应链塑造价值链,供应链又是产业链的微观基础,供应链结构、关系和实力决定产业结构、关系和实力,供应链整合促进产业融合(何明珂和王文举,2018)。供应链创新与发展,需要先认识和把握供应链,学会运用供应链思维审视和处理问题。

---

② 2012年3月6日发布的《国务院关于支持农业产业化龙头企业发展的意见》(国发〔2012〕10号)强调,农业产业化龙头企业是构建农业现代产业体系的重要主体,是推进农业产业化经营的关键。

③ 资料来源:新华网.习近平李克强王沪宁韩正分别参加全国人大会议一些代表团审议[EB/OL].[2019-03-08].http://www.xinhuanet.com/politics/leaders/2019-03/08/c_1124211400.htm.

相对于其他行业,粮食领域退出计划经济最晚,解放思想任务艰巨,表现为创新发展的驱动力不足,较多围绕着依靠政策和国有企业收原粮、储原粮模式上打转,对粮食流通市场化改革,特别是在粮食供应链组织和运作模式创新方面思路不宽、办法不多。对于粮食这样的传统行业而言,供应链本身就是一种创新的发展模式和生产经营组织形态,将现代的供应链思维方式引入传统的粮食领域,标志着我国粮食产业发展方式的时代转折,对于中国粮食现代产业体系建设至关重要。

(1)建立粮食供应链基础理论支撑体系

随着中国产品、中国制造逐步走向全球,目前中国物流与供应链领域的研究基本上与发达国家同步,大量学术研究成果为制造业与电子商务领域的供应链实践提供了良好指导,涌现出以中车、华为、中兴、阿里巴巴、海尔、联想、顺丰、京东等一大批行业巨头为核心的稳定、强大而复杂的供应链系统。然而,在粮食领域,有关供应链的基础理论研究还远没有形成体系,中国特色的粮食供应链实践急需供应链基础理论的指导。需要在国家层面加大对粮食供应链基础理论研究的科研投入,如设立粮食供应链重大专题和专项研究、国际趋势跟踪研究等。

(2)建立粮食供应链关键技术支撑体系

科技兴粮,需要激活创新"第一动力"。[①]推动粮食产业转型升级和粮食供应链变革,离不开科技创新引领和产学研深度融合。加强粮食供应链技术和模式的创新、推广和应用,是当前粮食行业面临的急迫而关键任务之一。[②]现代供应链的重要标志是采用现代科学技术和组织管理模式(何明珂和王文举,2018),鉴于粮食行业实施供应链管理模式时存在着信息技术和商业模式创新与应用不足的问题(冷志杰等,2019),一方面,加快物联网、互联网、移动网、大数据、云计算等信息技术

---

① 2018年5月11日,国家发展和改革委员会、国家粮食和物资储备局、科技部联合发布《关于"科技兴粮"的实施意见》(国粮发〔2018〕100号)。

② 2018年4月16日,商务部等8部门发布了《关于开展供应链创新与应用试点的通知》(商建函〔2018〕142号),明确指出优先选择粮食等重要产品,建立健全农业供应链,创新供应链技术和模式。

在粮食生产、收购、仓储、加工、物流、贸易、营销等环节的创新应用和推广,以信息技术创新引领粮食供应链的现代化,突破传统理念,改造传统粮食运作模式;另一方面,加快普及供应链思维,推动现代供应链的组织管理模式在粮食供应链运作流程改造中的创新应用,探索建立围绕粮食供应链物流、信息化、国际化、信用认证等相关技术标准体系,促进粮食供应链系统化、一体化运作水平。

(3)建立粮食供应链多层次人才支撑体系

人才兴粮,需要用好人才"第一资源"。[①]目前我国供应链体系建设刚刚起步,对能驾驭现代供应链的复合型人才需求旺盛,供应链人才梯队建设不够健全(段沛佑和李俊,2018);国内高等学校还没有建立起专门的供应链学科,影响了专业人才培养和科学研究(何明珂和王文举,2018)。一方面,要支持相关高等院校和职业学校设置与粮食供应链管理相关的专业和课程,培养粮食供应链专业通用人才;整合相关高校、科研院所、大型粮食企业的教学与科研资源,培养硕士、博士、博士后等高层次人才、学科领军人才与青年拔尖人才。另一方面,要鼓励相关粮食、信息、物流企业、专业机构和行业组织加强粮食供应链职业人才培训,形成一批既懂得供应链理论知识,又具备供应链实践经验的粮食行业经营管理职业经理人。

---

[①] 2018年5月3日,国家发展和改革委员会、国家粮食和物资储备局、教育部、人力资源和社会保障部联合发布《关于"人才兴粮"的实施意见》(国粮发〔2018〕86号)。

# 第7章 结 语

## 7.1 全文总结

### 7.1.1 定性研究部分的主要观点

(1)粮食供应链属于典型的网链结构,具有开放性、异构性、松散耦合性和模块化结构的特点

如果把粮食供应链中各参与成员抽象成节点,各成员之间的联结(物流、资金流、信息流)抽象成边,那么粮食供应链可以抽象成一个复杂网络。网络内既存在"农户—经销商—加工企业"这种链式结构,也存在农户和加工企业、国有储备库之间的直接联结关系,属于典型的网链结构。粮食供应链除具有一般复杂系统和一般供应链网络的基本特征外,还具有如下突出特点:一是开放性,供应链运作易受自然因素、政策因素的影响;二是异构性,网络稳定性差且效率低;三是松散耦合性,各成员一般基于短期交易而形成复杂的竞合关系;四是模块化结构,模块之间的联结对网络全局稳定尤为重要。

(2)粮食供应链脆弱性的三个关键词:暴露、敏感性和能力

粮食供应链脆弱性定义为:受系统内外部扰动和压力影响而使粮食供应链所

暴露的严重功能障碍、对扰动和压力的敏感性,以及应对扰动和压力影响的能力。粮食供应链脆弱性体现在结构和能力两个方面,前者是指粮食供应链暴露在扰动和压力中所表现出的结构缺陷(结构型脆弱性),后者是指粮食供应链在应对供应链故障时缺乏弹性的能力(胁迫型脆弱性)。粮食供应链脆弱性具有客观性、动态性、相对性和可靠性四个属性。暴露、敏感性和能力是其概念中的三个关键词,即粮食供应链容易暴露于众多扰动因素中、对扰动因素敏感性高、应对扰动影响的能力弱。

(3)供应链结构和组织特征是粮食供应链脆弱性产生的根本原因

供应链结构和组织特征是粮食供应链脆弱性产生的根本原因(前因),决定其脆弱性程度;而系统内外部的扰动因素(链外风险源、链内节点间不确定性和节点内部不确定性)是粮食供应链脆弱性的驱动因素(前提);供应链运作受到干扰(如绩效下降)、中断甚至解散,是粮食供应链脆弱性得以表现后的呈现方式(结果)。粮食供应链结构型脆弱性取决于供应链的主体组织化程度和主体间关联程度两个变量,会演化为不同程度的结构型脆弱性;粮食供应链胁迫型脆弱性取决于供应链风险承受能力和风险强度两个变量,会演化为不同程度的胁迫型脆弱性。

(4)粮食供应链管理是在结构型脆弱性与胁迫型脆弱性之间进行适度平衡的过程

结构型脆弱性与胁迫型脆弱性之间存在一种类似"悖反"的效应,粮食供应链管理就是在结构型脆弱性与胁迫型脆弱性之间进行适度平衡的过程,通过常态管理降低结构型脆弱性,提高粮食供应链运作效率;通过非常态管理降低胁迫型脆弱性,保障粮食供应链安全、稳定运行。粮食供应链脆弱性如果控制不当,会在突发事件的刺激下突变为供应链危机(中断或解散),并向粮食供应链系统外部的社会和经济环境中扩散,在地域和行业领域产生空间溢出效应,在时间上形成递延效应,造成社会灾害。

(5)网络结构优化和风险传染控制是粮食供应链去脆弱性的方向

一方面,网络结构优化可以降低粮食供应链结构型脆弱性,包括:提高节点主体的组织化程度,例如,农业适度规模经营,使之成为规模化的系统性节点,即"精减"的思想;提高节点间的关联程度,例如,促进全面协同的合作伙伴关系、建立信息和利益的共享机制,即"加合"的思想,涌现出更高的粮食供应链绩效。另一方面,控制风险传染可以降低粮食供应链胁迫型脆弱性,包括:提高网络的风险承受弹性(如增强节点免疫力、提高网络鲁棒性),建立风险的日常监测机制、处置决策机制和应急联动机制。

## 7.1.2 定量研究部分的主要结论

(1)粮食供应链网络是一个多层级嵌套的星型结构

从局部看,粮食供应链网络呈现典型的星型结构:以某一经销商为中心,多个农户仅同该经销商建立交易关系,形成星型拓扑结构;同时,该经销商又和其他经销商一起,同某一加工企业建立交易关系,形成另一个层级上的星型结构。从网络全局看,呈现多层级嵌套的星型结构形态:农户和经销商之间构成的第一层星型结构,被嵌入到由经销商和加工企业之间构成的第二层星型结构中,最终由国有储备库将第二层以加工企业为核心的星型结构关联在一起。

(2)粮食供应链网络具有明显的稀疏性和异构性,异配程度低,在动力学特征上表现为网络整体可控程度低、抗风险能力弱

从邻接矩阵来看,矩阵中非零元素的个数远低于零元素个数,说明粮食供应链网络具有明显的稀疏性特点。从度分布来看,粮食供应链网络节点度值分布不均匀,异构性明显,绝大多数节点的度值为1,存在数量极少的度值非常高的节点,使得网络在抵御随机故障时会表现出类似于随机网络的特性,一旦随机故障影响到度值高的节点时将严重影响网络结构与功能。从度度相关性来看,粮食供应链网络的异配程度高,导致各节点间协同能力差,使得网络的整体可控程度低,无法以控制少数节点的方式来实现网络整体功能目标,或者难以通过对网络局部的调控来实现对网络全局的控制,系统抗风险能力弱。

(3)粮食供应链横向和纵向网络效率低,供需匹配差,节点间联结弱

从横向最短路径来看,经销商和加工企业之间的连通不畅,和大多数加工企业之间只能通过国有储备库进行间接协调,这将导致经销商和加工企业之间的信息

沟通效率低，市场信息传递滞后，粮食无法经由经销商在多个加工企业之间进行合理的按需配置，横向网络效率低。从纵向最短路径来看，农户和加工企业之间直接联结的情况极少，需要经由国有储备库和经销商的多级调配，网络整体在纵向结构上体现出低的连通效率，市场信息传递不畅，粮食无法在网络内部高效流动以匹配供需。从簇系数来看，其值非常低，说明网络内节点间联结的紧密程度很低，难以形成有效沟通，信息无法有效传递，抗干扰能力弱。

（4）粮食供应链网络模块化结构特征明显，模块之间呈现弱联结

运用 GN 算法对网络模块度的计算发现，粮食供应链网络具有明显的社区结构特性。删除国有储备库和加工企业之间的连边，使得网络出现"农户—经销商—加工企业"这种典型链式结构的子社区，并且子社区之间连边很少，说明彼此之间断裂彻底，社区间相互作用较少。一方面，这种结构特征会使得信息、资源在网络全局内流动效率低，过度依赖国有储备库的协调作用；另一方面，这种结构也会将局部故障限制在社区内部，对其他社区影响较小。

（5）国有储备库是粮食供应链网络中最关键节点

无论是从网络拓扑结构来看，还是从随机干扰或目标攻击节点或边来看，国有储备库在网络结构中都处于关键地位，在网络应对风险时起关键作用。当它出现异常或发生故障时，会带来整个网络的断裂或效率的急剧下降；而且，当网络故障时，网络负载的动态均衡完全由国有储备库单一节点来完成。但是，由于国有储备库节点的度值极高且仅此一个节点，导致网络内通信效率极低。因此，国有储备库在面对效率（库存成本控制）和安全（库容能力扩充）时，处于两难选择的状态。

（6）农户是粮食供应链网络中最弱势节点

无论是从网络拓扑结构来看，还是从随机干扰或目标攻击节点或边来看，农户都是网络中最弱势的群体。当他们受到攻击发生故障时，对整个网络几乎无任何影响；但网络中与他们关联的其他类型节点受到攻击发生故障时，会给他们带来极大损失。然而农户又是整个网络中粮食产品的最初供给主体，使农户群体获益是粮食供应链网络运行的基础，更是全社会安全稳定的基石。培育壮大农户群体的规模，反映在网络拓扑结构中就是增加农户节点的度值，改变目前节点出度基本为 1 的弱势现状。

(7)经销商和加工企业是粮食供应链网络中重要节点

经销商是网络中粮食交易的中间商,其节点度值较高,而加工企业是网络中粮食的最终需求者。[①]两者分别是多层级星型嵌套网络结构中第一层级和第二层级星型结构的核心,构成网络中的重要节点。当他们受到攻击发生故障时,网络会出现块状断裂,分解成相互间不关联的"块"状结构,造成块与块之间粮食流动困难。但对于脱离网络的块,其内部粮食供应量在短时间内无法改变,也无法从外部补充,这使得粮食安全问题不能只从全局考量,局部区域的粮食安全问题可能更是当前阶段值得思索的。做大做强粮食加工企业和经销商群体是一个方面,跨区域的粮食现代物流体系建设更是保障国家粮食安全重要而紧迫的任务,反映在网络拓扑结构中就是增加和增强各模块结构之间的连边,以及提高网络的聚类系数。

(8)农户适度规模经营有助于粮食供应链去脆弱性

第5.4节的仿真结果表明,当农户群体规模化后,即农户数量缩减,特别是农户种植面积结构调优后,出现很大比例的粮食直接从农户流向加工企业,"农户—加工企业"这种短链在网络中成为主要的联结方式,农户和加工企业之间的物流、信息流效率得到明显提升,有效促进供需匹配,粮食供应链运作效率提高,网络结构型脆弱性趋向优化。与此同时,国有储备库流入粮食数量明显降低,促进粮食行业去库存,减轻国有储备库储粮压力,有助于推动粮食收储制度改革。在某种程度上证明了推动农户适度规模经营是当前粮食供给侧结构性改革的一项重要举措。

### 7.1.3 主要研究启示与建议

从供应链视角看粮食问题,粮食供应链网络中"最脆弱"的节点或环节是粮食问题最容易产生的地方。粮食供应链整合与变革的过程,是粮食供应链脆弱性消

---

① 正如第1.4节概念范畴里所界定的,本书仅讨论原粮和原粮供应链。

减与粮食供应链能力提升的均衡发展过程,也是"既守住底线又拓展空间"战略思维的体现。构建"安全(守底线)+高效(拓空间)"的粮食供应链体系,既要强调发挥市场在资源配置中的决定性作用,又要注重更好地发挥政府作用。

(1)发展适度规模经营,提升小农户组织化程度

在分化减少小农户的同时(数量缩减),提升小农户扩大经营规模的能力(结构调优)。具体来说,一是引导和鼓励小农户通过联合和合作,完善风险分担和利益分配机制,组建农民合作社,发展适度规模经营,组织、带动和引领小农户,化解其生产弱势、市场弱势和组织弱势,和小农户共享规模经营带来的"比较优势"。二是扶持有务农意愿的小农户,通过职业培训和农业社会化服务等形式,提高生产技能,扩大经营规模,突破小农户自身能力"上限",使小农户逐渐分化成规模适度的种粮大户和家庭农场,促进小农户与现代粮食供应链有机衔接。三是处理好发展新型农业经营主体与发挥小农户作用的关系,避免因片面追求发展前者而对小农户形成"挤出"效应,走中国特色的渐进式发展道路。

(2)改革国家粮食储备体系,提高储备运转效率

按照中央与地方储备相协调、政府与社会储备相协调、储备政策性与经营性职能相分离的原则,完善现有国家粮食储备体制,解决上下级储备之间、同级地方储备之间、承储企业运营与市场之间脱节的问题,使国储真正成为一个决策主体,在保障国家粮食安全的基础上,更好发挥市场机制作用,提高储备运转效率。一方面,合理划分中央与地方粮食事权,构建中央与地方相协调的政府储备体系;另一方面,鼓励多元市场主体参与粮食储备,深化国有粮食企业改革,分离其粮食储备的政策性与经营性职能,构建政府与社会相协调的多元储备体系。

(3)提高加工企业供应链掌控能力,培育中国的大粮商

培育和壮大一批具备资源、资金、资产集聚能力的粮食企业,使其成为粮食供应链变革的引领者,主导对粮食供应链内部资源的整合和内外资源的融合。一方面,支持广大粮食加工企业从低端弱小的企业格局向全产业链模式规模发展,从分散无序的产业布局向产业集群模式集聚发展。另一方面,充分发挥市场配置资源的决定性作用,引导具备较强供应链掌控能力的粮食企业,以资产、资源、市场和品牌为纽带,实施多元化和国际化经营,成为经营范围涵盖粮食生产、收储、加

工、物流、贸易、金融、信息的大粮商。

(4)提升粮食物流能力,建设粮食现代物流体系

粮食供应链网络的松散耦合性以及模块化结构特性,使得网络节点之间,特别是模块之间的联结在网络稳定方面显得尤为重要。联结节点间、模块间的粮食物流能力建设,特别是跨区域(跨省)粮食现代物流体系建设,是粮食供应链安全、高效运作的重要保障,应成为粮食供应链去脆弱性的重要内容。具体建议包括:聚焦仓储资源和产后服务,进一步提升粮食收储能力;建立以水运、铁路运输为主的运输体系,降低粮食物流成本;合理布局粮食物流园区作为示范性节点,提高粮食物流效率;建设智慧粮食物流系统,推动粮食物流线上线下深度融合。

(5)更好发挥政府作用,引导和推动粮食供应链变革

首先,从战略上谋划粮食供应链宏观体系。一方面,实施以"五优联动"为内涵的优质粮食工程,促进粮食"产购储加销"各环节顺畅有序衔接;另一方面,引导产销区之间建立长期稳定的合作机制,促进粮食生产与消费有效对接、顺畅流通。其次,规划建设粮食供应链公共平台,如全国粮食电子交易平台、粮食物流基础设施平台和粮食供应链动态信息平台。再次,激活粮食供应链变革的内生动力,如稳步完善粮食价格形成机制、培育壮大粮食产业化龙头企业。第四,构建粮食供应链创新的支撑体系,包括基础理论支撑体系、关键技术支撑体系和多层次人才支撑体系。

## 7.2 创新与不足

### 7.2.1 创新与特色之处

(1)研究视角的独特性

粮食问题研究由来已久,理论界基于粮食兼具的自然属性(基本食物需求)、经济属性(商业性需求)和社会属性(公共物品、政治和外交需求)的认识,分别围

绕自然系统、经济系统和社会系统中与粮食属性相对应的问题，形成了相互关联的理论体系，包括粮食生产、价格、流通、贸易、储备、市场理论以及保障社会稳定的粮食安全理论。粮食问题研究同时还属于管理学范畴，目前从管理学角度研究粮食问题的综合性研究成果尚不多见。当前我国粮食安全形势和内涵已发生深刻变化，粮食供给保障能力显著增强，供需脱节成为当前粮食问题最大的短板，确保国家粮食安全更需要有强大的供应链运营与掌控能力。基于此，笔者首次对粮食供应链脆弱性问题展开系统深入的基础性理论研究，尝试运用供应链管理的思维方法去解决当前阶段我国粮食行业中存在的供需不对称性矛盾问题，尝试从粮食供应链脆弱性的视角来描绘涉及粮食安全不同方面的"完整图景"，具有研究视角上的独特性。

(2)研究内容的系统性

脆弱性研究从自然科学领域向社会科学领域不断拓展，理论与方法不断丰富，正在形成一套基础性科学知识体系。作为供应链管理中新兴的研究领域，供应链脆弱性研究起步较晚，理论体系尚待形成。通过对粮食供应链管理研究动态的总结，我们发现有关粮食供应链脆弱性的研究文献极其少见，研究深度不够且不成体系。基于此，本书从"脆弱性""供应链脆弱性"相关研究中提炼出一般方法论，展开对粮食供应链脆弱性专题的系统研究，研究内容涉及定性探讨和定量分析。在定性研究部分，总结了粮食供应链的网链结构特征，界定了粮食供应链脆弱性的定义、属性和表征，揭示了粮食供应链脆弱性的形成机理和演化机理，分析了粮食供应链脆弱性的适度区间及突变后的致灾影响，提出了粮食供应链去脆弱性的思路。在定量研究部分，构建了粮食供应链脆弱性的复杂网络模型及其网络特征评价指标，分别仿真分析了粮食供应链结构型脆弱性特征和胁迫型脆弱性特征，仿真模拟了粮食供应链去脆弱性后的效果。最后，得出研究启示，并提出相关对策建议。从某种程度上看，本书所开展的粮食供应链脆弱性研究，促进了脆弱性研究领域在供应链管理方向上进一步拓展，也丰富了现代供应链管理理论。

(3)研究方法的创新性

首先，在建模方法上，为了准确刻画粮食供应链脆弱性特征，本书将粮食供应链抽象成复杂网络，把供应链中的参与成员抽象成网络节点，把各节点间复杂的竞合关系抽象成网络的边,设计了一个近似反映真实世界的粮食供应链复杂网络仿真模型。模型结合了系统动力学、离散事件和 Multi-agent 三种仿真方法,使用 Anylogic 软件作为仿真平台。设定农户、经销商、加工企业和国有储备库四类 Agent (另将运行环境作为一类特殊的 Agent)并确定其属性参数;根据粮食实际交易过程,编制各类 Agent 的协商规则和决策过程,运用系统动力学方法描绘各类 Agent 决策的因果关系图,确定其决策函数;以公开的统计数据对各类 Agent 的属性参数进行合理赋值,最终构建了一个大型的粮食供应链复杂网络仿真模型。

其次,在评价指标方面,构建了一个能够体现粮食供应链网络节点、路径和结构特征的指标体系,以全面描述粮食供应链网络体现出来的总体特征。特别是在路径特征和结构特征两个方面,分别引入最短路径和模块度两个指标。一是针对粮食供应链网络中既存在纵向的链式功能层级结构,又存在同一层级主体之间联结的情况,将最短路径指标分为纵向和横向两类。通过计算"农户—加工企业"间的纵向最短路径长度,测度粮食供应过程效率;计算"经销商—加工企业"间的横向最短路径长度,测度网络匹配粮食需求的效率以及对国有储备库的依赖程度。二是针对粮食供应链网络具有的社区结构特性,为更好地刻画网络中连边关系的局部聚集特性,以及网络中连边的局部分布不均匀性,本书引入了模块度指标来进一步刻画粮食供应链网络结构中存在的这种聚类效应。

再次,在仿真模拟方面,以国家公布的最低收购价为基准,兼顾当时市场行情变化,使用合理推定后的价格数据作为模型运行基础数据,根据粮食流通特性,仿真运行六个周期(每个周期又设置6个阶段),选取最具有代表性的第四周期数据,对粮食供应链网络拓扑结构进行统计特征分析。以删除节点或边的方式来表征内外部干扰,通过采取随机删除点、随机删除边、目标删除点和目标删除边四种仿真策略,以网络连通性和效率指标来测度其静态鲁棒性能,以网络负载变化指标来测度其动态鲁棒性能,对粮食供应链胁迫型脆弱性特征进行描述。在网络总种植面积不变的基础上,从数量和结构两个维度依次调整农户规模,测算网络脆弱性特征的变化,证明网络结构是否得到优化。

(4)研究结论的实用性

本书基于对我国粮食供应链运作现状的认识、粮食供应链脆弱性特征的定性与定量分析、粮食供应链去脆弱性机制的探讨,总结并提炼出有关粮食供应链脆弱性内涵、机理、特征的观点和结论,得出研究启示,并提出对策建议。这些研究结论对我国粮食安全工作具有定向指导的价值。

从粮食供应链运作现状来看,粮食供应链脆弱性体现为对自然、市场和政策等扰动因素的易于暴露、敏感性高和应对能力弱;扰动因素只是脆弱性的驱动因素(前提),其影响会对供应链运行产生干扰、中断甚至解散(结果);而供应链结构和组织特征是脆弱性产生的根本原因(前因),决定其脆弱性程度。粮食供应链管理就是在结构型脆弱性与胁迫型脆弱性之间进行适度平衡的过程。

从粮食供应链网络特征来看,其特有的多层级嵌套星型结构、模块化结构、松散耦合结构,以及明显的稀疏性、异构性和异配性,使得网络表现出整体可控程度差、抗风险能力弱、运作效率低的特点。农户是网络中最弱势节点,抵抗风险能力弱,又易受其他相关节点的影响;国有储备库是网络中最关键节点,在均衡网络负载变化的同时,也导致网络效率的低下;经销商和加工企业是网络中重要节点,分别是不同层级星型结构的核心。

从粮食供应链去脆弱性来看,优化农户、经销商、国有储备库和加工企业等市场主体经营规模,使之成为粮食供应链变革的主导力量,是充分发挥市场机制在粮食资源配置中起决定性作用的重要体现;在农户适度规模问题上,既要重视数量缩减,更要注重经营规模结构的调整。提升粮食物流能力、建设跨区域粮食现代物流体系,是增强网络节点间及模块间联结、维护网络稳定的重要保障。政府要在粮食供应链宏观体系谋划、相关平台建设、市场内生动力激活、创新支撑体系搭建等方面更好发挥作用,引导和支持粮食供应链的建链、补链、强链和延链,推动粮食供应链变革,在更高层次上保障国家粮食安全。

## 7.2.2 研究不足与展望

粮食供应链脆弱性研究尚属于一个前沿性理论研究课题和难题,既需要理论和方法的深化、学科之间的交叉和融合,又需要研究范式的整合,提炼出规范的理论体系,更需要结合中国的实际,注重研究问题的前瞻性和实效性。本书只是尝试开启了粮食供应链脆弱性问题的理论探讨,所提出的理论框架尚显粗糙,例如,对粮食供应链脆弱性演化机理的推演、粮食供应链脆弱性适度区间的确定、粮食供应链脆弱性突变阈值的估测等的研究还不够深入。所构建的仿真模型与真实的粮食供应链运作实际尚存在脱节的地方，模型还比较理想化，一些变量因素尚未真正考虑，如粮食品种结构的多样性、国际粮食行情的影响、粮食品质的差异等。模拟真实世界确实困难，尤其是对全国粮食供应链宏观网络体系的模拟，几乎是一项不可能的工作。尽管如此，如何采用更好的方法和工具来更准确地刻画粮食供应链网络的脆弱性特征，将是我们未来努力的方向。

作为一个具备广阔探索空间的新领域，粮食供应链脆弱性研究可借鉴的理论和方法还不多，既存在很大的研究空间，又面临很大的困难挑战，研究内容和方法需要不断地探索、深化和完善。课题研究是一项长期的工作，我们将继续深化研究粮食供应链脆弱性中所蕴含的深层次问题。由于理论认识、方法、数据、样本等方面的原因，我们的研究成果难免存在不足乃至值得商榷的地方，请各位学者同仁批评指正，以促进我们的研究工作。

最后，感谢国家社会科学基金对本研究的资助！

# 参 考 文 献

## 1. 中文文献

[1]习近平.把乡村振兴战略作为新时代"三农"工作总抓手[J].求是,2019(11).

[2] 蔡进. 推进我国现代供应链创新与发展的现实意义 [N]. 现代物流报,2017-10-25:(A01).

[3]陈明星.粮食供应链安全:一个新的粮食安全视角——兼论粮食生产核心产区发展思路创新[J].调研世界,2011(3):40-43.

[4]陈明星.基于粮食供应链的外资进入与中国粮食产业安全研究[J].中国流通经济,2011(8):57-62.

[5]陈印军,喻义洪,韩一军,陈源泉.我国新型粮食安全观研究[M].北京:中国农业科学技术出版社,2018.

[6]陈倬.粮食供应链风险分析与防范研究[J].农村经济,2011(12):24-28.

[7]陈倬.粮食供应链脆弱性分析与整合研究[J].财经论丛,2011(6):105-110.

[8]陈倬,景琦,王锐.大型粮商主导的粮食供应链整合研究——基于SIR模型的实证分析[J].江苏农业科学,2016,44(11):555-559.

[9]陈倬,叶金珠.基于供需匹配的粮食供应链变革研究[J].价格月刊,2018(3):20-26.

[10]崔晓迪,田源,程国宏.信息化的粮食供应链管理[J].中国储运,2005(5):50-51.

[11]邓宗兵,封永刚,张俊亮,王炬.中国粮食生产空间布局变迁的特征分析[J].经济地理,2013,33(5):117-123.

[12]刁力,刘西林.基于蚁群算法的供应链系统脆性研究[J].华东交通大学学报,2007,24(1):82-84.

[13]丁冬,杨印生.中国粮食供应链关键风险点的识别及防范[J].社会科学战线,2019(5):247-250.

[14]丁俊发.推动流通业的供给侧改革——学习领会习近平总书记新发展理念和供给侧改革的重要论述[N].经济日报,2016-01-28:(13).

[15]丁声俊.以"供给侧"为重点推进粮食"两侧"结构改革的思考[J].中州学刊,2016(3):42-48.

[16]都本伟.供给侧结构性改革的理论意义[N].光明日报,2016-09-18(6).

[17]杜京娜,王杜春.发达国家粮食供应链管理经验及其对我国的启示[J].黑龙江粮食,2009(1):51-53.

[18]杜文龙.我国粮食供应链整合问题研究[J].商业时代,2006(36):7-9.

[19]杜志平,胡贵彦,刘永胜.基于复杂性供应链脆弱性研究[J].中国流通经济,2011(6):49-54.

[20]段沛佑,李俊.我国供应链体系建设路径研究[J].物流科技,2018(8):126-128,132.

[21]段鹰,刘红,朱祥文.基于企业地位不平等的供应链脆弱性分析[J].计算机集成制造系统,2019,25(1):208-213.

[22]范必.全产业链市场化改革初探[J].中国行政管理,2014(6):34-36.

[23]方修琦,殷培红.弹性、脆弱性和适应——IHDP三个核心概念综述[J].地理科学进展,2007,26(5):11-22.

[24]高洁.粮食供应链风险预警系统的构建研究[D].大连:大连交通大学,2014.

[25]高洁,陈迎阳.级联失效下供应链网络脆弱性分析[J].物流工程与管理,2016,38(10):42,80-83.

[26]高强.台风影响下的供应链脆性研究[D].北京:北京交通大学,2012.

[27]高艳,王蕾.粮食供应链定价协调研究进展[J].世界农业,2019(7):25-32.

[28]葛海波.延迟在粮食供应链整合中的应用研究[D].南京:南京财经大学,2011.

[29]关付新.粮食属性及其衍生机理——基于系统和历史的二维视角[J].河南社会科学,2017,25(11):45-50.

[30]郭健.突变理论在复杂系统脆性理论研究中的应用[D].哈尔滨:哈尔滨工程大学,2004.

[31]韩长赋.做好新时代"三农"工作的行动指南[N].人民日报,2019-07-16(9).

[32]何明珂,王文举.现代供应链发展的国际镜鉴与中国策略[J].改革,2018(1):22-35.

[33]贺金霞.基于协同理论的粮食供应链协同动因及影响因素分析[J].物流科技,2017(11):129-132.

[34]洪岚,尚珂.我国粮食供应链问题研究[J].中国流通经济,2005(2):11-14.

[35]洪岚,安玉发.我国粮食供应链整合困难的原因探析[J].中国流通经济,2009(8):33-35.

[36]洪岚.粮食供应链整合的量化分析——以北京地区粮食供应链上价格联动为例[J].中国农村经济,2009(10):58-66,85.

[37]洪岚.北京地区粮食供应链整合研究[M].北京:中国农业大学出版社,2009.

[38]胡非凡,吴志华,赵燕林.粮食供应链信息共享价值研究——以RFID农户结算卡系统为例[J].南京财经大学学报,2013(1):24-30.

[39]胡非凡,吴志华,胡学君.基于TOE框架的粮食供应链整合影响因素研究[J].南京财经大学学报,2015(1):60-66.

[40]胡特,彭开丽,唐睿,赵芸逸,陈燕.农户脆弱性研究综述及其在土地利用变化中的理论分析构架[J].中国土地科学,2016,30(11):50-60.

[41]霍增辉,吴海涛.贫困脆弱性研究综述:评估方法与决定因素[J].农村经济与科技,2015,26(11):95-96.

[42]姜长云.龙头企业与农民合作社、家庭农场发展关系研究[J].社会科学战线,2018(2):58-67.

[43]亢霞.中国粮食流通效率和现代流通体系构建初探[M].北京:中国农业出

版社,2014.

[44][法]勒内·托姆.突变论:思想和应用[M].周仲良,译.上海:上海译文出版社,1989.

[45]冷志杰,赵攀英.小农户进入有效粮食供应链的结合点及集成协作原则[J].物流技术,2008,27(8):144-147.

[46]冷志杰,蒋天宇,谢如鹤.大宗粮食供应链利益补偿协调机制的长期实施条件[J].江苏农业科学,2017,45(5):308-311.

[47]冷志杰,赵佳,马伊茗.粮食供应链管理的模式创新研究[J].中国粮食经济,2019(5):44-47.

[48]栗东生,张翠华,黄小原.供应链网结构特性及其模型[J].合成纤维工业,2000,24(1):39-42.

[49]李表奎,林桦,向升斌.基于自然灾害的供应链脆性强度研究[J].物流技术,2015,34(24):185-190.

[50]李彬,季建华,陈娟,孟翠翠.基于复杂网络视角的供应链脆弱性预防和应对策略[J].上海管理科学,2012,34(3):53-56.

[51]李凤廷,侯云先.粮食供应链整合研究——基于链内、链间交互整合的概念框架[J].商业经济与管理,2014(1):5-12.

[52]李鹤,张平宇,程叶青.脆弱性的概念及其评价方法[J].地理科学进展,2008,27(2):18-25.

[53]李鹏.中国粮食储备体制改革思考与建议[J].中国市场,2018(31):9-12,19.

[54]李桐.生鲜农产品供应链脆弱性诊断研究[D].秦皇岛:燕山大学,2016.

[55]李新盛.基于熵理论的农超对接模式下果蔬供应链脆性研究[D].北京:北京交通大学,2012.

[56]李阳.托市收购政策下粮食供应链利益协调机制研究[D].南京:南京财经大学,2018.

[57]刘浩华.打造弹性供应链[J].中央财经大学学报,2007(5):63-68.

[58]刘佳,史丽伟.基于贝叶斯网络的港口煤炭供应链脆弱性研究[J].技术经济与管理研究,2016(10):7-15.

[59]刘家国,施高伟,卢斌,赵金楼.供应链弹性三因素模型研究[J].中国管理科学,2012(52):528-535.

[60]刘家国,周粤湘,卢斌,赵金楼.基于突发事件风险的供应链脆弱性削减机制[J].系统工程理论与实践,2015,35(3):556-566.

[61]刘鹏,屠康.射频识别技术在粮食供应链体系中的应用研究[J].粮食储藏,2007(4):23-27.

[62]刘希龙,季建华.基于应急供应的弹性供应网络设计研究[J].控制与决策,2007,22(11):1223-1227.

[63]刘哲.可追溯粮食供应链质量安全检测预警体系构建研究[J].生产力研究,2013(4):30-32,86.

[64]路红艳,王岩,孙继勇.发展现代供应链 助力深化供给侧结构性改革[J].中国发展观察,2019(z1):67-70.

[65]罗必良.农业供给侧改革的关键、难点与方向[J].农村经济,2017(1):1-10.

[66]马士华,林勇.供应链管理(第2版)[M].北京:机械工业出版社,2005.

[67]马晓河.新时期我国需要新的粮食安全制度安排[J].国家行政学院学报,2016(3):76-80.

[68]穆东.供应链系统的复杂性构成分析[J].中国流通经济,2006(8):10-14.

[69]宁钟.供应链脆弱性的影响因素及其管理原则[J].中国流通经济,2004(4):13-16.

[70]庞增安.我国粮食安全的政府责任[J].湘潭大学学报(哲学社会科学版),2009,33(6):46-50.

[71]邵瑞瑞.复杂系统脆性下的多期闭环供应链均衡问题研究[D].马鞍山:安徽工业大学,2018.

[72]史丽萍,刘强,李静媛.制造业供应链伙伴间态度性承诺对供应链脆弱性作用机制[J].管理科学,2014,27(5):35-49.

[73]史培军,王静爱,陈婧,等.当代地理学之人地相互作用研究的趋向——全球变化人类行动计划(IHDP)第六届开放会议透视[J].地理学报,2006,61(2):115-126.

[74]施涛.纵向一体化:基于协调成本的解释[J].生产力研究,2008(14):25-27.

[75]宋廷明,等(课题组).汇集粮源 服务社会——14省市粮食经纪人现状综合调研报告[J].中国粮食经济,2015(5):55-59.

[76]孙宏岭,高詹.粮食供应链管理的时代已经到来[J].中国粮食经济,2007(6):38-40.

[77]陶鹏.基于脆弱性视角的灾害管理整合研究[M].北京:社会科学文献出版社,2013.

[78]王登清.粮食物流网络脆弱性及安全研究综述[J].福建交通科技,2015(6):89-91.

[79]王登清.粮食供应链网络脆弱性评价研究[J].山东农业工程学院学报,2017,34(5):5-8.

[80]王登清.基于复杂网络理论的粮食供应链网络抗毁性研究[J].福州大学学报(哲学社会科学版),2017(4):36-41.

[81]王金丽,白世贞.供应链系统脆性防御评价模型的构造与适用[J].科技管理研究,2014(2):205-209.

[82]王立石.粮食供应链牛鞭效应形成机理研究[D].南京:南京财经大学,2008.

[83]王玲,褚哲源.供应链脆弱性的研究综述[J].软科学,2011,25(9):136-139.

[84]王世海.探讨粮食安全领域基本规律 推动高质量发展[J].中国粮食经济,2019(1):18-19.

[85]王双正.粮食流通体制改革40年:从"怎么看"到"怎么干"[J].经济研究参考,2018(67):3-21.

[86]王新华,鲁艳,王锐,杜江.我国小麦进出口贸易发展现状、原因及对策[J].农业经济,2017(1):114-116.

[87]王耀鹏.中国粮食流通财税金融支持政策研究[M].北京:经济管理出版社,2012.

[88]王耀鹏.以加工为引擎 大力促进粮食产业经济发展[J].宏观经济管理,2017(12):55-60.

[89]韦琦.复杂系统脆性理论及其在危机分析中的应用[D].哈尔滨:哈尔滨工程大学,2004.

[90]武舜臣,高盈盈,胡舟.现阶段我国粮食价格倒挂的判断与应对策略[J].西部论坛,2016(6):37-43.

[91]吴志华,胡非凡.粮食供应链整合研究——以江苏省常州市粮食现代物流中心为例[J].农业经济问题,2011,32(4):26-32.

[92]谢珊珊.基于演化模型的供应链网络脆弱性研究[D].武汉:华中科技大学,2015.

[93]徐睿,等(农发行江苏省泰州市分行课题组).创新支持粮食购销企业发展[J].农业发展与金融,2018(2):28-30.

[94]徐文超."一带一路"粮食供应链整合风险研究——以上合园粮食物流基地为例[D].南京:南京财经大学,2018.

[95]许泽人.中国粮食供应链物流及信息化[C]//首届中国物流学会年会论文集.2002:81-91.

[96]薛平平,张为付.我国粮油加工业产能过剩:特征与化解路径[J].湖南农业大学学报(社会科学版),2019,20(1):70-75.

[97]杨彩虹.基于粮食安全视角的粮食供应链优化与管理研究[J].改革与战略,2013(12):47-51.

[98]杨东升.基于自组织理论的复杂供应链系统脆性研究[D].北京:北京交通大学,2010.

[99]杨卫路.中外粮食概念有别数据对比相去甚远?[N].粮油市场报,2016-12-22(B01).

[100]阴仁杰.基于复杂系统的钢铁供应链脆性管理研究[D].青岛:中国海洋大学,2011.

[101]尤荻,梁双陆.重要基础设施脆弱性评价研究综述[J].科技管理研究,2014(21):81-86.

[102]于鲲鹏,杨育,刘娜,李斐,谢建中.基于加权改进节点收缩法的供应链网络脆弱性分析[J].计算机集成制造系统,2014,20(4):963-970.

[103]袁育芬.我国粮食供应链的合理组成及粮库设施评述[J].粮食流通技术,2002(6):1-3,34.

[104]曾慧娥,周庆忠.基于图论的制造业供应链脆弱性评估[J].重庆科技学院学报(社会科学版),2013(12):79-82.

[105]张峰,杨育,包北方,贾建国,王家天.协同生产网络组织的系统脆弱性分析[J].计算机集成制造系统,2012,18(5):1077-1086.

[106]张红宇.大国小农:迈向现代化的历史抉择[J].求索,2019(1):68-75.

[107]张纪会,徐军芹.适应性供应链的复杂网络模型研究[J].中国管理科学,2009,17(2):76-79.

[108]张平宇,李鹤,佟连军,等.矿业城市人地系统脆弱性——理论·方法·实证[M].北京:科学出版社,2011.

[109]张务锋.加快发展粮食产业经济 建设粮食产业强国[J].中国粮食经济,2017(10):10-12.

[110]张务锋.准确把握保障国家粮食安全的六个关系[J].中国粮食经济,2018(8):10-12.

[111]张晓强.构建现代化粮食流通体系[J].中国粮食经济,2018(10):10-15.

[112]张秀萍.供应链脆弱性研究评述[J].中国流通经济,2012(3):35-38.

[113]张学森,汪刘凯,李慧宗,王向前.绿色供应链脆弱性风险传播机制研究[J].财贸研究,2017,28(3):104-109.

[114]张英华,蒋丽华.复杂系统"精益涌现"的形成机理研究——以供应链系统为例[J].天津师范大学学报(社会科学版),2011(3):72-76.

[115]赵林度.基于细胞弹性模型的供应链弹性分析[J].物流技术,2009,28(1):101-104.

[116]赵林度,王新平.供应链弹性管理研究进展[J].东南大学学报(哲学社会科学版),2013,15(4):21-27.

[117]赵攀英.三级粮食供应链协作定价研究[D].大庆:黑龙江八一农垦大学,2010.

[118]赵双连.努力打造中国人自己的国际大粮商[J].求是,2017(3).

[119]赵予新,邵赛娜.基于层次分析法的粮食供应链整合的影响因素分析[J].粮食科技与经济,2015,40(1):16-19.

[120]郑风田,普蓂喆.我国粮食储备主体结构及其优化研究[J].价格理论与实践,2016(9):18-22.

[121]钟波,谢挺.供应链系统的脆性模型研究[J].中国管理科学,2005,13(z1):443-446.

[122]周业旺.基于ISM的鲜活农产品供应链脆弱性影响因素分析[J].商业经济研究,2017(11):115-117.

[123]朱传福.基于核心企业的粮食供应链整合研究[D].南京:南京财经大学,2008.

[124]朱福堂.粮田·粮仓·粮商[N].学习时报,2018-01-22(A4).

[125]朱新球,程国平.弹性供应链研究述评[J].中国流通经济,2011(3):43-47.

## 2.英文文献

[1] Adger W N. Vulnerability [J]. Global Environmental Change, 2006, 16 (3):268-281.

[2] Adger W N, Brooks N, Bentham G, et al. New indicators of vulnerability and adaptative capacity[R]. Tyndall Centre for Climate Change Research, Technical Report No. 7, 2004.

[3] Albino V, Garavelli A C. A methodology for the vulnerability analysis of just-in-time production systems [J]. International Journal of Production Economics, 1995, 41 (1-3):71-80.

[4] Albino V, Garavelli A C, Okogbaa O G. Vulnerability of production systems with multi-supplier network: A case study[J]. International Journal of Production Research, 1998, 36(11):3055-3066.

[5] Aleksic A, Stefanovic M, Tadic D, Arsovski S. A fuzzy model for assessment of organization vulnerability[J]. Measurement, 2014(51):214-223.

[6] Ambulkar S, Blackhurst J, Grawe S. Firm resilience to supply chain disruptions: Scale development and empirical examination[J]. Journal of Operations Management,

2015(33-34):111-122.

[7]An K,Ouyang Y F.Robust grain supply chain design considering post-harvest loss and harvest timing equilibrium [J]. Transportation Research Part E: Logistics and Transportation Review,2016(88):110-128.

[8]AsbjӨrnslett B E, Rausand M.Assess the vulnerability of your production system [J].Production Planning & Control,1999,10(3):219-229.

[9]AsbjӨrnslett B E.Assessing the vulnerability of supply chains[A].In:Zsidisin G A,Ritchie B.(eds.) Supply chain risk:A handbook of assessment,management and performance[M].New York:Springer,2009:15-33.

[10]Azevedo S G,Machado V H,Barroso A P, Cruz Machado V.Supply chain vulnerability:Environment changes and dependencies[J].International Journal of Logistics and Transport,2008,2(1):41-55.

[11]Bakshi N, Kleindorfer P.Co-opetition and investment for supply-chain resilience[J].Production and Operations Management,2009,18(6):583-603.

[12]Barabasi A L, Albert R.Emergence of Scaling in Random Network[J].Science,1999(286):509-512.

[13]Barnes P, Oloruntoba R.Assurance of security in maritime supply chains:Conceptual issues of vulnerability and crisis management[J].Journal of International Management,2005,11(4):519-540.

[14]Barroso A P,Machado V H,Machado V C.Supply chain resilience using the mapping approach.In:Li P Z. (Ed.) Supply Chain Management[M].InTech,2011:161-184.

[15]Berkes F,Colding J, Folke C.Navigating social-ecological systems:building resilience for complexity and change[M].Cambridge UK:Cambridge University Press,2003.

[16]Birkmann J.Measuring vulnerability to hazards of national origin[M].Tokyo:United Nations University Press,2006.

[17]Blackhurst J,Rungtusanatham M J,Scheibe K,Ambulkar S.Supply chain vulnerability assessment:A network based visualization and clustering analysis approach[J].Journal of Purchasing and Supply Management,2018(24):21-30.

[18]Blaikie P,Cannon T,Davis I, et al.At risk:Natural hazards,people's vulnerability and disasters[M].London:Routledge,1994.

[19]Bogard W C.Bringing social theory to hazards research:Conditions and consequences of the mitigation of environmental hazards[J].Sociological Perspectives,1989(31):147-168.

[20]Bogataj D, Bogataj M.Measuring the supply chain risk and vulnerability in frequency space[J].International Journal of Production Economics,2007,108(1):291-301.

[21]Bohle H G.Vulnerability and criticality:Perspectives from social geography[J].IHDP Update 2,2001(1):3-5.

[22]Briano E,Caballini C,Giribone P, Revetria R.Resiliency and vulnerability in short life cycle products' supply chains:A system dynamics model[J].WSEAS Transactions on Systems,2010,9(4):327-337.

[23]Brooks N.Vulnerability,risk and adaptation:A conceptual framework[R].Working Paper,Tyndall Centre for Climate Change Research,Norwich,UK.2003.

[24]Bundschuh M,Klabjan D,Thurston D L.Modeling robust and reliable supply chains[R].Working Paper,University of Illinois at Urbana-Champaign,2006.

[25]Burton I,Kates R W, White G F.The environment as hazard[M].Oxford:Oxford University Press,1978.

[26]Carvalho H,Machado V C.Designing principles to create resilient supply chains[A].Proceedings of the 2007 industrial engineering research conference[C].Nashville,TN.2007:186-191.

[27]Carvalho H,Barroso A P,Machado V H,et al.Supply chain redesign for resilience using simulation[J].Computers & Industrial Engineering,2012,62(1):329-341.

[28]Chacon N,Doherty S,Hayashi C,Green R.New models for addressing supply chain and transport risk[R].World Economic Forum,2012.

[29]Chambers R.Vulnerability, coping and policy[J].Institute of Developmental Studies Bulletin,1989(20):1-7.

[30]Chandra C, Grabis J.Supply chain configuration concepts,solutions and applic-

ations[M].I edition, Springer, 2007.

[31]Chaudhuri A, Mohanty B K, Singh K N.Supply chain risk assessment during new product development:A group decision making approach using numeric and linguistic data[J].International Journal of Production Research,2013,51(10):2790-2804.

[32]Cho S.Modelling of supply chain vulnerability using influence matrices[J].Journal of Studies on Manufacturing,2010,1(1):4-10.

[33]Choi T Y, Dooley K J, Rungtusanatham M.Supply networks and complex adaptive systems:Control versus emergence[J].Journal of Operations Management,2001,19(3):351-366.

[34]Choi T Y, Hong Y.Unveiling the structure of supply networks:Case studies in Honda, Acura and Daimler Chrysler[J].Journal of Operations Management,2002,20(5):469-493.

[35]Choi T Y, Wu Z.Taking the leap from dyads and triads:Buyer-supplier relationships in supply networks[J].Journal of Purchasing and Supply Management,2009,15(4):263-266.

[36]Christopher M.The agile supply chain:Competing in volatile markets[J].Industrial Marketing Management,2000,29(1):37-44.

[37]Christopher M, Lee H L.Mitigating supply chain risk through improved confidence[J].International Journal of Physical Distribution & Logistics Management,2004,35(4):388-396.

[38]Christopher M, Peck H.Building the resilient supply chain[J].International Journal of Logistics Management,2004,15(2):1-13.

[39]Cigolini R, Rossi T.Managing operational risks along the oil supply chain[J].Production Planning & Control,2010,21(5):452-467.

[40]Clusel F, Guarnieri C M, Lagarde D.Assessing the vulnerability of SMEs:A qualitative analysis[A].In:Safety, reliability and risk analysis:beyond the horizon:Proceedings of the European Safety and Reliability Conference[C].ESREL 2013,Amsterdam, The Netherlands, 2014.

[41]Cox A, Sanderson J, Watson G.Supply chains and power regimes: Toward an analytic framework for managing extended networks of buyer and supplier relationships[J].Journal of Supply Chain Management,2006,37(2):28-35.

[42]Cranfield University School of Management.Supply chain vulnerability: Executive report[M].Cranfield,Bedford,UK:Cranfield University,2002.

[43]Cranfield University School of Management.Understanding supply chain risk: A self-assessment workbook[M].Cranfield,Bedford,UK:Cranfield University,2003.

[44]Crucitti P, Latora V, Marchiori M, Rapisarda A.Error and attack tolerance of complex networks[J].Physica A: Statistical Mechanics and its Applications,2004,340(1-3):388-394.

[45]Cutter S L.Living with risk: The geography of technological hazards[M].London: Edward Arnold,1993.

[46]Cutter S L.Vulnerability to environmental hazards[J].Progress in Human Geography,1996(20):529-539.

[47]Ding S B.α-Cost minimization model of grain supply chain[J].Key Engineering Materials,2011(474-476):50-53.

[48]Dong M.Development of supply chain network robustness index[J].International Journal of Services Operations and Informatics,2006,1(1/2):54-66.

[49]Dong M, Chen F F.Quantitative robustness index design for supply chain networks[A].In: Jung, et al.(Eds.) Trends in Supply Chain Design and Management, Technologies and Methodologies [M]. Springer Series in Advanced Manufacturing, 2007: 369-391.

[50]Fazli S, Masoumi A.Assessing the vulnerability of supply chain using Analytic Network Process approach[J].International Research Journal of Applied and Basic Sciences,2012(3):2763-2771.

[51]Ferdows K.Making the most of foreign factories[J].Harvard Business Review, 1997(3/4):73-88.

[52]Fiksel J.Sustainability and resilience: Toward a systems approach[J].Sustainabi-

lity: Science, Practice & Policy, 2006, 2(2): 14-21.

[53]Fleischmann B, Meyr H.Planning hierarchy, modeling and advanced planning systems[A].In:De Kok A G,Graves S C.(eds.) Supply chain management: design, coordination and operation[M].Amsterdam: Elsevier, 2003: 455-523.

[54]Folke C.Resilience: The emergence of a perspective for social-ecological systems analyses[J].Global Environmental Change, 2006( 16 ): 253-267.

[55]Forslund H.Towards a holistic approach to logistic quality deficiencies[J].International Journal of Quality & Reliability Management, 2007, 24(9): 944-957.

[56]Fransoo J C, Rutten W G M M.A typology of production control situations in process industries [J]. International Journal of Operations & Production Management, 1994, 14(12): 47-57.

[57]Füssel H M.Vulnerability: A generally applicable conceptual framework for climate change research[J].Global Environment Change, 2007, 17(2): 155-167.

[58]Gabor T, Griffith T K.The assessment of community vulnerability to acute hazardous material incidents[J].Journal of Hazardous Materials, 1980, 3(4): 323-333.

[59]Gallopin G C.Linkages between vulnerability, resilience, and adaptive capacity [J].Global Environment Change, 2006, 16(3): 293-303.

[60]Ge H T, Nolan J, Gray R.Identifying strategies to mitigate handling risks in the Canadian grain supply chain[J].Canadian Journal of Agricultural Economics, 2015, 63 (1): 101-128.

[61]Gu Z P, Cao B M.Willingness of the farmers' participation in the new grain supply chains - based on the technical acceptance model[A].Proceedings of the 2017 World Conference on Management Science and Human Social Development[C].2017: 386-393.

[62]Gualandris J, Kalchschmidt M.A model to evaluate upstream vulnerability[J]. International Journal of Logistics: Research and Applications, 2014, 17(3): 249-268.

[63]Gunderson L H, Holling C S.Panarchy: Understanding transformations in human and natural systems[M].Washington DC : Island Press, 2002.

[64]Hauser L M.Risk-adjusted supply chain management[J].Supply Chain Manage-

ment Review,2003,7(6):64-71.

[65]Hayes R H,Wheelwright S C.Link manufacturing process and product life cycles[J].Harvard Business Review,1979,57(1):133-140.

[66]Hearnshaw E,Wilson M.A complex network approach to supply chain network theory[J].International Journal of Operations & Production Management,2013,33(4):442-469.

[67]Hendricks K B,Singhal V R.Association between supply chain glitches and operating performance[J].Management Science,2005,51(5):695-711.

[68]Hennet J C,Mercantini J M.Modeling and evaluation of vulnerabilities in a supply chain [A]. In: 8th International Conference of Modeling and Simulation [C]. May 10-12,2010,Hammamet,Tunisia.

[69]Herroelen W,Leus R.Robust and reactive project scheduling:A review and classification of procedures[J].International Journal of Production Research, 2004, 42(8):1599-1620.

[70]Hewitt K.Regions of risk:A geographical introduction to disasters[M].Essex:Longman,1997.

[71]Hobbs J E,Young L M.Closer vertical co-ordination agri-food supply chains:A conceptual framework and some preliminary evidence[J].Supply Chain Management,2000,5(3):131-142.

[72]Holling C S.Engineering resilience versus ecological resilience[A].In:Schulze P.(eds.) Engineering within ecological constraints[M].Washington DC:National Academy Press,1996:31-44.

[73]Hyland M F,Mahmassani H S,Mjahed L B.Analytical models of rail transportation service in the grain supply chain:Deconstructing the operational and economic advantages of shuttle train service[J].Transportation Research Part E:Logistics and Transportation Review,2016(93):294-315.

[74]Jüttner U,Peck H,Christopher M.Supply chain risk management:Outlining an agenda for future research[J].International Journal of Logistics Research and Applica-

tions, 2003, 6(4): 197-210.

[75] Kasperson R E, Renn O, Slovic P, et al. The social amplification of risk: A conceptual framework[J]. Risk Analysis, 1988(2): 177-187.

[76] Kennett J, Fulton M, Molder P, Brooks H. Supply chain management: The case of a UK baker preserving the identity of Canadian milling wheat[J]. Supply Chain Management, 1998, 3(3): 157-166.

[77] Kleijnen J P C, Smits M T. Performance metrics in supply chain management[J]. Journal of Operational Research Society, 2003, 54(5): 507-514.

[78] Klein R J T, Nicholls R J. Assessment of coastal vulnerability to climate change [J]. Ambio: A Journal of the Human Environment, 1999(28): 182-187.

[79] Kleindorfer P R, Saad G. Managing disruption risks in supply chains[J]. Production and Operations Management, 2005, 14(1): 53-68.

[80] König A, Spinler S. The effect of logistics outsourcing on the supply chain vulnerability of shippers: Development of a conceptual risk management framework[J]. The International Journal of Logistics Management, 2016, 27(1): 122-141.

[81] La Porte T R. High reliability organizations: Unlikely, demanding and at risk[J]. Journal of Contingencies and Crisis Management, 1996, 4(2): 60-71.

[82] Lahmar A, Chabchoub H, Galasso F, Lamothe J. The VESP model: A conceptual model of supply chain vulnerability[J]. International Journal of Risk and Contingency Management, 2018, 7(2): 42-66.

[83] Lambert D M, Cooper M C. Issues in supply chain management[J]. Industrial Marketing Management, 2000, 29(1): 65-83.

[84] Lee H L. The triple-A supply chain[J]. Harvard Business Review, 2004, 82(10): 102-112.

[85] Levy D L. International sourcing and supply chain stability[J]. Journal of International Business Studies, 1995, 26(2): 343-360.

[86] Li G, Yang H, Sun L, Ji P, Feng L. The evolutionary complexity of complex adaptive supply networks: A simulation and case study[J]. International Journal of Produc-

tion Economics,2010,124(2):310-330.

[87]Liu H,Li B.Supply-chain dynamic invulnerability research based on node failure[J].Information Technology Journal,2013,12(8):1614-1619.

[88]Liu J G,Liu F,Zhou H,Kong Y D.An integrated method of supply chains vulnerability assessment[J].Scientific Programming,2016(9):1-10.

[89]Liu J G,Zhou Y X.Improved FMEA application to evaluation of supply chain vulnerability[A].The Seventh International Joint Conference on Computational Sciences and Optimization[C].2014:302-306.

[90]Liu Z Y,Zhuang W Q.Governance of global supply chains vulnerability by business-based interorganizational information platform[J].Journal of Systems Science and Systems Engineering,2013,22(1):1-20.

[91]Liverman D.Vulnerability to global environmental change[A].In:Kasperson R E, Dow K, Golding D, Kasperson J X. (eds.) Understanding Global Environmental Changes:The Contributions of Risk Analysis and Management[M].Worcester,MA:Clark University Press,1990:27-44.

[92]Lockamy III A,McCormack K.Analysing risks in supply networks to facilitate outsourcing decisions [J]. International Journal of Production Research, 2010, 48 (2): 593-611.

[93]Lonsdale C.Effectively managing vertical supply relationships:A risk management model for outsourcing[J]. Supply Chain Management: An International Journal, 1999,4(4):176-183.

[94]Luers A L,Lobell D B,Sklar L S,et al.A method for quantifying vulnerability, applied to the agricultural system of the Yaqui Valley,Mexico[J].Global Environmental Change,2003,13(4):255-267.

[95]McCarthy J J,Canziani O F,Leary N A,et al.Climate change 2001:Impacts,adaptation and vulnerability[R].Third Assessment Report of the IPCC.Cambridge University Press,2001.

[96]McEntire D A.Disciplines,disasters and emergency:The convergence and di-

vergence of concepts,issues and trends from the research literature[R].Washington,DC: Federal Emergency Management Agency,2006.

[97]McKinnon A.Life without trucks:The impact of a temporary disruption of road freight transport on a national economy[J].Journal of Business Logistics,2006,27(2): 227-250.

[98]Mekdeci B,Ross A M,Rhodes D H,Hastings D E.A taxonomy of perturbations:Determining the ways that systems lose value[A].In Systems Conference,6th Annual IEEE International[C].2012:1-6.

[99]Melnyk S A,Rodrigues A,Ragatz G L.Using simulation to investigate supply chain disruptions[A].In:Zsidisin G.A,Ritchie B.(eds.) A handbook of assessment,management,and performance[M].New York:Springer,2009(124):103-122.

[100]Mentzer J T,et al.Defining supply chain management[J].Journal of Business Logistics,2001,22(2):1-26.

[101]Mo J,Harrison T P.A conceptual framework for robust supply chain design under demand uncertainty[A].In:Geunes J, Pardalos P M.(Eds.) Supply Chain Optimization[M].Springer Science + Business Media Inc,2005:243-264.

[102]Mogale D G,Kumar S K,Tiwari M K.Two stage Indian food grain supply chain network transportation-allocation model [J]. IFAC-PapersOnLine, 2016, 49 (12): 1767-1772.

[103]Mogale D G,Dolgui A,Kandhway R,Kumar S K,Tiwari M K.A multi-period inventory transportation model for tactical planning of food grain supply chain[J].Computers & Industrial Engineering,2017(110):379-394.

[104]Mogale D G,Kumar S K,Tiwari M K.An MINLP model to support the movement and storage decisions of the Indian food grain supply chain[J].Control Engineering Practice,2018(70):98-113.

[105]Mogale D G,Kumar M ,Kumar S K,Tiwari M K.Grain silo location-allocation problem with dwell time for optimization of food grain supply chain network[J].Transportation Research Part E:Logistics and Transportation Review,2018(111):40-69.

[106]Neureuther B D, Kenyon G.Mitigating supply chain vulnerability[J].Journal of Marketing Channels,2009,16(3):245-263.

[107]Nourbakhsh S M, Bai Y, Maia G D N, Ouyang Y F, Rodriguez L.Grain supply chain network design and logistics planning for reducing post-harvest loss[J].Biosystems Engineering,2016(151):105-115.

[108]Nowakowski T, Werbińska-Wojciechowska S, Chlebus M.Supply chain vulnerability assessment methods-possibilities and limitations[A].In:Podofillini,et al.(eds) Safety and Reliability of Complex Engineered Systems [M].Taylor & Francis Group, 2015:1667-1678.

[109]Oehmen J, et al.System-oriented supply chain risk management[J].Production Planning & Control,2009,20(4):343-361.

[110]O'Kelly M.Network hub structure and resilience[J].Networks & Spatial Economics,2015,15(4):235-251.

[111]Oke A, Gopalakrishnan M.Managing disruptions in supply chains:A case study of a retail supply chain[J].International Journal of Production Economics,2009,118 (1):168-174.

[112]Opiyo F E O, Wasonga O V, Nyangito M M.Measuring household vulnerability to climate-induced stresses in pastoral rangelands of Kenya:Implications for resilience programming[J].Pastoralism,2014,4(1):1-15.

[113]Otto A.Supply chain event management:Three perspectives[J].International Journal of Logistic Management,2003,14(2):1-13.

[114]Pathak S D, Day J M, Nair A, Sawaya W, Kristal M.Complexity and adaptivity in supply chain networks:Building supply network theory using a complex adaptive systems perspective[J].Decision Sciences,2007,38(4):547-580.

[115]Patrik H.Collins dictionary of English language[M].London:Williams Collins Sons,1979.

[116]Peck H.Drivers of supply chain vulnerability:An integrated framework[J].International Journal of Physical Distribution & Logistics Management, 2005, 35(3/4):

210-232.

[117]Peck H.Reconciling supply chain vulnerability, risk and supply chain management [J]. International Journal of Logistics: Research and Applications, 2006, 9 (2): 127-142.

[118] Perrow C. Normal accidents: Living with high-risk technologies [M]. New York: Basic Books, 1984.

[119]Perrow C.Organizing to reduce the vulnerabilities of complexity[J].Journal of Contingencies and Crisis Management, 1999, 7(3): 150-155.

[120]Petak W J, Atkisson A A.Natural hazard risk assessment and public policy: Anticipating the unexpected[M].New York: Springer, 1982.

[121]Peterson H C, Wysochi A, Harsh S B.Strategic choice along the vertical coordination continuum[J].International Food and Agribusiness Management Review, 2001 (4): 149-166.

[122]Pettit T, Fiksel J, Croxton K.Ensuring supply chain resilience: Development of a conceptual framework[J].Journal of Business Logistics, 2010, 31(1): 1-21.

[123]Pettit T, Fiskel J, Croxton K.Ensuring supply chain resilience: Development and implementation of an assessment tool[J].Journal of Business Logistics, 2013, 34(1): 46-76.

[124]Pimm S L.The balance of nature: Ecological issues in the conservation of species and communities[M].Chicago: University of Chicago Press, 1991.

[125]Ponomarov S Y, Holcomb M C.Understanding the concept of supply chain resilience[J].International Journal of Logistics Management, 2009, 20(1): 124-143.

[126]Qiang Q, Nagurney A.A bi-criteria measure to assess supply chain network performance for critical needs under capacity and demand disruptions[J].Transportation Research A, 2012, 46(5): 801-812.

[127]Rao S, Goldsby T J.Supply chain risks: A review and typology[J].International Journal of Logistics Management, 2009, 20(1): 97-123.

[128]Reid S, Smit B, Caldwell W, et al.Vulnerability and adaptation to climate risks

in Ontario agriculture[J].Mitigation and Adaptation Strategies for Global Change,2007,12(4):609-637.

[129]Rice J B,Caniato F.Building a secure and resilient supply network[J].Supply Chain Management Review,2003,7(5):22-30.

[130] Ritchie B, Brindley C. Supply chain risk management and performance: A guiding framework for future development[J].International Journal of Operations & Production Management,2007,27(3):303-322.

[131]Roberts K H.Some characteristics of one type of high reliability organization [J].Organization Science,1990,1(2):160-176.

[132]Rovito S M.An integrated framework for the vulnerability assessment of complex supply chain systems[D].Massachusetts Institute of Technology,2016.

[133]Saad N,Kadirkamanathan V.A DES approach for the contextual load modeling of supply chain system for instability analysis[J].Simulation Modeling Practice & Theory,2006(14):541-563.

[134]Sachan A,Sahay B S,Sharma D.Developing Indian grain supply chain cost model: A system dynamics approach[J].International Journal of Productivity and Performance Management,2005,54(3):187-205.

[135]Sakli L,Hennet J C,Mercantini J M.An analysis of risk and vulnerabilities in supply networks[A].Preprints of the 19th World Congress[C].the International Federation of Automatic Control,Cape Town,South Africa,2014.

[136]Schoenherr T,Tummala V M R,Harrison T P.Assessing supply chain risks with the analytic hierarchy process: Providing decision support for the offshoring decision by a US manufacturing company[J].Journal of Purchasing & Supply Management,2008,14(2):100-111.

[137]Scipioni A,et al.FMEA methodology design,implementation and integration with HACCP system in a food company[J].Food Control,2002(13):495-501.

[138]Sen A K.Poverty and famines: An essay on entitlement and deprivation[M].Oxford: Clarendon,1981.

[139]Sen A K.Resources,values and development[M].Oxford:Blackwell,1984.

[140]Sheffi Y.Supply chain management under the threat of international terrorism[J].International Journal of Logistics Management,2001,12(2):1-11.

[141]Sheffi Y.The resilient enterprise-Overcoming vulnerability for competitive advantage[M].Cambridge,MA:MIT Press,2005.

[142]Simchi-Levi D,Kaminsky P,Simchi-Levi E.Designing and managing the supply chain:Concepts,strategies and case studies (3rd Edition)[M].McGraw-Hill,Irwin,2008.

[143]Simpson N C, Hancock P G.New measures for supply chain vulnerability: Characterizing the issue of friction in the modelling and practice of procurement[A].In: Kordic V.(ed).Supply chain[M].I-Tech Education and Publishing,2008:515-536.

[144]Sinha P R,Whitman L E,Malzahn D.Methodology to mitigate supplier risk in an aerospace supply chain [J]. Supply Chain Management: An International Journal, 2004,9(2):154-168.

[145]Skilton P F,Robinson J L.Traceability and normal accident theory:How does supply network complexity influence the traceability of adverse events?[J]. Journal of Supply Chain Management,2009,45(3):40-53.

[146]Smith M E.Psychological foundations of supply chain risk management[A].In: Zsidisin G A,Ritchie B (eds.) Supply chain risk:A handbook of assessment,management and performance[M].New York:Springer,2009:219-233.

[147]Sohal A S,Perry M.Major business-environment influences on the cereal products industry supply chain:An Australian study[J].International Journal of Physical Distribution & Logistics Management,2006,36(1):36-50.

[148]Song H F,Liu Y Z.Study on choice model of sales channel on grain supply chain[J].Applied Mechanics and Materials,2013(357-360):2931-2934.

[149]Soni U,Jain V,Kumar S.Measuring supply chain resilience using a deterministic modeling approach[J].Computers & Industrial Engineering,2014(74):11-25.

[150]Srai J S,Gregory M J.A supply network configuration perspective on interna-

tional supply chain development[J].International Journal of Operations and Production Management,2008,28(5):386-411.

[151]Stecke K E,Kumar S.Sources of supply chain disruptions,factors that breed vulnerability,and mitigating strategies[J].Journal of Marketing Channels,2009,16(3): 193-226.

[152]Svensson G.A conceptual framework for the analysis of vulnerability in supply chain[J].International Journal of Physical Distribution & Logistics Management,2000, 30(9):731-749.

[153]Svensson G.Perceived trust towards suppliers and customers in supply chains of the Swedish automotive industry[J].International Journal of Physical Distribution & Logistics Management,2001,31(9):647-662.

[154]Svensson G.A typology of vulnerability scenarios towards suppliers and customers in supply chains based upon perceived time and relationship dependencies[J].International Journal of Physical Distribution & Logistics Management, 2002, 32 (3): 168-187.

[155]Svensson G.A conceptual framework of vulnerability in firms' inbound and outbound logistics flows [J]. International Journal of Physical Distribution & Logistics Management,2002,32(2):110-134.

[156]Tang C S.Perspectives in supply chain risk management[J].International Journal of Production Economics,2006,103(2):451-488.

[157]Tang C S.Robust strategies for mitigating supply chain disruptions[J].International Journal of Logistics:Research and Applications,2006,9(1):33-45.

[158]Taylor S G,Seward S M,Bolander S F.Why the process industries are different [J].Production and Inventory Management Journal,1981,22(4):9-24.

[159]Thadakamalla H, Raghavan U, Kumara S, Albert R. Survivability of multi-agent-based supply networks: A topological perspective [J]. IEEE Intelligent Systems, 2004,19(5):24-31.

[160]Thakur M,Hurburgh C R.Framework for implementing traceability system in

the bulk grain supply chain[J].Journal of Food Engineering,2009,95(4):617-626.

[161]Thekdi S A,Santos J R.Supply chain vulnerability analysis using scenario-based input-output modeling:Application to port operations[J].Risk Analysis,2016,36(5):1025-1039.

[162]Tomlin B.On the value of mitigation and contingency strategies for managing supply chain disruption risks[J].Management Science,2006,52(5):639-657.

[163]Trevelen M,Schweikhart S B.A risk/benefit analysis of sourcing strategies:Single vs.multiple sourcing[J].Journal of Operations Management,1988,7(4):93-114.

[164]Trkman P,McCormack K.Supply chain risk in turbulent environments - a conceptual model for managing supply chain network risk[J].International Journal of Production Economics,2009,119(2):247-258.

[165]Tsao H J,Parikh S,Ghosh A S,Pal R,Ranalkar M,Tarapore H,Venkatsubramanyan S.Streamlining grain supply chains of India:Cloud computing and distributed hubbing for wholesale-retail logistics[A].Proceedings of 2010 IEEE International Conference on Service Operations and Logistics and Informatics[C].2010:252-257.

[166]Tsue P T,Nweze N J,Okoye C U.Vulnerability of farming households to environmental degradation in developing countries:Evidence from north central Nigeria[J].Journal of Economics and Sustainable Development,2014,24(5):206-215.

[167]Tuncel G,Alpan G.Risk assessment and management for supply chain networks:Case study[J].Computers in Industry,2010(61):250-259.

[168]Turner B L,Kasperson R E,Matson P A,et al.A framework for vulnerability analysis in sustainability science[A].Proceedings of the National Academy of Sciences[C].USA,2003,100(14):8074-8079.

[169]Twigg J.Disaster reduction terminology:A common sense approach[J].Humanitarian Practice Network,2007(38):1-30.

[170]Van der Vorst J G A J,Beulens A J M.Identifying sources of uncertainty to generate supply chain redesign strategies[J].International Journal of Physical Distribution & Logistics Management,2002,32(6):409-430.

[171]Viljoen N M, Joubert J W.The vulnerability of the global container shipping network to targeted link disruption[J].Physica A: Statistical Mechanics and its Applications,2016(462):396-409.

[172]Viljoen N M, Joubert J W.The road most travelled: The impact of urban road infrastructure on supply chain network vulnerability[J].Networks and Spatial Economics, 2018,18(1):85-113.

[173]Vlajic J V, et al.A framework for designing robust food supply chains[J].International Journal of Production Economics,2012(137):176-189.

[174]Vlajic J V, et al.Using vulnerability performance indicators to attain food supply chain robustness[J].Production Planning & Control: The Management of Operations, 2013,24(8-9):785-799.

[175]Wagner S M, Bode C.An empirical investigation into supply chain vulnerability[J].Journal of Purchasing & Supply Management,2006,12(6):301-312.

[176]Wagner S M, Bode C.Dominant risks and risk management practices in supply chains[A].In: Zsidisin G A, Ritchie B.(eds.) Supply chain risk: A handbook of assessment, management and performance[M].New York: Springer,2009:271-290.

[177]Wagner S M, Neshat N.Assessing the vulnerability of supply chains using graph theory[J].International Journal of Production Economics,2010(126):121-129.

[178]Wagner S M, Neshat N.A comparison of supply chain vulnerability indices for different categories of firms[J].International Journal of Production Research,2012,50(11):2877-2891.

[179]Waters D.Supply chain risk management: Vulnerability and resilience in logistic[M].London: Kogan Page Limited,2007.

[180]Waters D.Supply chain risk management: Vulnerability and resilience in logistics (2nd edition)[M].London: Kogan Page Publishers,2011.

[181]Watts D J, Strogatz S H.Collective dynamics of 'small-world' networks[J].Nature,1998,393(6684):440-442.

[182]Weick K E.Organizational culture as a source of high reliability[J].California

Management Review,1987,29(2):112-127.

[183]Weick K E.Normal accident theory as frame,link,and provocation[J].Organization & Environment,2004,17(1):27-31.

[184]Weick K E,Sutcliffe K M.Managing the unexpected - assuring high performance in an age of complexity[M].San Francisco,CA:Jossey-Bass,2001.

[185]White G F.Natural hazards[M].New York:Oxford,1974.

[186]Wieland A,Wallenburg C M.Dealing with supply chain risks:Linking risk management practices and strategies to performance[J].International Journal of Physical Distribution & Logistics Management,2012,42(10):887-905.

[187]Wieland A,Wallenburg C M.The influence of relational competencies on supply chain resilience:A relational view[J].International Journal of Physical Distribution & Logistics Management,2013,43(4):300-320.

[188]Wilson M C.The impact of transportation disruptions on supply chain performance[J].Transportation Research Part E,2007(43):295-320.

[189]Wisner B.Who? What? Where? When? In an emergency:notes on possible indicators of vulnerability and resilience:by phase of the disaster management cycle and social actor[A].In:Plate E.(eds.) Environment and Human Security[M].Contributions to a Workshop in Bonn,Germany,2002.

[190]Wolf F G.Operationalizing and testing normal accident theory in petrochemical plants and refineries[J].Production and Operations Management,2001,10(3):292-305.

[191]Wu T,Blackhurst J,Chidambaram V.A model for inbound supply risk analysis [J].Computers in Industry,2006,57(4):350-365.

[192] Wu T, Blackhurst J, O' Grady P. Methodology for supply chain disruption analysis[J].International Journal of Production Research,2007,45(7):1665-1682.

[193]Yang Y F,Xu X R.Post-disaster grain supply chain resilience with government aid[J].Transportation Research Part E:Logistics and Transportation Review,2015(76):139-159.

[194]Young O R,Berkhout F,Gallopin G C,et al.The globalization of socio-ecolog-

ical systems:An agenda for scientific research[J].Global Environmental Change,2006,16(3):304-316.

[195]Zsidisin G A,Wagner S M.Do perceptions become reality? The moderating role of supply risk resiliency on disruption occurrence[J].Journal of Business Logistics,2010,31(2):1-20.